육신(六神), 통변의 꽃

육신,
통변의 꽃

운명의 암호, 사주풀이의 열쇠

萬草 양만식 지음

다산글방

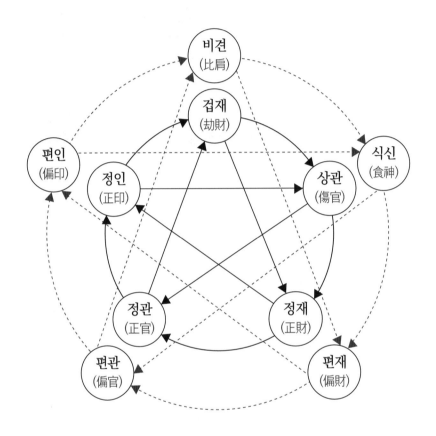

〈 六神(十神)의 相關圖 〉

누구든지 닥쳐올 미래가 궁금하고, 또 알고 싶어 한다.

지금 살고 있는 현재와 힘겹게 겪어 온 과거는 알 수가 있다. 그러나 앞날을 예측할 수는 없다.

가장 확실한 나의 정체성은 주민등록번호와 이름 석 자뿐이다. 그러나 이것으로는 미래를 예측할 수 없다. 그래서 점도 치고, 타로도 보고, 사주팔자도 물어본다. 모두가 다 불확실하고 믿을 수가 없다.

옛날 사람들은 천문학을 통해서 우주만물의 변화를 예측하고 대비하기도 했다. 그뿐만 아니라 사람의 운명까지도 천문학(天文學)과 음양오행(陰陽五行)을 통해서 알아보려고 했다.

음양오행을 통한 천명사상(天命思想)에서 인간의 길흉화복을 따지는 명리학(命理學)이 비롯됐다. 그리고 인간의 피흉취길(避凶取吉)을 알려주는 사주팔자(四柱八字)가 미래를 예측하는 방도로 자리를 잡았다.

육십갑자(六十甲子)로 짜여진 만세력(萬歲曆)에서 뽑은 사주(四柱)는 태어난 해가 되는 年柱, 태어난 달이 되는 月柱, 태어난 날이 되는 日柱, 태어난 날의 시(時)가 되는 時柱로 구성되어 있다.

네 가지 기둥에는 천간(天干)과 지지(地支)라는 두 글자가 붙어서 하나의 기둥을 이루고 있다. 이것이 달력을 만드는 육십갑자(六十甲子)가 된다. 특히 日柱의 日干은 사주팔자(四柱八字)의 주인공으로 미래예측의 기준이 된다.

日干의 길흉화복(吉凶禍福)을 따지는데, 왜 六神이 필요한가?

天地와 대자연은 인간[日干]이 있든 없든 상관없이, 자기 나름대로의 법칙, 즉 음양오행에 따라서 자동적으로 순환하며 운행하고 있다.

여기에서 인간은 미래 예측의 실마리를 찾게 된 것이다. 인간의 日干이 자기의 앞날을 예측하기 위해서, 오행(五行)의 순환 고리에 끼어드는 것이다.

하나의 日干이 다섯 가지 오행, 즉 木·火·土·金·水와 상호작용을 하면, 1에 5가 더해져서 6이 된다. 그래서 나와 오행이 연관되므로 여섯 가지의 존재가 된 것이다.

　여기에 운명의 암호를 풀이할 수 있는 열쇠가 있는 것이다. 여섯 가지가 나타내는 작용형태가 바로 여섯 가지의 신(神), 즉 六神이 된다고 본다.

　이와 같이 일간이 오행과 주고받는 교호작용(交互作用)에 따라서, 일간의 삶이 결정된다. 그러므로 六神은 삶의 존재양식이며 현상이라 할 수 있다.

　일간인 나를 낳아주고 길러주는 육신을 〈인(印)〉이라 하고,

　나를 지배하고 관리하는 육신을 〈관(官)〉이라 하며,

　일간인 내가 마음대로 부려 먹을 수 있는 육신은 〈재(財)〉가 되며,

　내 것을 빼내어 베풀어주는 육신을 〈식상(食傷)〉이라 하고,

　나와 함께 협조하고 경쟁하는 육신을 〈비겁(比劫)〉이라 한다.

　이처럼 日干과 六神이 생극제화(生剋制化)의 상관관계를 형성하는 과

정 속에서 우리는 자신의 앞날을 예측해낼 수 있는 실마리를 찾게 된 것이다.

그러므로 먼저 六神이 무엇인지 대하여 알아봐야 한다. 그다음 六神의 왕쇠나 강약을 천간과 지지의 관계에서 찾아봐야 한다. 끝으로 육신끼리의 만남이 일간에 어떻게 작용하는지를 응용하고 연구해야 한다.

앞으로도 필자는 계속 공부하고 배우며 六神 연구에 한층 더 노력할 것이니, 이 책에 비록 부족한 면이 많더라도 이해하여 주시기 바란다.

서기 2024년 5월 31일

萬草 양만식

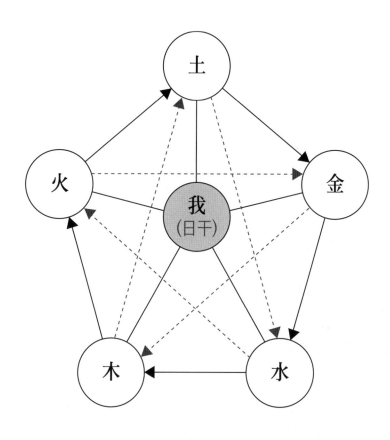

〈 五行과 我(日干) 〉

차례

〈 陰陽偏向圖 〉

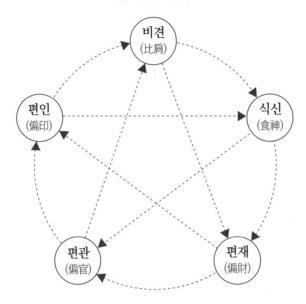

〈 陰陽和合圖 〉

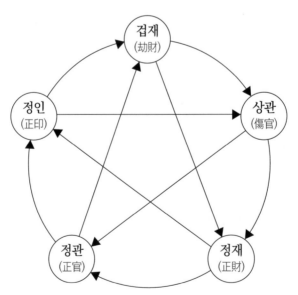

제1편

육신(六神)이란?

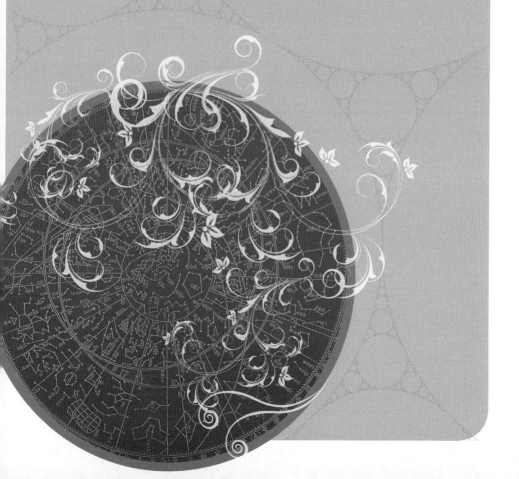

제1장

정관(正官)

1. 정관(正官)이란?

官은 남을 다스리는 벼슬이다.

글자 '官'은 관청의 지붕을 상징하는 '宀'와 지붕 아래 옹기종기 모여 있는 여러 사람들을 뜻하는 '自'가 합쳐진 글자다. 즉, 백성들이 관청의 지배를 받아 잘 살 수 있도록 관리하는 관청과 벼슬아치다.

그래서 官은 君[지배자;陽]과 民[백성;陰]이 함께 살면서, 명령하고 복종하는 통치 권력의 상징이다. 日干을 剋하는 官을 '극아자(剋我者)'라 하며, 여기엔 정관(正官)과 편관(偏官)이 있다.

官의 陰과 陽이 균형이 잡혀 올바른 것이 정관(正官)이고, 음양이 한쪽으로 치우쳐 몰려 있는 삐뚤어진 것이 편관(偏官)이다.

인간은 사회적 동물이다. 태어날 때도 부모와 함께하고, 살아갈 때도 남과 더불어 어울려야 한다. 절대로 혼자 살 수 없다.

혼자가 아닌 여럿이 함께 모여 살 때는, 여럿을 하나로 뭉칠 수 있는 어떤 힘이나 권력이 있어야 질서가 잡힌다. 누구든지 다 같이 잘 따르고, 또 꼭 지키는 어떤 규범이나 법이 있어야, 비로소 질서가 잡히고 조직이 살아난다. 옳고 그름을 판단할 수 있고, 약육강식하는 무법천지가 되지 않도록, 규제하고 감독하는 지배권력이 필요하다. 이것이 바로 정관(正官)이 된다.

그러므로 정관은 귀중(貴重)하고 여러 사람의 위에 올라서고, 공명정대해야 하며, 솔선수범하고 모범을 보여야 한다. 또 정관은 청렴결백한 관리가 되고, 가정에선 존대받는 가장이 되어야 하며, 국가와 사회를 지키는 애국자가 되어야 한다.

2. 정관의 혈연와 사회관계

⊙ 혈연관계

日干을 간섭하고 규제하는 것이 정관이다.

정관은 일간의 음양, 즉 남녀(男女)에 따라 달라진다. 그러나 어릴 때는 아버지가 정관의 역할을 한다. 일간이 성인이 되면 달라진다. 마치 정관처럼 군림했던 아버지는 반대로 자식을 받들어야 한다. 부모한테 자식은 원수가 된다.

남자의 경우, 정관은 딸이 되고, 편관은 아들이 된다. 이때 남자는 딸인 정관보다 오히려 아들인 편관이 더 어렵다.

여자의 경우, 남편이 정관이 되고, 아들의 아내인 며느리가 편관이 된다. 물론 여자는 남편이나 며느리나 모두가 어렵다. 그러나 남편을 잘 보필하는 현모양처가 아내로 들어와야 집안이 흥한다.

⊙사회관계

정관은 통치와 권위를 상징한다. 이는 법과 규범에서 나온다. 질서를 유지하고 사람들을 통솔하는 데 필요한 것은 힘이요 무력이다. 힘을 인정하고 무력을 공인해 주는 것이 바로 법이다,

정관이 실행되고 집행되는 곳이 바로 관청이란 장소다. 무형의 법이나 규범이 집행되는 곳은 형체가 없는 곳이 아니다. 물론 관청이란 집이 정관이고, 관복을 입은 관리가 바로 정관이 된다.

관리가 임명장을 들고 호령하고, 법을 집행한다. 그러므로 정관은 공공기관, 법원, 경찰서, 등기소 등 행정기관을 상징한다.

3. 정관의 생극(生剋)작용

정관을 중심으로 둘러싸고 있는 주위의 여러 육신들이 영향을 미친다. 특히 그중에서 가장 많이 작용하는 육신은 정인·정재·상관·겁재가 있다. 이들 육신들은 정관을 생극제화(生剋制化)한다.

정관이 생하고 도와주는 것은 정인이요,

정관을 뒷바라지 해주는 것은 정재요,

정관을 해코지하는 것은 상관이며,

정관이 단속하고 처벌하는 것은 겁재다.

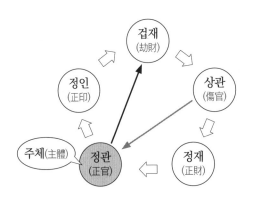

⊙ 정인 ⇔ 정관

정관은 정인(正印)을 보살피고 생한다.

정관은 법에 의거하여 정인한테 권한과 임무를 부여하고, 그 임무수행의 과정과 결과를 관리하고 감독한다.

왜 정관은 정인을 도와주는가? 상관 때문이다.

정관을 해코지하는 것은 상관인데. 그 상관을 정인이 막아주기 때문이다. 이때 정관과 정인이 상생하여 잘 화합하면, 관인상생(官印相生)이 되어 일간이 출세한다.

⊙ 겁재 ⇔ 정관

정관은 겁재(劫財)를 보면 처벌하고 剋한다.

원래 정관은 일간을 간섭하고 규제하는데, 겁재도 일간의 형제·자매이므로 극을 받는다. 특히 그중에서 정관은 겁재를 더 많이 극해한다.

왜 정관은 겁재를 미워하고 처벌하는가? 정재 때문이다.

왜냐하면 정관을 도와주는 정재를 겁재가 탈취해가기 때문에, 정관이 겁재를 미워하고 척결한다.

⊙ 상관 ⇔ 정관

상관은 정관을 음해하고 해코지한다. 정관은 상관(傷官)의 공격을 받고 권위가 떨어진다. 상관은 독불장군처럼 간섭받기를 싫어하기 때문에, 정관의 규제를 거부하고 반항한다.

특히 정관의 처벌을 받아 깨진 겁재를 상관이 동정하여, 겁재와 힘을 합쳐 정관에 함께 대항하면 정관은 궁지에 몰린다.

상관은 왜 정관을 미워하는가?

정인이 상관을 보면, 꾸짖고 채찍질하기 때문에 상관은 정인을 싫어한다. 그런데 상관이 미워하는 정인을 정관이 감싸주기 때문에, 상관이 정관을 싫어한다.

⊙ 정재 ⇔ 정관

정재는 정관을 재물이나 인력으로 뒷바라지 해주고 도와준다. 정관은 정재를 洩氣하며 생기를 받아서, 그 힘으로 승진하고 출세한다. 이를 '재생관(財生官)'이라 한다.

정재는 왜 정관을 도와주는가? 겁재 때문이다.

정재를 겁탈하고 빼앗아가는 겁재를 정관이 견제하며 막아주기 때문에, 정재가 정관을 좋아한다. 이렇게 정관은 정재의 도움 덕분에 높은 자리를 얻고 출세도 한다.

4. 정관격(正官格)

정관이 月支의 장간(藏干)에 있을 경우, 이는 정관격이다.

정관은 일간이 올바르게 행동하도록 지도하고 감독하며 관리한다. 더욱이 정관격은 일간이 월지에 있는 정관을 용신(用神)으로 삼는다. 그리고 정관을 주된 무기로 삼아서, 다른 곳의 육신도 함께 관리하기 때문에, 정관의 영향력이 매우 크다.

물론 정관이 일간을 견제하고 지도·감독하므로, 일간은 정관의 간섭을 불편해 하고, 또 싫어한다. 그러나 일간은 속으론 싫어해도, 겉으론 정관을 좋아해야 한다. 왜냐하면 일간과 정관의 음양이 서로 달라 다툴 것 같지만, 그렇지 않기 때문이다. 반대하는 것끼리는 서로 필요해서 끌어당기는 끈끈한 정(情)이 생긴다. 그래서 일간은 정관이 싫어도 情에 끌려서 자기도 모르게 좋아서 통정한다.

비록 극을 당하는 것은 싫지만, 정이 통하는 유정(有情)의 극(剋)은 싫지가 않아서 팽개칠 수 없다. 왜냐하면 일간과 정관은 음양이 짝꿍이 되어 궁합이 맞기 때문이다. 여기에 정관의 묘미가 숨어있다.

그런데 겉보기와는 달리, 마치 일간과 정관은 상생하듯이 서로 감싸주고 끌어안고 있으니, 이상하지 않은가?

아내는 남편한테 구박을 받으면서도, 왜 남편을 좋아하고, 남자는 아들이 말썽 피우면서 애를 먹여도, 왜 팽개치지 못하는가?

여기엔 이상한 부부의 애정관계가 있고, 또 끊을 수 없는 부모자식의 천륜관계가 있다. 이것이 유정(有情)의 마력이요, 정관의 매력이다.

⊙ 부부(夫婦)의 애정관계

남자와 여자가 처음 만나면 음과 양이 달라 서로 상극한다. 아내와 남편이 처음 만날 때는, 남녀의 성향이 서로 틀리기 때문에 상극하여 부딪친다. 남과 여가 이렇게 서로 맞붙어 싸우다 보면, 때로는 싫어져서 헤어지기도 한다.

그러나 다른 한편 끈끈한 정이 생겨 자연히 식신(食神)이란 성욕(性欲)이 발정(發精)하고, 이 성욕이 식상(食傷)이란 자식을 잉태한다.

남녀가 서로를 끌어안는 情이 성욕이 되고, 그 성욕이 통하여 통정(通精)하면 임신한다. 여자가 잉태한 후 280일이 지나면 자식이 태어난다. 태어난 자식이 남자와 여자를 하나로 묶어주는 연결고리가 된다. 즉, 이것이 끈끈한 情의 산물이 되어, 사납고 무정한 남편이 유정(有情)의 정관으로 변신해서 사랑하는 남편이 된다.

부부의 애정관계는 식상(食傷)과 자식이란 情의 고리에 묶여있는 유정한 남녀의 관계다. 겉으론 싫어해도 속으로 좋아하는 떨어질 수 없는 유정한 정관을 남편으로 삼는다.

그래서 남편은 아내를 겉으론 극하는 것처럼 보여도, 속으론 오히려 아끼고 사랑한다. 또 아내는 한평생을 남편만을 쳐다보고 따르며 산다.

⊙ 부모 자식의 천륜관계

혈연관계로 아버지와 자식의 관계를 살펴보면, 자식[아들]은 정관이 되고, 아버지인 일간은 자식인 정관을 어쩔 수 없이 보살펴 주는 편재가 된다.

그렇다면 아버지가 정관을 직접 자기 몸으로 낳아야 자식이 되는데, 아버지는 남자라서 자식을 낳지 못한다. 그러므로 일간[아버지]이 정관으로 정재[엄마]를 배필로 맞이하여 신방[식신]을 꾸며야, 비로소 일간의 피를 이어 받은 자식, 즉 정관이 태어난다.

자식이 없을 때는 일간이 아내한테 정관 행세를 하지만, 자식이 태어나면 일간은 자식한테 꼼짝 못하고 시달린다. 이때 일간은 자식한테 정관이 아니라 편재로 바뀐다.

태어난 자식은 어릴 때는 엄마[정재]의 양육을 받고 자란다. 성인으로 다 자란 후 자식은 아버지의 재물을 물려받아 가장(家長)으로 가족을 먹여 살린다.

결국 아버지가 죽고 난 뒤에는 자식은 아버지의 재산을 상속받아 가업을 계승한다. 결국 자식이 아버지를 잡아먹는 꼴이다.

이렇게 父子의 천륜관계가 성립되려면, 반드시 여기엔 엄마[정재]가 개입해야 한다. 즉, 유정(有情)의 연결 고리가 바로 엄마가 된다.

엄마 없는 父子관계는 무정(無情)의 상극관계지만, 엄마 있는 父子는 유정(有情)의 상극관계가 된다. 다시 말해 엄마는 젊었을 땐 아버지[정관]를 따르고, 늙었을 때는 자식[정관]을 따른다.

5. 日干의 강약 및 정관과의 관계

정관은 일간에게 간섭하고 잘못을 고치도록 강요하는 극아자(剋我者)다. 일간이 힘이 없어 약하면 정관의 강요를 견디지 못해 패배자가 된다. 강력한 힘이 있으면, 일간이 정관의 강요를 이겨내고, 더 높은 자리로 승진 출세한다. 정인의 도움을 받아야만 일간의 실력이 증강되어 정관을 이겨낸다.

또 주위에서 비견과 겁재가 물심양면으로 협력해야 일간이 강해진다. 그래야만 정관에 맞설 수 있다.

일간이 다른 곳의 육신으로부터 형충(刑沖)이란 방해를 받지 말아야 버틸 수 있다. 또 일간이 일지(日支)의 지세(地勢)를 확보해야 강력해진다.

6. 정관의 강세 조건

- 정관의 地支가 왕강해야 정관도 힘이 있다.
- 정재가 있어서 정관을 생부(生扶)하고 에너지를 넣어주어야 한다.
- 정관의 干支가 형충(刑沖)당하지 말아야 한다.

- 정관이 다른 육신과 간합(干合)되지 말아야 다른 곳으로 한눈을 팔지 않는다.
- 정관과 편관이 동거하는 관살혼잡(官殺混雜)이 없어야 한다.
- 정관의 태과나 불급이 없어야 한다.
- 정관이 상관한테 상해를 입지 말아야 옳은 정관이 된다.
- 이들 조건이 충족되면 정관이 융성하여 일간이 부귀영달을 누린다.

7. 정관의 통변(通變)

1) 정관과 비견·겁재

⊙ 비견 ↔ 정관

정관은 일간을 관리하고 지도한다.

비견, 겁재는 일간의 형제·자매이기 때문에, 똑같이 정관의 지배를 받는다. 그러므로 비견은 일간처럼 정관을 보좌해 주고, 그에 따라 정관도 우호적으로 비견을 도와준다. 비견은 순하고 협조적이기 때문에, 정관의 지시를 잘 따른다.

정관이 통솔하고, 비견은 그 명령에 따라 움직이는 부하와 같다. 정관이 지배자고 비견은 지배를 받는 피지배자다. 둘은 상하(上下)협력으로 지시하고 따른다. 그러나 경우에 따라서는 비견과 일간이 정관을 자기편으로 끌어오기 위하여 서로 다투게 되면 나쁘다.

⊙ 겁재 ⇔ 정관

겁재도 비견처럼 정관의 지배를 받아야 한다. 그러나 겁재는 좀 다르다. 겁재는 말을 잘 듣지 않는다. 정관의 귀함을 겁재가 흠집 내고 훔친다 하여, 정관이 겁재를 처벌한다.

그뿐만 아니라, 겁재가 정재를 강탈하기 때문에 정관이 겁재를 엄하게 처벌한다. 특히 정관의 영달에 꼭 필요한 정재를 확보하고 지키려면, 반드시 겁재를 견제해야 한다.

그러므로 정관이 직접 겁재를 공격하여 제거하든가, 아니면 상관으로 하여금 겁재의 힘을 빼내서 약화시켜야, 정관이 정재의 도움을 받을 수 있다.

정관과 겁재가 干과 支의 위아래에서 마주 쏘아보며, 정면으로 대항하고 있는 경우, 정관이 겁재한테까지 신경 쓰다 보니 청렴해질 수 없다.

정관은 공명정대하고 청렴결백한 공직자가 되고 싶은데, 겁재가 정관을 음해하고 방해하므로 권위와 명분을 잃게 된다. 더욱이 겁재가 정인의 도움을 받으면 힘이 세져서 정관한테 대들면, 정관의 체면이 깨진다.

2) 정관과 상관·식신

⊙ 상관 ⇔ 정관

정관은 일간뿐만 아니라, 그 자식인 상관까지도 관리 감독한다. 그런데 말썽 피우는 상관을 정관이 가만둘 수 없어서 채찍으로 응징하려 한다.

그러나 거꾸로 상관은 간섭하려는 정관에 맞서서 대항하며 달려든다. 이를 '상관견관(傷官見官)'이라 한다.

그뿐인가? 오히려 상관이 정관을 보면 깨부수려고 대항한다. 왜냐하면 상관을 못살게 구박하는 정인을 정관이 뒤에서 밀어주고 도와주기 때문이다. 그래서 상관이 정관을 미워하고 정관의 체면을 망가뜨린다.

상관이 정관을 보면 상관견관(傷官見官)이 되어, 정관의 기득권을 훼손시키고 권위를 뭉개버린다. 그러면 하극상을 당한다. 아랫사람이 윗사람에게 항명하고, 복종하지 않고 달려든다. 퇴직을 강요받거나, 각종 징계를 감수해야 하는 관재구설에 휘말린다.

상관이 정관을 해코지하지 않고, 길신으로 도와줄 때도 있다. 즉, 정관이 너무 많아 일간이 정관의 과잉간섭에 시달리고 있을 때, 상관이 나타나 정관을 꺾어주면 일간이 되살아난다.

⊙식신 ↔ 정관

　일간을 중심으로 볼 때, 식신은 아래에서 일간을 받들고 시키는 대로 도와준다. 또 정관은 위에서 일간을 지도·감독한다. 정관과 식신은 일간을 중심으로 상하의 협력관계를 가지고 서로 돕는다.

　또 식신은 일간의 활동력이고, 그 활동력을 통해서, 정재가 만들어지고, 그 정재는 또다시 정관의 영달을 위해 쓰여 정관을 밀어준다. 정관은 일간의 보호자로 지도·감독하고, 주위의 위험으로부터 일간을 지켜준다.

　만약 일간이 陽干으로 너무 강하면, 따라서 식신도 강해져, 정관한테 밀리지 않는다. 그러면 정관과 식신은 힘이 비슷해져 하나로 干合하기 쉽다.

　둘이 干合하면 정관은 본래의 권한을 잊고, 식신도 財物取得의 직분을 잊어서, 둘만의 세계에 빠져 아무 일도 하지 않고 빈둥거린다.

　만약 일간이 쇠약하면 식신의 기력도 떨어져 활기를 잃고, 아무 일도 못하고 주저앉는다.

　그러므로 일간이 정관의 지도를 받아가며 식신을 잘 다스리면, 식신과 정관은 마치 아내와 남편 사이처럼 잘 협력한다.

3) 정관과 정재·편재

⊙ 정재 ⇔ 정관

정재는 정관의 아내로 정관을 잘 받들어야 한다. 그러므로 정관의 영달에 꼭 필요한 것이 바로 정재다. 정관이 정재를 만나면 財와 官이 부부처럼 한몸이 되어, 일간의 부귀를 북돋아 주는 재관쌍미격(財官雙美格)이 된다.

이렇게 정재는 정관을 좋아하고, 또 밀어준다. 왜냐하면 정재를 겁탈하여 빼앗는 못된 겁재를 정관이 막아주기 때문이다.

특히 月支에 정관이 있고 月干에 정재가 있으면, 재관쌍미격이 되어 더욱 좋다. 비록 다른 곳에 정재가 와도 재관쌍미가 이루어진다.

또 정관격인 경우 年支에 정재가 와도 정관을 도와주어 좋다. 조상이나 부모로부터 유형·무형의 상속을 받아 일간이 부귀해 진다.

정관격으로 時支에 정재가 와도, 재생관(財生官)으로 일간이 늙어서도 부귀를 누린다.

⊙ 편재 ⇔ 정관

정관한테 편재는 본처가 아니라 첩이다. 편재는 남의 돈이라서 내것이 될 수 없듯이, 편재는 정관한테 불편하다. 그래서 정관한테 편재는 큰 도움이 되지 않는다.

또 정관이 편재를 쓸데없는 남의 것이라고 무시하듯이, 편재도 정관을 남의 남편이라고 도외시한다.

만약 정관이 못된 편재를 만나면, 투기, 도박, 유흥 등 유혹에 빠져서 정관의 구실을 망각하여 낭패를 당한다. 이때는 편재가 정관에겐 흉신이 되지만, 편재가 길신이 될 때도 있다.

정관이 편인의 설기로, 공명정대하지 못하거나 부정을 할 때, 편재가 나타나서 빗나간 편인의 유혹을 막아주면, 편재 덕분에 정관이 살아난다. 이때 편재는 정관을 도와서 사회에 유익한 일을 많이 한다.

4) 정관과 정인·편인

⊙정인 ↔ 정관

정관은 정인에게 임무를 부여할 수 있는 권한이 있고, 정인은 정관이 내린 임무를 이행해야 하는 의무가 있다. 그러므로 정관과 정인의 관계는 베풀어주고, 받들어 모시는 명령·복종의 호혜 관계다.

특히 일간이 어릴 때는 정관은 선생이 되고, 정인은 학생이 된다. 커서는 정관은 정인의 일자리가 되고, 정인은 정관의 직무를 이행하는 직원이 된다.

정관과 정인이 상호협력하면, '관인상생(官印相生)'이란 우호관계가 이루어진다. 강한 정인이 정관을 잘 보필하므로 관인상생으로 정관이 일간을 출세시킨다.

원래 정인을 '호록신(護祿神)'이라 한다. 정관을 상징하는 '록(祿)'을 지킨다는 뜻이다. 정인이 정관의 기력을 훑어가는 설기의 육신임에도 불구하고, 왜 정관을 지키는 호록신이란 이름을 붙였는가? 이는 정관이 싫어하고 꺼리는 상관을 정인이 막아주기 때문이다.

특히 정관과 정인이 월간과 월지의 위아래에 함께 자리를 잡고 있으면, 관인상생의 위력이 매우 세진다.

밑에서 밀어주고 위에서 끌어주어 일간의 입신출세가 빨라진다. 더욱이 정재까지 겹치면 일간이 승승장구한다.

⊙ 편인 ⇔ 정관

정인이 정관한테 도움을 주지만, 편인은 정관을 해코지한다.

편인이 정관을 나쁘게 설기하면, 교육·행정기관이나, 기타 사회질서의 유지를 위해 만들어 놓은 규칙을 어지럽혀 나쁘다.

그런 편인의 나쁜 행위를 바로 잡지 못하고 그냥 두면, 편인은 사법처리를 당한다. 정해진 교육제도에서 이탈하고, 행정의 틈새를 이용해서 빼낸 정보를 불법으로 유출하여 부당이익을 취한다. 또 조직의 약점이나 제도의 미비점을 빌미로 악용하여 개인이득을 챙긴다.

편인의 사악함은 상대의 취약한 부분을 파헤치고 고발하여, 개인의 이득을 도모하는 야비한 성깔이 숨어 있다. 그러므로 편인은 정관한테 해롭다.

그러나 정인은 제도의 취약점을 발견하면 악용하지 않고, 고치고 보완하려는 올바른 정신이 있다.

8. 정관과 직업

정관의 직업을 파악하려면 먼저 정관의 부문별 특성을 알아야 한다. 그러므로 정관의 적성이 무엇인지 알면, 정관의 직업을 알아내기가 더 쉽다.

- 정인이 정관의 임무를 잘 수행하면, 일간은 훌륭한 행정 공무원이 될 수 있다. 정재가 재물과 인력으로 정관을 밀어주고 도와주면, 일간은 재정직 쪽의 공무를 맡을 수 있다. 만약 정관과 정인이 함께 힘을 합쳐 일간을 도운다면 청렴한 공무원으로 출세한다.

- 편인이 정관을 만나서 음해로 설기하면. 정관의 체면이 손상되고, 관재구설에 시달린다. 정관의 지시에 따라 편인이 임무를 수행하는 것이 아니라, 정관의 약점을 악용하여 명예를 실추시킨다.

- 印이 財에 깨지고 탐재괴인이 되어, 정인이 타락하면, 일간이 정인

의 도움을 받지 못해 욕을 얻어먹는다. 즉, 자신의 인격을 도야하려는 의지가 없고, 자신이 속한 단체나 조직에 부합되는 사명을 수행하려는 의지가 부족하여 따돌림을 당한다.

- 상관견관(傷官見官)은 상관은 힘이 센데 정인이 약해서 발생하는 상관의 일탈 행위다. 해직당하거나 일자리를 잃고 방황하며, 할 일 없이 홀로 떨어져 여러 직업을 전전한다.

- 정관보다 일간이 태왕하면 자존심이 지나치게 높아져, 선배나 윗사람의 충고를 듣지 않는다. 또 자신의 존재를 과신한 나머지 남을 얕보고 무시한다.

- 반대로 정관이 태왕한데 일간이 쇠약하여 기세가 너무 꺾이면, 정관의 지나친 지시와 부당한 명령에 시달려야 한다. 일마다 과중 과로가 따르니 나날이 힘들고, 의욕이 사라지고 자포자기하며 신세만 한탄한다. 그러나 정관이 용신이면 일간은 정직을 신념으로 삼고, 강직한 관료가 된다.

제2장

편관(偏官)

1. 편관이란?

官은 일간을 극하는 극아자(剋我者)인데, 특히 편관은 음양이 같은 것끼리 만나 힘이 한쪽으로 편중되기 때문에, 충격과 피해가 훨씬 더 크다.

편관은 나아가는 방향이 한쪽밖에 없는 외통수이기 때문에, 힘이 세고 거침없이 극한다. 그래서 이를 인정사정 보지 않는 무정(無情)의 상극(相剋)이라 한다.

그러므로 편관은 양날의 칼처럼 위험하다. 내가 잘 쓰면 칼이 내 생명을 지켜 주고, 잘못 쓰면 내 칼에 내가 찔린다.

옛날엔 편관을 하늘[天]이라 하여, 사람들이 거역할 수 없어 운명처럼 받아들였다. 사계절이 분명함도 하늘의 이치요, 동식물의 생로병사(生老病死)도 하늘의 순리이며, 인간의 생사도 하늘에 달린 것이다.

생명은 모두에게 귀중하다. 그 생명을 죽이고 살리는 권한이 편관에 있다.

편관이 殺氣가 등등하여 날 뛰면 일간이 危害 당한다. 그러나 편관의 강압에 거역하지 않고 잘 견디면, 일간은 편관의 보호를 받아 살아난다. 이는 일간의 능력에 따라 편관이 수호자도 되고, 아니면 七殺되어 일간을 다치게 한다.

일간의 힘이 강력하여 편관을 이겨내면, 칠살의 살기가 꺾여 순해지고 일간도 살아난다. 만약 식신으로 편관의 살기가 무뎌져서 순화되면, 편관은 사회를 위하여 봉사도 한다.

만약 일간이 쇠약하여 편관에 대항할 힘이 없으면, 어쩔 수 없이 편관이 시키는 대로 순종하며 살아야 한다. 아무리 편관이 무섭고 위험해도 참고 견디며 이겨내면, 반드시 삶의 대가를 받는다.

경찰서에 가면 경찰관과 범죄자가 있고, 병원에 가면 의사와 환자가 있다. 그러므로 편관을 이겨낸 자는 경찰관이 되고, 의사가 되어 대접을 받지만, 편관을 이겨내지 못하면, 죄수나 환자가 되어 천대를 받는다.

2. 편관의 혈연과 사회관계

⊙혈연관계

여자에게 편관은 외간 남자이거나 아니면 며느리가 된다. 만약 정관이 없으면 편관인 외간 남자가 남편의 구실을 한다. 이때 편관이 남편이 되더라도 정관처럼 다정하지 못하고, 여자를 폭언과 폭행으로 다그치며 강압하는 폭군이다.

특히 편관이 며느리가 되면, 식신은 딸이 된다. 며느리는 딸의 시누이가 되어 갈등이 생기기 쉽다. 그러면 딸과 며느리의 사이가 좋지 않다.

남자의 경우 편관은 아내가 낳아준 자식이 된다. 또 편관은 모두 남자한테는 불편한 존재다. 아들뿐만이 아니라, 장모도 되고, 사위도 되며, 손자도 된다.

특히 아들은 말썽만 피워서 건사하기 어렵고 불편하다. 원래 아들이면 아버지를 잘 모셔야 하는데, 오히려 아버지가 아들의 눈치를 보며잘 보살펴야 한다. 자식이 아버지를 갉아 먹는 원수가 된다.

⊙사회관계

옛말에 편관은 혹한과 같아 비틀거리며 잘 걷지 못하게 한다고 했다. 그러므로 편관은 참고 견뎌내야 할 시련기라 할 수 있다.

편관의 직장은 힘들고 위험하다. 남들보다 업무시간이 길거나, 업무의 양이 많아 일에 매달려 녹초가 된다. 야근, 출장, 외근, 시간 외 근무 등 직접 뛰지 않으면 안 된다. 또 위급하고 험악한 사태를 만나면 누구보다 먼저 목숨 걸고 수습해야 한다. 위험천만한 일도 맡아서 처리해야 한다.

편재가 편관의 기세를 살려주고, 또 편관의 살성(殺性)을 키워주면, 편관의 횡포가 격심해지고, 편관의 권세가 하늘을 찌른다. 이때 편관은 법도 두려워하지 않는 대범한 인물로 의협심이 남다르게 강하다.

만약 편관이 용신이면 일간은 편관의 조력을 받아 총명하고 민첩하며, 권모술수가 능하다.

3. 편관의 생극(生剋)작용

편관은 사방에 둘러싸고 있는 여러 육신으로부터 영향을 받는다. 그 중 특히 비견·편인·식신·편재로부터 생극제화(生剋制化)를 받아, 편관의 작용이 달라진다.

편관은 편인을 생하고 뒤에서 밀어준다. 또 편관은 편재로부터는 재정적인 도움을 받아 殺氣가 등등하여 더욱 살벌해진다.

식신이 편관을 만나면, 식신제살(食神制殺)로 식신한테 편관이 발목 잡혀 곤욕을 치른다. 그러므로 편관이 식신을 도와주는 비견을 보면, 괘씸한 생각이 들어 미워하고 극제한다.

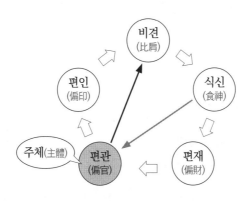

⊙ 편인 ⇔ 편관

편관은 편인을 보면 도와주고 생한다.

왜 편관은 편인을 생하고 도와주는가? 식신 때문이다.

식신이 편관의 공격적인 살성(殺性)을 마비시켜 죽여버린다. 그 몹쓸 식신의 공격을 편인이 나서서 막아주기 때문에 편관이 편인을 좋아한다.

또 편인이 편관을 만나면, 편관의 무도한 폭력을 편인의 잔꾀로 달래가며 좋은 쪽으로 이끌어가는 편관의 안내자가 된다.

그런가 하면 편관의 공권력이 편인의 탐색기법을 잘 활용하면, 편관의 살기가 유익한 쪽으로 활용되어 편관이 좋아진다. 이를 '살인생화 (殺印生化)'라 한다.

사회를 해치는 범법자를 편관이 색출하여 처벌하도록 편인이 도와준다. 범죄를 예방하고 소탕하는 데 편관은 편인의 수사기법을 아이디어로 이용한다.

⊙ 비견 ⇔ 편관

편관은 비견을 보면 극한다.

왜 편관이 비견을 싫어하고 또 극하는가?

편관을 못살게 해코지하는 것은 식신이다. 비견이 뒤에서 식신을 도와주기 때문에, 편관이 비견을 식신처럼 미워한다. 또 편관을 물심양면으로 밀어주는 편재에게, 비견이 손해를 입히기 때문에 싫어한다.

그러나 비록 편관이 비견을 싫어해도, 때로는 비견이 일간한테 도움을 줄 때도 있다. 편관이 일간을 족치고 있는데, 비견이 나타나서 편관을 막아주고 일간을 도와준다. 일간이 편관을 만나 위급한 상황에 빠지면, 곁에 있는 비견이 일간을 구해주기 위해 희생을 자청한다. 물론 일간이 약하면 비견의 희생의 대가도 그만큼 크다.

⊙ 식신 ⇔ 편관

편관은 일간을 못살게 괴롭힌다. 식신은 자식처럼 아껴주는 부모 같은 일간을 해코지하는 편관을 보고 화가 난다. 식신은 몹쓸 편관을 잡아다 족친다. 또 식신을 괴롭히는 몹쓸 편인을 편관이 도와주므로, 식신이 편관을 더 싫어한다.

그뿐인가? 식신을 도와주는 비견을 보면, 편관이 방해하고 배격한다. 그래서 식신은 편인, 비견, 일간 때문에 편관을 싫어한다. 식신이 식신제살(食神制殺)로 편관을 작살낸다.

식신의 부지런함과 생존본능으로 다져진 유비무환의 자세가, 편관의 살성(殺性)을 이겨내고 제압한다. 그리고 많은 사람을 범죄와 질병에서 구해준다.

⊙ 편재 ⇔ 편관

편관은 편재의 재물과 재능을 설기로 빼내어, 그것을 자신의 세력 확장에 이용한다. 그래서 편재는 편관한테 설기를 당하여 힘이 빠진다. 즉, 편재가 편관을 재생살(財生殺)로 도와주어서, 편관의 기세가 등등해지고, 망아지처럼 날뛴다. 만약 그 기세가 잘못되면, 殺旺의 편관으로 돌변하여 나쁜 흉신이 된다.

만약 기세가 잘 풀리면, 편관은 주변의 추대로 한 지역을 대표하는 최고의 자리에도 앉는다.

왜 편재가 이렇게 편관을 옹호하고 밀어주는가? 비견 때문이다.

편재를 못살게 괴롭히는 것은 비견이다. 이 몹쓸 비견을 편관이 잡아다 족쳐 주니, 편재는 편관에 고마움을 느껴 좋아한다.

4. 편관격(偏官格)

月柱는 다른 주(株)보다 더 중요하다. 月은 사계절의 변화를 나타내고, 일간(日干)의 주변 환경에 영향을 미친다.

특히 月支는 일간의 태어난 시점을 말하므로 중요하며, 月支에 자리하는 육신을 우리는 용신으로 삼고, 그 일간의 格을 정한다. 月支의 장간(藏干)에 편관이 있으면, 편관격(偏官格)이라 한다.

편관은 일간을 강압하는 극아자(剋我者)다.

그런데 일간과 편관의 음양이 서로 같은 동성끼리가 되면, 정이 없어서 싫어하고 배척하는 無情의 상극 관계가 된다. 편관의 극해가 매우 극심하다. 즉, 음이 음을 극하고, 양이 양을 극하는 無情의 剋이다. 눈곱만큼의 끈끈한 정이라곤 하나도 없는 살벌한 무정의 상극이다.

옛날에는 편관을 하늘[天]이라 하여서, 어쩔 수 없는 운명으로 받아들였고, 또 호랑이로 보고 두려워했다. 그러나 호랑이에 물려가도 정신만 차리면 살아남을 수 있다고 했다. 그 살아있는 정신이 바로 일간의 힘이다. 힘이 살았느냐 죽었느냐는 일간의 강약에 달렸다. 그러한 일간의 강약에 따라 편관의 태도가 바뀐다.

일간이 약하면 편관은 七殺로 변해 포악해지고, 일간이 강하면 편관은 일간을 보호해 주는 방패막이가 된다.

일간이 쇠약해서 정신을 차리지 못하면, 호랑이한테 잡아먹힌다. 사건 사고가 터지거나 수술하거나 각종 재난을 당한다. 그러나 일간이 강력해서 정신을 바짝 차리면, 호랑이의 살기가 꺾여 꼬리를 내린다. 이때는 호랑이의 등을 타고 일취월장으로 출세한다.

어떻게 하면 일간이 정신을 놓지 않고, 곁에 있는 편관을 이겨낼까? 일간의 뿌리가 깊고 강해야 한다. 즉, 일간의 地支가 강왕해야 한다. 즉, 좋은 때 태어나야 한다. 또 일간의 주위에 도와주는 비견이나 겁재가 많아야 한다. 그리고 일간을 자나 깨나 보살피고 보호해 주는 정인과 편인이 곁에 있어야 한다.

물론 일간이 강력해서 편관에 맞서 대항하는 것도 좋지만, 결국 편관을 제어하지 못하면, 일간은 늘 불안하다. 어떤 식이든 편관의 살기를 죽여서 화근을 없애야 한다.

그 없애는 방법엔 두 가지가 있다.

하나는 편관의 날카로운 이빨을 식신으로 빼버리는 것이다. 일간이 식신으로 편관을 제지하는 것이다. 이를 '식신제살(食神制殺)'이라 한다.

다른 한 가지는 편인으로 하여금 편관의 발톱을 무디게 하는 것이다. 식신처럼 힘으로 이빨을 빼는 것이 아니라, 편인처럼 부드러운 말로서 편관의 폭력을 누그러뜨려야 한다. 편관의 입장이 되어 이해하고 달래는 방법이다. 이를 '살인생화(殺印生化)'라 한다.

특히 편관격에서 꼭 챙겨야 할 것은 여자 문제다. 정관은 남편이 되지만, 편관은 아니다. 편관은 외간 남자로서 애인도 되고 가정폭력도 된다.

더욱이 관살혼잡(官殺混雜)인 경우 여성은 애정문제로 곤욕을 치른

다. 특히 여자가 남자를 좋아 할 경우 애정의 쇠사슬에 묶여 편관의 노
예가 되기도 한다.

5. 편관의 통변(通變)

1) 편관과 비견·겁재

⊙ 비견 ⇔ 편관

편관은 일간을 해코지하는 나쁜 흉신이다. 비견·겁재도 일간의 형
제·자매이기 때문에 똑같이 편관의 극해를 받아야 한다. 그중에서도
비견을 편관이 더 미워하고 괴롭힌다. 왜냐하면 편관을 해코지하는 식
신을 비견이 도와주고 부추기 때문이다.

또 편관한테 깨져 비실거리는 일간을 비견이 도와주기 때문에 편관
이 비견을 싫어한다. 이때 비견은 일간과 힘을 합쳐서 몹쓸 편관에 맞
서서 싸워주는 일간의 우군이 된다.

비견의 희생과 도움으로 일간의 콧대가 세지면, 일간과 비견이 편관
의 말을 듣지 않는다. 그래서 편관이 비견을 더 미워한다.

⊙겁재 ⇔ 편관

편관은 비견을 싫어하는 것과 달리 겁재를 좋아한다. 편관의 폭력과 겁재의 강탈 기질이 서로 통하기 때문에 궁합이 맞다.

또 편관을 위협하는 식신을 겁재가 견제함으로써, 편관이 편해진다. 그래서 편관은 비록 겁재가 위험해도 싫어하지 않는다.

더욱이 일간이 양간이면 편관은 일간한테 밀린다. 일간한테 밀린 편관은 힘이 모자라서, 겁재한테 도움을 청하고, 또 겁재와 干合한다.

만약 겁재와 편관이 간합하여, 서로 좋아 사랑에 빠지면 아무 짓도 못한다. 이때는 겁재도 정재를 겁탈하지 못하고, 편관도 일간을 구박하지 않는다.

2) 편관과 식신·상관

⊙식신 ⇔ 편관

편관은 죽이는 殺氣가 있고, 식신은 생육으로 살려내는 生氣가 있다. 만약 편관이 식신을 만나면, 식신의 생존 본능이 편관의 살기에 깨져서 죽는다. 그래서 식신은 살기 위해서 편관을 막아내야 한다. 이를 '식신제살(食神制殺)'이라 한다.

또 식신이 편관을 제살(制殺)해야 하는 까닭은 편인 때문이다. 식신을 뒤엎어 해코지하는 편인을 편관이 몰래 뒤에서 도와주기 때문에, 식신이 편관을 미워한다.

만약 일간이 강력하지 못하고 쇠약하면, 식신의 생존력이 살아나지 못해서, 일간이 편관의 굴레에서 벗어날 수 없다. 일간의 힘을 물려받은 강력한 식신이라야 편관의 살성과 맞서 싸워서 일간이 살아나고, 공명정대하게 기개를 펴고 산다.

이때 편관을 이겨내면, 일간은 공권력과 통제권을 부여받고, 범죄와 질병을 퇴치한다. 또 편관이 사회기강을 바로잡고, 나아가 천재지변에도 대처한다.

⊙상관 ↔ 편관

상관은 기회주의자이기 때문에, 살성이 강한 편관의 공권력을 자기한테 유리하도록 이용하려 한다.

상관이 교묘한 처세술로 편관의 위협으로부터 잠시 모면하려고 써먹는 그 얄팍한 수단이 바로 '상관합살(傷官合殺)'이다.

다소 편법으로 처리하거나, 부정한 뇌물 수법으로 편관을 무마하려다 잘못하면, 경제적인 쪼들림을 당하기도 한다.

식신처럼 꾸준한 준비로 편관의 어려움을 원만하게 해결하려 하지 않고, 임시미봉책으로 눈가림하면, 잠시 피해갈 수는 있어도 오래 가지 못한다.

그러므로 상관한테 정관이 오면 깨져서 나쁘지만, 반대로 편관이 오면 기회가 되어 나쁘지 않다. 오히려 상관과 편관이 손을 잡아 '상관합

살(傷官合殺)'하면, 나쁜 짓도 하지만 좋은 일도 한다.

이때는 상관이 권력과 백성 사이를 오가며 유익한 조정역할을 한다. 즉, 공공기관의 로비, 매점 매석, 브로커 역할 등이다.

3) 편관과 정재·편재

⊙ 정재 ⇔ 편관

官이 財를 만나면 힘이 솟고 승진하므로 財는 官에겐 뿌리가 된다. 官에는 정관과 편관이 있고, 財에는 정재와 편재가 있다.

정재는 정관을 뒷바라지하여 승진시킨다. 이를 '재관쌍미(재관쌍미(財官雙美)'라 한다.

財를 탈취하고 깨는 것은 비견과 겁재이고, 그 財를 지켜주는 것은 정관과 편관이다. 정재는 財生官으로 정관을 키워서 겁재를 잡고, 그 겁재로부터 정재 자신을 지킨다.

편재는 財生殺로 편관을 키워서 비견을 잡고, 그 비견으로부터 편재 자신을 지킨다.

물론 정재도 편관을 뒷바라지 해주고 도와준다. 그러나 그 효과는 편재보다 정재가 못하다.

특히 정재가 편관을 마음이 내키지 않아도 밀어주고 도와주면, 편관의 살기가 순화되어, 편관이 정관처럼 변해서 정재를 도와주게 된다.

⊙ 편재 ⇔ 편관

편재가 남의 돈까지 구해다 편관을 위해서 갖다 바치면, 편관의 살기가 등등해져 무소불위의 무서운 폭군이 된다.

편재는 편관에게 재물을 바쳐서 환심을 사고, 편관의 권력을 악용하여 강제로 이득을 챙긴다. 이를 다른 말로 '재생살(財生煞)'이라 한다.

財生煞은 무섭고 사나운 七殺, 즉 편관을 財가 자기를 위해서 길들이는 것이다. 편관의 권세를 재생살로 키워줄 때 편관의 殺氣가 거세지므로 더욱 조심해야 한다.

지나친 재물의 공세로 편관의 권세가 무소불위로 커지면, 편관이 행패를 부리며 폭력을 행사하여 공포를 조장한다. 이때 편관이 편인이나 정인을 만나면, 편관의 살성이 편인의 이해와 포용으로 순화되어 사회에 봉사한다. 이를 '살인생화(殺印生化)'라 한다.

4) 편관과 정인·편인

⊙ 정인 ⇔ 편관

정인이 편관의 殺氣를 설기하여 편관을 꺾어놓는다. 그래서 정인은 편관한테 해롭다. 그러나 정인이 일간에게 편관의 고통에서 벗어나게 하는 묘책도 가르쳐 준다.

이는 편관의 어려운 형편을 정인이 이해하고, 편관에 순응하는 요령을 터득하는 것과 같다. 정인의 지혜와 적응으로 편관의 고통을 이겨내는 것으로 이를 '살인생화(殺印生化)'라 한다.

만약 정인이 편관을 설기하되 좋은 점만 받아들이면, 관살격(官殺格)이 된다. 정인의 기세가 편관의 도움으로 강해지므로 약한 정인은 기력을 회복하고, 강한 정인은 더 강력해진다.

또 편관의 강한 승부욕과 파괴력이 정인에게 모아지기 때문에, 관살격이 한번 상승운을 타면, 맹렬한 기세로 권력과 지위를 장악한다.

⊙ 편인 ⇔ 편관

총칼밖에 쓸 줄 모르는 편관의 폭력성을 편인의 삐뚤어진 편견이 나쁜 길로 유도하면, 일간은 편관에 깨져서 헤어날 수 없는 나락으로 떨어진다.

그러나 만약 일간이 강건하여 편인의 유혹에 놀아나지 않고, 편관에 잘 대응하면 좋은 결과가 온다.

편관은 정인이든 편인이든 상관없이, 印을 보살피고 도와주려고 한다. 이를 '살인생화(殺印生化)'라 한다.

그러므로 일간이 편관보다 먼저 편인의 못된 기질을 이해하고 포용하여 달랜 후, 편인을 이용하여 편관을 순화시켜야 한다.

편관의 공권력과 편인의 탐색력이 합세하면, 범죄를 소탕하고 질병을 퇴치하는 데 큰 힘이 될 수 있다. 조사, 감시, 감찰하는 사정기관에 기여한다.

5) 관살혼잡(官殺混雜)과 양인(陽刃)

편관이 의무라면 정관은 권리이다. 편관이 의무를 수행하다가 문득 권리의 보상을 받고 싶은 생각이 들어, 혼동에 빠지는 것이 '관살혼잡(官殺混雜)'이다. 일간이 강하면 괜찮으나, 일간이 쇠약하면 갈등과 불만에 시달려서 멍청해진다.

또 편관에 정관이 겹치면, 감당하기 어려운 과중한 업무를 이중으로 맡게 되어, 일간이 어쩔 줄 몰라 헤맨다. 하나의 직종을 여러 개의 업무로 쪼개어 쓰거나, 내근직에서 외근직으로 이동하면, 혼란이 초래되어 갈팡질팡한다.

官과 殺이 혼잡되면 내 일 네 일이 구분되지 않아, 남의 것도 탐하게 되고, 모든 일을 건성으로 대충 대충 때우며 눈치만 본다. 책임지는 일을 회피하고, 잔꾀로 눈가림하며 몸을 사려서 일이 진척되지 않는다.

특히 여자의 경우 관살혼잡을 만나면 문란한 애정행각으로 불행해진다.

⊙ 양인(羊刃)과 편관

양인(羊刃)은 일간에서 보면 겁재인데, 겁재의 地支가 帝旺이면 기가 매우 센 陽干의 겁재가 된다.

일간도 陽으로 강하고 겁재도 陽으로 강하면, 강폭한 기질로 변해 콧대만 높아 안하무인이다. 양인은 독불장군으로 권세를 뽐내며, 폭력을 휘두르는 총칼 든 깡패다.

양인과 편관은 마치 불과 기름처럼 둘이 만나면, 殺氣가 폭발하여 그 위험은 무섭다. 옛말에도 "殺은 刀을 빌어 권세를 높이고, 刀은 殺의 위력에 힘입어 명리를 높인다" 했다. 이러한 양인과 편관이 결합하면, 마치 장수가 칼을 손에 쥔 것 같다. 길흉 어느 쪽이든 상관없이 강폭한 살성을 드러낸다.

6. 편관과 직업

● 일간이 정인으로 旺하면 일간에 가해지는 편관의 충격을 완화하여 이겨낼 뿐만 아니라, 편관에 대한 적응력을 높이기 위하여 학습과 수양으로 능력을 개선한다.

● 편관이 강한 편인을 만나면, 정인과 마찬가지로 편관이 실력을 발휘하지 못하고, 뜻하지 않은 돌발 사태로 일간이 실패도 한다. 그러나 편관이 편인의 탐색기능을 잘만 이용하면, 범죄소탕의 큰 공을 세운다. 감시, 감찰, 조사 등 사정기관에 맞는다.

- 일간의 地支가 강왕하면 편관의 애로사항을 이겨내어 일간의 경쟁력이 높아진다. 그러므로 일간이 여러 사람들과 경쟁을 해야 하는 큰 대회나 시합에서, 단 한 번의 승리로 평생 혜택을 볼 수 있다. 즉, 올림픽 금메달, 국가 자격증 및 기능장, 경시대회의 입상 등이다.

- 편관에 일간이 사로잡혀 있으면, 일이 잘 풀리지 않아 늘 2등 사주가 된다. 일간이 根旺하지 못한 경우, 대회에서 경쟁을 한다면 편관의 방해로 늘 2등으로 실패한다. 편관을 이겨낼 특단의 대책이 준비되지 않으면, 출전하지 말고 참는 것이 좋다.

- 편관이 편재를 만나 財生煞로 강왕해지면, 편관이 살벌해지기도 하지만, 또 한 지역을 대표하는 최고의 실력자가 될 수 있다. 정치나 행정 쪽보다 재계나 기업 쪽으로 실력을 인정받는다. 그뿐만 아니라 財生煞은 편관의 포악한 기질이 더 악랄해져 주위 사람들을 위협한다.

- 일간이 편관에 꼼짝 못하고 잡혀 있으면, 후보선수나 예비지망생밖에 못한다. 일간도 쇠약하고 편관도 힘이 없으면, 한직으로 밀려난다. 여기엔 대학교 시간강사, 배우 지망생, 체육계의 2군 선수 등이 포함된다.

제3장

정인(正印)

1. 정인이란?

印이란 '爪[움켜 잡다]'와 '卩[반으로 쪼개진 신표]'가 합쳐진 글자다. 다시 말해 정사(政事)를 맡는 관리를 증명해 주는 신표(信票)다. 즉, 공직자의 신분증명이다. 옛날 벼슬아치가 늘 몸에 차고 다니는 인장과 끈이다.

정인(正印)은 정관의 명령을 받아 어진 백성을 보살피고 관리한다. 또 정인은 편관의 명령도 받아 백성을 괴롭히는 나쁜 사람을 색출하여 처단한다. 이러한 정관의 명령을 받은 정인은 그 명령을 수행해야 할 의무를 지며, 또 그 명령 수행의 권한을 위임받는다.

그러나 日干이 어릴 때는 생존에 필요한 진리를 배우고 익혀서 생존의 힘을 키워야 하는 미성년이다. 그러므로 성인(成人)이 아니기 때문에 官의 명령을 받들 수도 없고, 또 이행할 수도 없다.

일간이 어리면 정인은 학문을 배우고 익혀, 일간의 생존능력을 개발해야 한다. 그러므로 정인은 가르침을 받는 학생이 되고, 官은 가르치는 선생이 된다.

또 印에는 情을 베풀고 은혜를 받는 은덕(恩德)의 뜻이 담겨 있고, 또 남과 나를 연결해 주는 인연(因緣)의 뜻도 내포되어 있다.

왜 印에 情이나 은덕이나 인연이 있는가? 생명을 낳아주고, 또 생명을 계승할 수 있도록 키워주기 때문이다.

원래 정인은 일간의 생아자(生我者)다. 日干을 낳아준 부모가 된다. "아버지 날 낳으시고 어머니 날 기르시니, 두 분 곧 아니시면 이 몸 살았을까?"

그러므로 어머니 같은 마음을 정인이 가졌으니, 품어주고 보살펴 주는 자비심이 많다. 그뿐만 아니라 정인이 낳아준 생명을 계속 이어가도록 키우고 길러서, 또 다시 생명을 재탄생시킨다. 그래서 정인은 믿음이 두텁고 봉사정신이 남다르다. 물론 그에 따른 조건은 없다.

정말 正印은 印의 참된 뜻을 하나도 빠짐없이 다 갖춘 六神이요 天命이다.

2. 정인의 혈연과 사회관계

⊙ 혈연관계

인간의 시발(始發)은 생명이고, 그 생명의 탄생은 부모이고, 그 부모는 바로 印이다. 印에도 陽의 印은 아버지고, 陰의 印은 어머니다. 양친을 모두 모시면 정인(正印)이라 하고, 한 쪽만 모시면 편인(偏印)이라 한다.

편인은 편부·편모로 절름발이 부모가 되고, 정인은 양친을 모두 갖춘 온전한 부모다. 陽 일간, 즉 남자의 경우 정인은 생모(生母)가 되고, 편인은 계모(繼母)가 된다.

따라서 아버지는 편재가 되고, 또 어머니 정인의 남편도 된다. 이때 계부(繼父)는 정재가 된다.

여자 甲의 경우 壬 편인이 생모가 되고, 아버지는 己 정재가 되며, 계부는 편재가 된다. 이때 癸 정인은 계모, 즉 편모(偏母)로 되고, 戊 편재는 계부, 즉 편부(偏父)로 변한다. 또 丙 식신이 壬 편인을 만나 간합하면, 편인은 조부(祖父)로 변하고, 식신은 조모(祖母)로 바뀐다.

남자 甲의 경우 癸 정인이 엄마가 되고, 戊 편재가 아버지가 된다. 계모는 壬 편인이 되고, 계부는 己 정재가 된다.

⊙ 사회관계

정인이 일간을 생하면, 자신이 좋아하는 적성을 찾아 인격을 도야하는 것과 같아, 이는 마치 학업성취도나 근무성적표와 같다.

官과 殺의 도움까지 받으면서 정인이 일간을 생하면, 뛰어난 능력을 인정받아 높은 자리로 승진한다. 임명장이나 표창장을 받는 것과 같다.

정인이 일간을 제쳐놓고, 먼저 비견·겁재를 생하면, 이는 일간의 실력이 모자라기 때문이다. 이때 정인은 일간보다 먼저 비견·겁재한테서 필요한 것을 얻어내는 것과 같다. 이는 마치 다른 사람의 상표나 특허를 차용하거나, 타인의 연구실적을 빌려 쓰는 것과 같다.

만약 잘못하여, 정인이 음흉한 비견·겁재한테 유혹을 받아 설기를 당하면, 혹 떼려다 혹을 붙이는 결과가 되어, 정인이 낭패를 당한다. 즉, 경쟁자에게 자신의 특허나 기법을 도용당하는 것이다. 흔히 말하는 정보의 유출이나 표절 및 위조 등으로 손해를 입게 된다.

정인이 왕성한 식신·상관을 만나면, 개인의 기술이나 특기를 연마한 후, 대회나 시험에서 합격하여 자격증, 특허증, 상표권을 획득하는 것과 같다.

식신이란 자신의 노력으로, 특허 같은 특별 아이디어를 살려서, 일간의 능력을 보다 높은 수준으로 향상시키는 활동력이 있다.

3. 정인의 생극(生剋)작용

정인은 주위의 生剋 속에서 작용의 범위와 방법이 달라진다. 특히 겁재·상관·정재·정관으로부터 받는 생극제화(生剋制化)는 정인의 위상을 크게 변화시킨다.

정인은 겁재를 자식처럼 생하고 아낀다.

또 정관이 정인을 배려하고 인정해 주지 않으면 정인은 권한이 없다.

그러나 정인은 상관의 못된 버릇을 고치려고, 충고도 하고 체벌도 한다. 정재를 보면 정인이 유혹에 빠져 타락하므로 정인은 정재를 싫어한다.

정인은 정관의 도움을 받아 관인상생(官印相生)으로 정관이 승진·출세한다.

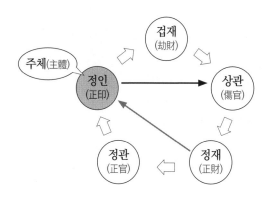

⊙ 겁재 ⇔ 정인

정인은 뻗나간 겁재라도 자식처럼 생한다. 정인은 겁재도 일간처럼 도와주는데, 겁재는 정인의 말을 듣지 않고, 멋대로 행동한다.

그런데 왜 정인은 말썽꾼 겁재를 생하는가? 정재의 유혹이 싫기 때문이다. 정재는 재물 욕심으로 정인을 유혹하여, 망가뜨리는 나쁜 육신이다. 이 나쁜 정재를 겁재가 막아주기 때문에, 정인은 겁재를 좋아한다.

⊙ 상관 ⇔ 정인

정인은 상관을 교화하려고 剋한다. 그리고 정인은 상관의 탈선행위를 나무라고 질타한다.

왜 정인은 상관을 싫어하고 타박하는가? 정관을 상관이 깔아뭉개기 때문이다. 정인한테 임무를 부여하고 후원해 주는 고마운 정관을, 상관이 망가뜨리기 때문에, 정인은 상관을 싫어한다.

그런데 이 나쁜 상관을 뒤에서 밀어주는 정재까지도 정인은 싫어하고 극한다. 정인은 물욕으로 유혹하는 정재도 싫고, 정관을 해코지하는 상관도 미워하고 배척한다.

⊙ 정재 ⇔ 정인

정인과 정재의 사이는 원수가 만난 것처럼 나쁘다.

견물생심(見物生心)이라 누구든지 재물을 보면 욕심이 발동한다. 즉, 정재가 탐재괴인으로 정인을 망가뜨린다. 이를 '재극인(財剋印)'이라 한다.

원래 印이 財를 탐욕이라 꺼려하기 때문에, 財도 印을 겉치레라고 욕한다. 욕하며 덤벼드는 정재를 피하고 살아남으려면, 정인은 겁재의 도움을 받아야 한다. 왜냐하면 겁재가 정재를 깨부숴주기 때문이다.

정재의 유혹을 물리치지 못하면, 정인의 명예는 허물어진다.

⊙ 정관 ⇔ 정인

정관이 정인에게 권한과 임무를 부여하고, 또 정인은 그 권한을 받아 정인의 임무를 수행한다. 정관이 정인을 보살펴 주고, 그 대신 정인이 정관의 지시를 따르도록 강요한다.

이렇게 정관이 부여한 임무를 정인이 잘 수행하여, 정관의 위세를 높여주면, 정관이 정인의 덕으로 승진한다. 이를 '관인상생(官印相生)'이라 하고, 따라서 일간도 입신출세한다. 그러므로 정관과 정인은 바늘과 실처럼 서로 상부상조해야 둘 다 좋다.

4. 정인격(正印格)

정인이 月支의 藏干에 자리를 잡고 있으면 정인격이 된다. 특히 月支에 있는 정인은 일간에게는 용신(用神)이 된다. 용신은 마치 일간이 자기 마음대로 부릴 수 있는 머슴과 같다. 정인격은 일간의 평생을 좌지우지하는 핵심 존재가 되어, 일간을 지도하고 이끌어준다. 비록 용신은 일간에겐 남남이지만, 정인이기 때문에 일간을 자식처럼 돌보고 보살펴 주는 부모 같다.

정인을 만난 일간은 마치 천군만마를 얻은 것처럼 큰 힘을 얻어서 우뚝 선다. 정인은 자기가 희생하므로, 상대가 득을 보는 은덕의 관계이기 때문에, 베풂의 情이다.

정인은 일간을 낳아 길러주는 생아자(生我者)다. 그래서 정인은 낳으면 무조건 길러주는 엄마의 사랑이다.

도대체 정인의 무한한 사랑의 힘은, 그 뿌리가 어디에 박혀 있는가? 그 뿌리는 인간의 마음 속 깊숙이 잠재된 생존욕구(生存欲求)에 있다. 그 생존욕구는 인간이 살아남기 위해서, 무엇이든 찾고 구해야 하는 절박한 마음이다. 이 마음속에는 번식 욕구가 박혀 있고, 또 새로운 것을 알고 싶어 하는 탐구 욕구가 잠재해 있다.

그러므로 정인에는 두 가지 마음이 존재한다. 하나는 정인 자신이 살아남으려는 생존욕구이고, 다른 하나는 남을 살려내는 희생욕구다.

즉, 정인에는 생존욕구와 희생욕구가 모두 있다.

그러나 편인에는 희생욕구는 없고, 생존욕구만 있기 때문에 이기심이 강하다. 그러므로 정인은 무조건 베풀고 보살펴 주는 엄마의 사랑이지만, 편인은 남을 헐뜯고 트집 잡아 시기하는 거짓과 질투의 화신이다.

이처럼 印은 참된 사랑의 정인이냐, 아니면 헛된 질투의 편인이냐는 갈림길에서 어느 한쪽을 선택한다.

갈림길의 선택은 일간과 정인의 상생관계에서 결정된다. 어떻게 사랑을 베푸는가에 따라 정인도 되고, 편인도 된다. 다시 말해 낳고 베풀 때 끈끈한 '情'이 있나 없나에 따라, 또 달라진다. '情'이란 것은 '무엇을 하리라고 작심(作心)하는 느낌'이다.

有情의 상생은 음과 양이 짝꿍이 되어, 情에 끌려서 통정(通情)하듯이 하나로 뭉치는 정인의 상생이다. 無情의 상생은 음은 음끼리 양은 양끼리, 한쪽으로 쏠려서 情이 흩어져 모이지 않는다. 정이 없으니 서로 배척하며 등지는 살벌한 무정의 편인이 된다.

5. 정인의 길(吉)과 흉(凶)

⊙정인의 흉신(凶神)

財가 印을 극하기 때문에 정인을 해코지하는 흉신은 정재다. 이를 '재극인(財剋印)'이라 한다. 이는 물욕의 유혹에 정인의 양심이 깨져서 일간이 타락하듯이, 이는 마치 며느리의 구박에 시어머니가 시달리는 모습과 같다.

⊙정인의 길신(吉神)

官이 印을 보살피고 관리하기 때문에, 정인의 길신은 정관이다. 이를 '관인상생(官印相生)'이라 한다. 정관이 정인에게 임무를 부여하면, 정인은 그 임무를 잘 수행하여 정관에 보답한다. 이처럼 정인과 정관이 상부상조하면 관인상생으로 함께 승진한다.

6. 정인의 태과(太過)와 불급(不及)

⊙ 정인의 태과(太過)

정인은 일간에게 베푸는 엄마의 사랑이다. 그러나 사랑도 적당해야 한다. 자식에 대한 엄마의 사랑이 넘치면 과보호가 되어 자식을 망친다. 자식은 응석받이가 되어 부모에게 의지하게 되고, 혼자 살아갈 수 없다.

⊙ 정인의 불급(不及)

정인이 꼼짝할 수 없을 정도로 모자라서 쇠몰(衰沒)의 궁지에 몰린 경우가 불급이다. 이런 경우 정인이 일간을 도와주기는커녕, 오히려 일간의 신세를 져야 할 지경이 된다. 또 정인이 모자라면, 일간의 운세가 정체되고, 되는 일이 없어 앞날이 암울하다.

⊙ 용신의 태과

정인이 일간의 용신일 경우, 만약 용신이 하나가 아니라 여럿이 되면, 위계질서가 깨져 혼란이 생긴다. 마치 일할 머슴보다 지시하는 주인이 많으면, 업무가 뒤죽박죽이 되어 멈춘다.

7. 정인의 통변(通變)

1) 정인과 비견·겁재

⊙ 겁재 ↔ 정인

비견과 겁재는 일간의 형제·자매다. 그러므로 정인이 일간을 자식처럼 보살펴 주듯 비견·겁재도 못 본 체하지 않고 돌봐준다.

특히 정인을 깔아뭉개는 정재를 겁재가 막아주기 때문에, 정인은 비견보다 겁재를 선호한다. 그러나 겁재가 정인한테 해로울 때도 있다.

일간이 강한데 비겁이 곁에 있으면, 일간의 콧대가 세져 남을 무시할 수도 있다. 그러나 반대로 재물이 생기면 일간과 다투게 되어 나쁘다. 특허권, 상표권 등 지적 재산권이 일간 소유의 정인이다.

만약 겁재한테 정인이 설기(洩氣)당하면, 이런 재산권이 겁재한테 침탈당한다. 일간의 정보와 기술이 유출되고, 특허기술이 도용되어 피해를 입는다.

⊙ 비견 ↔ 정인

정인은 엄마와 같아서, 일간의 권익을 지켜주려고 노력한다. 비견도 일간의 형제이므로 정인이 돌봐준다.

물론 정인은 비견이 일간을 돕도록 타이르고 독려한다. 즉, 공동연구, 가맹점사업, 협회가입 등이다. 그래서 비견이 일간과 협력하며 도와주면 정인은 비견을 좋아한다.

반대로 비견이 일간과 다투고 경쟁하면 정인은 비견을 싫어한다. 이럴 땐 비견도 정인을 싫어하고 편인을 더 좋아한다. 특히 재물 때문에 일간과 비견이 다투면, 정인은 더욱 비견을 질타한다.

2) 정인과 식신·상관

⊙ 식신 ⇔ 정인

식신의 근면과 정인의 학습은 부모의 유산처럼 타고나야 한다.

식신의 기능에 정인의 지식을 보태면, 기술 수준이 한 단계 업그레이드 되어 전문가가 된다. 자신을 절제하고 주경야독하며, 자기계발에 힘쓰면 업무의 능력이 더욱 향상된다.

더 나은 모습으로 성장·발전하기 위하여 산업현장에서 일하고, 틈타서 공부하는 산학협력의 전형적인 모습이 된다.

또 일간에겐 정인은 엄마고, 식신은 자식이다. 정인과 식신은 할머니와 손자의 관계다. 그래서 사이가 좋다.

⊙상관 ⇔ 정인

일간한테 정인은 엄마가 되는데, 상관은 말썽만 피우는 못된 손자다. 그래서 상관이 정인한테 손자뻘이라도 말을 잘 듣지 않아 꾸짖는다. 잔소리를 듣게 된 상관은 정인을 싫어한다.

정인은 상관의 나쁜 버릇을 제어할 수 있는 교화의 자격을 지니고 있다. 정인이 상관의 교화에 필요한 지위나 권리를 얻는 것으로, 이를 '상관패인(傷官佩印)'이라 한다.

상관패인으로 정인이 상관의 말썽을 다스리고, 또 정관까지 도와주면 관인상생으로 승진하게 되고, 그 다음 자격증까지 따게 된다.

3) 정인과 정재·편재

⊙정재 ⇔ 정인

정재는 일간의 아내가 되고, 정인은 일간의 엄마가 된다. 그래서 정인은 시어머니가 되고, 정재는 며느리가 된다. 일간인 남편을 중간에 두고, 정인과 정재는 고부갈등이 생겨 둘 사이가 나쁘다.

또 정인의 양심과 정재의 욕심이 만나 화합하지 못하고 충돌하면, 일간이 탐재괴인(貪財壞印)에 빠져 낭패를 당한다.

양심이 허망한 욕심에 빠져 타락하면, 투기 및 무모한 도박, 부모 유산의 탕진 등으로 일간이 패가망신한다. 이를 '재극인(財剋印)'이라 한다.

그러나 정인의 양심이 강해서 일간을 생하고, 그에 따라 일간이 강왕하면, 정인은 정재의 굴레에서 벗어나 정신을 차려서 투기가 아닌 재테크 연구에 몰두한다. 헛된 욕심을 버리고, 또 남을 위해서 헛고생하지 않고, 오직 가족을 위해 생계자금을 알뜰히 챙긴다.

⊙ 편재 ⇔ 정인

정인은 한 푼이라도 아끼고 알뜰히 저축하는 욕심쟁이고, 편재는 돈 욕심이 없어 돈 잘 쓰고 허세를 부린다.

정인의 근검절약 정신이 편재의 탐욕적인 허욕에 빠지면, 일간이 투기 쪽으로 변질되어 일확천금을 꿈꾼다. 부동산 투기나 경마 등 도박에 빠져 유산을 탕진하고, 또 가정을 팽개친다.

이때 편재보다 정인이 더 강하면, 올곧은 정신자세로 버티며, 부정부패나 허망한 물욕에 빠지지 않는다. 그리고 정인이 편재의 좋은 점인 합리적 투자기법을 받아들여서, 활용하고 연구하면, 오히려 경제학자나 전문가로 변신한다.

4) 정인과 정관·편관

⊙ 정관 ⇔ 정인

정관은 남을 부릴 수 있는 권력이나 권세이며, 정인은 그 정관으로

부터 명령이나 권한을 위임받아 수행하는 집행자다.

정인과 정관이 협력하면서 일간을 이롭게 하는 관계가 관인상생(官印相生)이다. 이는 정인이 정관한테 부여받은 임무를 잘 수행하고, 정관을 보좌하며 상부상조하는 작용을 말한다.

정인이 정관의 적합 판정을 받아야, 비로소 임무를 수행할 수 있는 권한을 부여받는다.

또한 정인이 상관을 견제하고 막아서 정관을 수호하면, 이는 마치 국가자격증을 취득하고, 또 기득권을 가지고 정관의 권능을 유지해 나가는 것과 같다.

⊙ 편관 ⇔ 정인

편관도 정관처럼 권력자다. 그러나 무력으로 다스리는 통치권력이다. 그러므로 정인도 편관의 공권력을 따르지 않을 수 없다.

이때 정인은 편관의 강압이 마음에 들지 않아서, 편관의 무력행사를 조절하려고 한다. 정인이 편관의 살성을 설기하여 殺氣를 빼내버리면, 편관이 이빨 빠진 호랑이처럼 순해져서 정인의 지시에 따른다.

이는 편관이 총칼을 앞세우지 않고, 호의를 베풀면서 순리적으로 통치하도록 정인이 안내해 주는 '살인생화(殺印生化)'라 할 수 있다. 즉, 정인이 일간에게 편관의 험난한 시련을 잘 극복하여 훌륭한 인물로 성장하도록 그 해결을 알려주는 것이다.

편관은 위험하고 살벌한 공권력이기 때문에, 이를 다스리는 데는 정인의 계략이 필요하다. 그래서 정인의 전략 전술이 군인이나 경찰 등 사정기관의 수사 활동에 필요하다.

8. 정인과 직업

● 정인은 학문과 교육에 연관이 깊으므로 학술관련 사업이나 육영 사업이 유리하다. 특히 정인은 노동보다 지식을 선호하므로, 직접 몸으로 일하는 막노동이나 기술을 기피하고 사무직만 희망한다.

● 정인이 관인상생(官印相生)되어 정관이 내린 임무를 잘 수행하면, 관료계통에서 승진하고 출세한다. 교육기관이나 행정조직 및 일반 관공서의 직무에 적합하다.

● 정인의 뿌리가 편관에 박혀 있으면, 살인생화(殺印生化)되어 편관, 즉 살생기관의 유익한 길잡이가 된다. 즉, 사정기관에서 조사·수사·기획 등 공권력을 맡는다. 범법자를 소탕하는 경찰, 국경을 지키는 군인, 각종 사회악을 색출하고 처단하는 공권력이나 사법기관 등에 종사한다.

- 육체적 노력과 기술로 직접 봉사하는 식신을 정인이 만나면, 산학협력이 되어 기술 수준이 더 높아진다. 자격증이나 특허로 전문기술을 산업현장에 적용하거나, 아니면 노약자를 보호하는 의사, 약사, 사회복지사 등에 종사한다.

- 더군다나 상관은 식신과 달라 재치가 발달하고 임기응변이 뛰어나기 때문에, 잔머리를 굴리면서 소개소나 유통 쪽에서 활동한다. 그러나 상관의 튀는 행동 때문에 일을 망칠 수 있다. 만약 정인이 상관의 탈선행위를 잡아줄 수 있다면, 각종 이벤트 쪽에서 두각을 낸다.

- 정인은 정재를 보면 원수처럼 싫어한다. 그래서 정재가 정인을 깔고 뭉개서, 일간의 체면을 망가뜨린다. 이때 겁재가 있어 정재를 막아주면, 정인은 살아난다. 겁재가 정재를 망가뜨리기 때문에 정인은 겁재를 좋아하고, 비록 겁재가 사나워도 정인은 겁재를 도와준다.

- 정인이 편재를 만나더라도 치졸한 물욕에 빠지거나 낭비하지 않으면, 편재의 장점을 살려서 좋은 일을 할 수 있다. 만약 높은 수준의 경영감각을 터득하게 되면 재물관리와 운용을 잘 한다. 즉, 주식이나 금융 쪽은 물론 부동산 분야에서도 편재의 투자기법을 적용하여 두각을 나타낸다.

제4장

편인(偏印)

1. 편인이란?

官은 규범(規範)이다. 규범에는 공적인 법이 있고, 사적인 도덕이 있다.

印은 규범에 명시된 임무요, 官이 내려주는 명령이고 사명(使命)이다. 이와 같은 임무와 명령이라도 전체를 중시하는 원칙주의의 정인이 있고, 개인을 중시하는 편의주의의 편인도 있다.

정인이 진리(眞理)요, 현실이라면, 편인은 가상(假象)이며, 허망한 공상의 신봉자가 된다.

어찌 보면 편인은 고독한 심령의 소유자인지도 모른다. 편인은 보는 관점에 따라 인간 말종도 될 수 있고, 시대의 선각자도 될 수 있다. 편인은 일상생활 속에서 현실을 도외시하고, 가상의 세계를 더 동경하는 별종이다.

편인은 외부와 경쟁하기 싫어하고, 오직 혼자만의 세계 속에 안주하며 자기 편견에 사로 잡혀서 산다. 즉, 편인은 편관처럼 현 체계를 부정하고, 새로운 체계로 개혁하려는 것이 아니고, 과거에 얽매여 고뇌하며 산다. 편인은 거짓이나 허상처럼 현실과 동떨어진 별난 세상에 산다. 어쩌면 과거에서 벗어나지 못하고 추억과 몽상 속에 빠져, 현실과 등지고 사는 과대 망상가다.

편인은 개방된 마음으로 넓은 새 세상을 찾는 것이 아니라, 속이 좁쌀처럼 좁다. 오직 자기만의 영혼 속에 홀로 안주하려 한다. 편인은 무리와 어울리기를 싫어하고, 홀로 자기 것만 챙기고 아끼며 산다.

2. 편인의 혈연과 사회관계

⊙ 혈연관계

편인은 남자한테는 계모가 되고, 그 계모는 아버지의 애인이다. 그리고 편인은 아내의 아버지인 장인이 되고, 또 외손녀도 된다.

여자의 경우, 편인은 어머니가 된다. 그리고 딸의 남편인 사위가 된다. 또 편인은 아들이 낳은 손자도 된다.

남자의 경우, 아버지인 편재와 계모인 편인은 남녀의 사이가 된다.

여자의 경우, 엄마가 되는 편인과 시어머니가 되는 편재는 사돈의 관계가 된다.

⊙사회관계

편인은 사회에서 만난 부모 같은 선배나 스승이나 상사와 같다. 또 편인은 건강 쪽에선 질병이 되고, 성격 쪽에선 빗나간 질투심이 된다.

더욱이 편인은 성깔이 괴팍하여 자신만의 세계 속에 갇혀서, 현실을 도외시하고, 은둔자처럼 가상의 세계 속에서 외롭게 산다. 옛부터 편인의 기질을 가진 사람들을 딴따라, 무당, 사당패 등으로 부르기도 한다.

만약 편인이 식신을 만나서 극해하면, 식신의 기력이 떨어지고 활동이 중지되며, 생계가 막혀 위태롭다. 이는 마치 밥통을 뒤엎어 버리거나, 손발을 묶어 못 움직이게 하는 것과 같다. 채무독촉장, 가짜증명서, 허위신고 및 무고죄, 불량식품 판매 등으로 고발·고소당한다.

정관을 편인이 설기하면 법규를 위반하거나 탈법 행위가 되므로, 그 벌칙으로 세금고지서, 과태료나 각종 벌금통고서를 받게 된다.

정재가 편인을 만나면, 알뜰한 마음이 삐뚤어진 생각에 빠져 잘못을 저지른다. 이는 편인이 불법인 줄 모르고 잘못 거래한 결과, 계약이 파기되는 경우다. 부동산 거래계약이 깨지든가, 주식이나 각종 채권이 부실해지거나, 각종 이권개입에 따른 불법행위로 협력계약이 깨져서 손해를 당한다.

3. 편인의 생극(生剋)작용

편인도 주위의 여러 육신으로부터 생극제화(生剋制化)를 당한다.

특히 편인이 비견·식신·편재·편관한테 生剋의 작용을 받으면, 편인의 기능과 성질이 변한다.

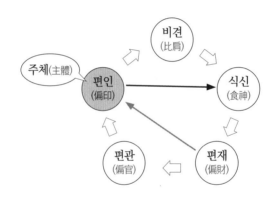

편인이 편관의 도움을 받으면 특별한 권한을 부여받는다. 또 편인은 비견을 보면 일간과 똑같이 아껴주고 돌봐준다. 그러나 편인이 편재의 자유분방한 포용심에 감화를 받으면, 마치 정인처럼 순화된다.

또 편인의 헛된 망상이 현실에 충실한 식신의 앞을 가로 막아서, 활동을 정지시켜 일을 망가뜨릴 수도 있다.

그래서 편인은 식신이란 생존과 안전을 부정하고 뒤엎어 버린다.

⊙ 비견 ↔ 편인

편인은 비견을 생한다. 편인은 본처가 낳은 일간은 좋아하지 않아도, 비견은 친자식처럼 좋아한다.

왜 편인은 비견을 좋아하는가? 편재 때문이다. 편재는 임자 없는 남의 재물이다. 낭비해도 탓할 사람이 없어 괜찮다.

이런 편재가 편인을 무시하고 깔아뭉갠다. 그런데 이 몹쓸 편재를 억제하여 막아주는 것이 비견이다. 그래서 편인은 비견을 좋아한다. 다시 말해 편재의 포용성과 친화력이 편인의 괴팍함과 배타성을 무력화시킨다. 이를 '재극인(財剋印)'이라 하며, 편인이 정인처럼 온순해진다.

깍쟁이처럼 모난 편인의 기질을 뭉개 버리는 편재를 비견이 막아주기 때문에, 편인이 비견을 좋아한다.

⊙ 식신 ↔ 편인

편인은 친자식이 아닌 일간도 싫어하지만, 그 일간이 낳은 식신까지 좋아하지 않는다. 그래서 편인은 식신을 보면 가만두지 않고 극한다.

더욱이나 편인을 괴롭히고 귀찮게 하는 것은 편재다. 그런데 얄밉게도 식신이 몹쓸 편재를 도와주고 있어 싫어한다.

그밖에도 편인이 이렇게도 식신을 싫어하는 이유가 또 있다. 이는 편관 때문이다. 편인을 도와주는 편관을 식신이 깨부수기 때문에, 편인이 식신을 싫어한다. 그러므로 편인은 식신을 원수처럼 여기고 쳐부수고 엎어 버린다. 이를 '도식(倒食)'이라 한다. 도식은 위험하고 무서운 것이다.

⊙ 편재 ⇔ 편인

비록 편재는 임자 없는 돈이라 내 돈이 될 수 없지만, 사용하는 데는 아무 문제가 없다.

편재는 너그러운 마음으로 편인의 좁쌀 같은 성질을 이해하고 순화시켜 현실에 적응하도록 타이르는 좋은 점이 있다. 그러나 편인은 편재가 베풀어 주는 이런 선의의 충고도 달갑지 않게 여긴다.

또 편재는 자기를 도와주는 식신을 파괴하려는 편인을 보고 더욱 격분하여 편인의 못된 기질을 꺾어놓는다.

한편 편재는 견물생심(見物生心)으로 편인의 이기심을 충동질하여 편인의 고약한 심보를 부채질한다. 그러나 만약 편재의 너그러움과 포용심이 편인의 까다로운 기질을 좋은 쪽으로 순화시키면, 편인한테 의외로 봉사정신이 살아날 수도 있다. 마치 편인이 정인처럼 착해진다.

⊙ 편관 ⇔ 편인

편인은 편관을 洩氣로 힘 빠지게 한다. 그런데도 편관은 편인을 보면 도리어 보살피고 도와준다.

왜 편관은 편인을 도와주는가? 식신 때문이다. 식신이 편관을 해코지하는데, 편인이 못된 식신의 공격을 막아주기 때문이다.

편관도 한쪽으로 치우쳐 있고, 편인도 성격이 삐뚤어져 있다. 편관이 편인을 힘으로 감싸주듯이, 편인도 편관의 살성을 거부하지 않고 받아주며 도와준다. 이를 '살인생화(殺印生化)'라 한다.

편인은 먼저 편관의 도움을 받아 기세가 등등해져서 좋다. 물론 편관도 그 편인을 올바르게 순화시켜 좋은 쪽으로 이끌어 준다.

그리고 편인은 고마운 마음으로 편관을 도와준다. 즉, 편인은 편관이 공권력을 어떻게 실행하는 것이 좋은지, 그 방법을 편관에게 일러주는 안내자 역할도 한다.

4. 편인격(偏印格)

편인이 月支 장간에 자리하고 있으면, 이는 편인격이 된다.

편인은 자기가 낳지 않은 남의 자식을 마치 친자식처럼 키워야 하므로 진정성이 없다.

또 편인은 음과 양이 만난 것이 아니라, 음은 음끼리, 양은 양끼리 만나기 때문에 여기에는 끈끈한 정이 있을 수 없다. 아주 매정하다.

편인이든 정인이든 모두 자식을 낳아 길러주는 부모다. 이처럼 자식을 낳고 기르는 데도, '情'이 있고 없음에 따라, 印의 모습이 달라진다.

끈끈한 정이 있는 '有情의 印'은 정인이 되고, 정 없는 '無情의 印'은 편인이 된다. 情은 相生의 씨앗으로, 둘의 情이 하나로 합쳐야 비로소 통정으로 자식을 낳는다. 정인을 받아 태어나면, 양친의 보살핌 속에서 평생 잘 풀린다.

그러나 정인이 아닌 편인을 부모로 만나 출생하면, 평생 고난 속에서 살아야 한다. 지름길을 두고도 돌아가야 하는 신세로, 오는 복도 쥘 수 없는 서글픈 인생을 살게 된다.

이는 자신만의 가상 세계에 빠져, 현실을 등지고 사는 외톨이가 되는 것과 같다. 이런 기질은 딴따라, 무당, 잡기, 한량의 신세를 만든다.

또 편인의 가장 나쁜 점은 식신을 도식(倒食)하여 망치는 것이다. 식신은 인간이 살아가는 데 없어서는 안 되는 생존권이요 의식주다. 이 식신을 편인이 망가뜨리는 것은 마치 밥통을 엎어버려 먹지 못하게 하는 것과 같다. 마치 일간의 생명줄을 끊어놓는 것과 같은 것으로 아주 위험하다.

또 편재는 여럿을 하나로 묶어 쓰거나, 하나를 여럿으로 쪼개어 쓰는 응용능력이 탁월하다. 만약 편인이 편재를 만나 순화되면, 나쁜 편인에서 유익한 존재로 변신한다.

편인은 기질이 별나고 특이해서 일반 직업에 맞지 않다. 옛날부터 편인에 적합한 직종이 있었다. '구류술업(九流術業)'이란 별종의 직업이 전해져 내려왔다. 점술사, 승려, 침술사, 도사, 남사당패, 훈장, 무당 등을 말한다.

5. 편인의 통변(通變)

1) 편인과 비견·겁재

⊙ 비견 ↔ 편인

일간은 편인의 친자식이 아니기 때문에, 편인은 일간을 싫어하고, 그 대신 비견을 좋아한다. 편인이 비견을 더 좋아하는 이유는, 편인을 구박하는 편재를 비견이 탈취해 막아주기 때문이다. 비견이 편재를 배척하면, 우선 편인은 방해꾼이 사라져 좋다.

그러나 나쁜 것도 있다. 편인은 계모도 되고 부모같은 스승이나 선배도 된다. 물론 비견은 일간의 형제·자매가 된다. 그러므로 편인의 이간질로 선배와 형제가 서로 배반하도록 꼬드겨서 싸우게 한다. 또 계모와 형제의 모함으로 스승과 친구가 배신한 결과, 일간이 곤궁에 빠져서 위태롭다.

⊙ 겁재 ↔ 편인

일간한테 겁재는 형제인데도 불구하고, 아내 정재를 해코지하므로 겁재를 싫어한다. 또 편인은 계모로서 일간을 구박하고, 또 일간의 자식인 식신까지 도식(倒食)으로 작살을 내기 때문에, 일간은 편인을 더 싫어한다.

그뿐인가? 일간은 편인을 싫어하듯이, 겁재도 싫어한다. 일간은 둘 다 싫어한다. 더욱이 겁재가 편인을 괴롭히는 편재를 보고도 모르는 척 눈감아주기 때문에 편인도 겁재를 더 싫어한다. 이렇듯 모두가 서로 싫어하는 상극의 관계에 얽혀 있으면 나쁘다.

편인과 겁재가 화합하지 않고 서로 다투면, 겁재의 겁탈 기질은 편인의 울분을 자극하고, 편인의 질투심이 겁재의 탈취욕을 자극하여 모두가 박살난다.

만약 편인과 겁재가 사이좋게 손잡으면, 의외로 좋은 결과를 가져온다. 편인의 아이디어가 겁재의 재물욕심을 기업 쪽으로 유도하여 큰 이득을 남긴다. 부동산 개발에 투자하고, 금융시장에 개입하여 주식투자로 큰돈을 번다.

2) 편인과 식신·상관

⊙ 식신 ⇔ 편인

일간에게 편인은 계모가 되고, 식신은 귀중한 자식이 된다. 또 식신은 일간이 살기 위해서 꼭 먹어야 하는 밥[食]이다.

계모인 편인이 친자식이 아닌 일간을 구박하고, 밥그릇을 뒤엎어 밥을 쏟아버린다. 그래서 일간은 먹을 밥이 없어 굶어 죽을 수 있다. 이는 식신의 생존력을 편인이 깨트려서, 인간 생활의 근본인 의식주와 삶을 통째로 망가뜨리는 위험한 도식(倒食)이다.

만약 편인이 정관을 설기하면서, 또 식신까지 깔아뭉갠다면, 일간은 낭패를 당한다. 이는 불법이요 위법이다. 즉, 환경법, 보건위생법, 노동임금법, 미성년자보호법 등의 위반이다.

⊙ 상관 ↔ 편인

일간한테 편인은 계모이고, 상관은 말썽피우는 자식이다. 둘 다 일간을 괴롭히고 애를 먹인다.

그러나 일간이 강왕하면 편인도 일간을 얕보지 못하고, 상관도 말썽을 부리지 않는다. 이때는 모두가 얌전해져 일간한테 고분고분한다. 그러면 자연히 편인과 상관이 서로 의지하며 손잡는다. 둘이 만나서 서로가 의기가 투합하면 좋다. 그러나 때로는 편인과 상관의 의기투합이 일간을 해코지하는 경우도 있다.

둘이 만나 너무 좋아서 자기들만 생각하면, 남을 해코지할 흉의를 잊어버릴 수도 있다. 이와 같이 편인과 상관이 干습하면, 둘의 해악이 사라져 일간이 편해져 좋다. 더욱이나 상관의 응용력과 편인의 지모가 합쳐지면, 훌륭한 큰 성과도 달성한다.

이는 마치 편인의 작품과 상관의 관중 동원을, 일간이란 예술감독이 잘 응용하면, 명작이 되는 것과 같다.

물론 편인은 타고난 잠재능력이고, 상관은 밖으로 뽐내고 싶어하는 발설(發泄) 재능이다. 그러므로 끄집어내어 자랑하고 싶은 상관의 발설 욕구가 수줍어 감추고 있는 편인의 숨은 재능을 발굴해 낸다면, 놀라운 창작이 될 것이다.

3) 편인과 정재·편재

⊙ 정재 ⇔ 편인

일간에게 정재는 아내가 되고, 편인은 친엄마가 아닌 계모다. 사랑하는 남편인 일간을 편인이 구박하는 것을 본 아내는 편인을 미워할 수밖에 없다. 그러므로 인정머리 없는 편인을 정재가 타박한다. 이를 '재극인(財剋印)'이라 한다.

정재와 편인의 사이가 나쁘다. 편인 계모의 잔꾀가 정재의 소유욕심을 촉발시켜 정재를 괴롭힐 수도 있다.

그러나 정재의 물욕이 좋은 쪽으로 발동하여, 일간이 편인의 충고를 좋게 받아들여 잘 활용하면, 부동산이나 주식에 투자하여 큰 수익을 낸다. 만약 편인의 삐뚤어진 잔꾀가 잘못하여, 정재의 투기심을 충동질하면 큰 탈이 난다.

⊙ 편재 ⇔ 편인

편재는 돈은 돌고 도는 것이란 개방된 사고방식을 가지고 있다. 그러므로 편재는 소유욕이 없어서 재물에 매달리지 않는다. 돈을 소유하고 지키기보다, 돈 자랑하며 펑펑 쓰고 다니는 건달 기질이 농후하다. 시장원리에 따라 자산을 관리 운용하여 보다 큰 재물을 획득하려는 장사꾼이다.

또 편재는 모험심이 많아서, 때론 지나친 만용에 빠져 큰소리치다가 손해를 보기도 한다. 이런 모험 기질 때문에 편재는 도박, 투기, 무역, 여행 등 큰 거래가 오가는 분야에서 망하기도 한다.

허망한 공상에 빠져 자기 것만 챙기는 꽉 막힌 편인은 편재를 한심하게 생각한다, 분통 터진 편인이 편재의 방탕기를 잡아주면, 편재가 돈 버는 재주를 발휘한다.

반대로 편재가 허망한 공상에 빠져 외골수가 된 편인을 일깨우고 소통시켜 현실을 받아들이게 되면, 편인이 좋은 일로 돌아선다. 그럴 경우 편인은 정인처럼 성실하고 알뜰해져, 남을 돕는 진정한 봉사정신을 본받게 된다.

4) 편인과 정관·편관

⊙ 정관 ⇔ 편인

정인은 정관이 부여한 임무를 잘 수행한다. 그러나 편인은 주어진 임무마저 잘 수행하지 못하고 엉뚱한 쪽으로 빗나간다.

편인이 정관을 만나면, 올바르게 정관을 보좌하지 않고, 거꾸로 정관의 약점을 찾아내어 악용하므로 정관의 체면이 손상된다.

정관을 편인이 나쁘게 설기하면, 관공서의 기강이 떨어지고, 각종 부정부패가 만연한다. 더욱이 편인은 부여받은 정관의 임무를 수행하기보다, 관료조직의 약점이나 비리를 들추어내어 돈벌이로 악용한다. 그러나 편인이 편관을 설기하여 편관의 조력을 받으면, 편인의 기세가 하늘을 찌른다.

한편 편관도 편인의 도움으로 식신의 방해를 받지 않으면 더 강건해진다.

⊙ 편관 ⇔ 편인

원래 官은 印을 생하고, 印은 官을 받들어 상부상조하면, 관인상생이 되어 일간이 출세한다. 정관이 정인을 생할 때, 일간이 행정관리로 승진한다. 이처럼 편관도 편인을 생하면 편관의 공권력이 더욱 강대해져 위엄이 선다.

왜 편관이 편인을 살려 주는가? 식신 때문이다. 식신이 편관을 制殺하여 편관의 殺氣를 망가뜨리기 때문에 편관은 식신을 싫어한다. 이때 편인이 몹쓸 식신을 잡아주므로 편관은 편인을 좋아한다.

만약 편관과 편인이 만나 손잡으면, 편관의 공권력이 편인의 탐색 기법을 활용할 수 있다. 즉, 편인의 뛰어난 재주와 지략이 무모한 편관의 폭력성을 유익한 공권력 쪽으로 돌려놓는다.

이렇게 편관과 편인의 협력이 잘 이루어지면, 거꾸로 못된 편인이 사회악을 물리치는 데 공헌한다. 이를 '살인생화(殺印生化)'라 한다.

전략 전술이 필요한 대외업무나 범죄관련 분야에서 편인이 편관의 감시·감독을 도와준다.

6. 편인과 직업

- 편인은 눈치가 빠르고 상상력이 풍부하기 때문에, 대체로 스포츠, 예술, 종교, 의학, 학술, 무속 신앙 등 다양한 분야에 소질이 많고, 재능이 뛰어나다. 특히 예지력이 특출해서 종교나 무속 계통에서 두각을 나타낸다.

- 편인은 제도의 허점을 들추어내어 악용하려는 야비한 성깔도 잠재해 있다. 그러나 정인은 제도의 취약점을 개선하고, 보완하려는 올바른 마음이 있다. 그러므로 편인은 심부름센터나 흥신소 등 나쁜 정보를 이용하려는 직업에 종사한다.

- 편인이 정관을 나쁜 쪽으로 설기하면, 직장이나 조직의 기밀을 몰래 빼내서 자기사업에 유리하게 활용하는 브로커나 정보알선 등

에 관여한다. 상대의 약점을 캐내는 편인의 탐색력이 편관의 공권력과 협력하면, 수사기관에 큰 도움을 준다.

- 편인과 식신이 만나면, 식신이 와장창 깨진다. 식신의 구원을 받아야 할 약자를 오히려 편인이 해코지한다. 식품위생법, 미성년자보호법 등을 지키지 않는다. 반대로 편인이 상관을 만나면, 편인의 잔꾀가 상관의 상술과 합작이 되어 유통업이나 중개업 쪽에 뛰어난 재능을 발휘한다.

- 편인이 편재를 만나면, 삐뚤어진 편인의 성깔이 너그러운 편재의 포용으로 누그러지고 풀려서 통큰 좋은 사람이 된다. 사회의 유익한 분야에 종사한다. 의사, 약사, 간병인, 사회복지사 등으로 변신하여 봉사한다.

- 편인이 정재를 만나면, 편인의 빗나간 마음이 정재의 근검절약에 감화받아서 순화가 된다. 그리고 쓸데없는 단체활동으로 남에게 봉사하기보다 집안에서 부모와 처자를 보살피며 살림살이를 알뜰하게 챙긴다.

제5장

식신(食神)

1. 식신이란?

'食'이란 글자는 '人[사람]'과 '良[어질대]'을 합쳐 놓은 것으로 원래 食이란 누구나 즐겨 먹는 밥이다. 사람이 살기 위해서는 밥을 꼭 먹어야 한다. 그러므로 식신은 생명을 길러주는 원동력이요 의식주다.

또 세대와 세대의 핏줄을 끊어지지 않도록 연결해 주는 자손이요, 자식도 된다. 이는 내 몸의 일부를 떼어 남에게 베풀어주는 것, 즉 엄마가 자식을 낳고 양육하는 것과 같다.

식신(食神)은 자신의 일부를 떼어 남에게 베풀어 주는 최선의 희생이다. 그뿐 아니라 그 떼어준 생명을 죽지 않고 계속 안전하게 생존하도록 먹여주고 보살핀다. 그래서 식신에는 안전을 지키는 유비무환의 준비정신이 갖추어져 있다.

또 낳아놓은 생명을 그냥 팽개쳐 두면 살지 못하기 때문에 먹여 살려야 한다. 그러려면 식신은 부지런히 일하면서 먹거리를 생산하거나 구해와야 한다.

남의 몸에서 떼어 생명을 부여받아 생겨난 것이 식신이다. 그 생명은 식신이 노력해서 얻어낸 것이 아니다. 천륜(天倫)에 의하여 하늘이 내려준 은혜인 것이다.

이는 인륜이나 인연으로 생겨난 생명이다. 자신의 힘으로 어렵게 얻어낸 생명이 아니고, 자연이 선물한 공짜 생명이나 마찬가지다. 그래서 식신은 세상만사가 자기처럼 공짜로 생긴 것으로 착각한다. 또 걱정도 없고 태평스럽다. 식신은 하늘이 무너져도 살아난다는 낙천주의자다.

더욱이 성격이 느긋하고 명랑해서 붙임성도 많다. 이런 이유로 귀염도 받고, 만사가 순조롭지만 식신에도 문제가 있다. 게으르고 우유부단하다.

2. 식신의 혈연과 사회관계

⊙ 혈연관계

일간이 남자일 경우 식신은 손녀가 되고, 상관은 장모나 사위가 된다.

그러나 일간이 여자일 경우는 식신은 달라진다. 여자에겐 식신은 딸이 되고, 상관은 아들이 된다. 또 여자에게는 며느리가 편관이 되기 때문에 딸과 며느리의 사이가 좋지 않다.

물론 일간의 생기를 洩氣하여 빼내 오는 식신·상관은 마땅히 일간의 자식이 된다. 그러나 남자는 그렇지 못하다.

왜냐하면 남자는 자식을 잉태할 수 없으니, 아내가 대신 낳아주어야 한다. 아내가 낳은 식신 상관은 아내에겐 아들·딸이 되지만, 남편에겐 후손뻘인 손녀·손자가 된다.

⊙사회관계

식신은 남의 生氣를 설기하여 얻어낸 생명과 같다. 그래서 생명의 원천이며 생존력이고, 또한 번식력인 성욕도 된다.

또 생명은 살아 움직여야 하니, 식신은 부지런하고 활동적이라야 한다. 식신은 생명을 지키고, 또 늘 안전을 도모하기 위해 노력하기 때문에 장수하는지도 모른다.

물론 식신 자신의 생명도 귀중하지만, 남의 생명도 중요하므로 자신보다 더 약한 사람을 도와주는 선량한 봉사자인지도 모른다.

3. 식신의 생극(生剋)작용

식신의 생극작용은 어떻게 진행되고, 또 변하고 활용되는가? 이는 식신을 둘러싸고 있는 주위의 여러 육신에 달려있다. 특히 비견·편인·편관·편재는 식신의 생극제화에 따라서, 그 성향과 행태가 달라진다.

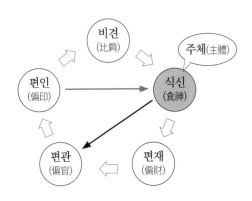

비견은 식신을 도와주어야 하므로 힘이 빠져 나쁘다. 그러나 식신은 비견한테서 도움을 받아 좋다. 편인은 호랑이처럼 식신을 보면 잡아먹어서 나쁘다.

식신은 편관의 날카로운 이빨을 무디게 하므로 편관의 살기를 제압한다. 비록 편재가 남의 돈이라도 식신은 따지지 않고, 돈벌이에 편재를 잘 활용한다.

⊙ 편재 ⇔ 식신

식신은 편재를 돈벌이를 위해서 손쉽게 활용한다. 이를 '식신생재(食神生財)'라 한다. 재물은 식신이 아니면 만들어지지도 못하고 취득도 못한다.

식신의 노력 없이 얻어지는 재물은 없다. 편재가 정재보다 더 어렵고 힘이 든다.

그러나 정재는 임자가 있어 남에게 줄 수 없지만, 편재는 원래 남의 것이라서 남에게 주어도 괜찮다. 그래서 식신은 편재를 더 좋아한다. 물론 상속재산이나 불로소득도 식신이 땀 흘려 얻어낸 재물이 아니라서 편재가 된다.

왜 식신은 편재를 생하는가? 편인 때문이다. 왜냐하면 식신을 극하는 몹쓸 편인을 편재가 막아주기 때문이다.

편재는 편인의 도식(倒食) 공격으로부터 식신을 지켜주고 생존활동을 보장한다. 그래서 식신은 편재를 좋아하고, 또 편재를 잘 활용하려고 애를 쓴다.

편재는 식신을 편인으로부터 구해주고, 다시 그 식신이 편재를 일구어 내면, 일간은 재물도 얻고 생존의 영역까지 구축한다.

⊙ 편관 ⇔ 식신

편관은 죽이는 일을 하고, 식신은 살리는 일을 한다. 그래서 식신이 살아남기 위해서는 반드시 편관을 꺾어서 이겨내야 한다. 이를 '식신제살(食神制殺)'라 한다.

왜 식신은 편관을 보면 극해하며 해코지하는가? 비견 때문이다. 식신을 곁에서 도와주는 것은 비견이다. 그런데 좋아하는 비견을 편관이 작살내므로 식신은 편관을 싫어한다.

또 부모 같은 일간을 편관이 못살게 박해하는 것을 본 식신은 편관의 殺性을 질타하고 공격한다. 그뿐 아니라, 식신의 생명줄을 끊어버리는 몹쓸 편인을 편관이 뒤에서 돕는 것을 보고, 식신이 분노하여 편관을 박살내려 한다.

⊙편인 ⇔ 식신

편인은 식신을 보면 먹이 사냥하듯이 밥통을 뒤엎고 부셔버린다. 반면 식신은 살기 위해서 편인에 깨지지 않으려고 몸부림친다. 이를 '도식(倒食)'이라 한다.

왜 편인은 식신을 보면 싫어하고 깨부수려 하는가? 편관 때문이다. 편인 자신에게 힘을 보태주며 격려하는 것이 편관인데, 이 좋은 편관을 식신이 해코지하니까, 편인은 식신을 싫어한다. 편인이 화가 나서 식신을 깨부수는 것이다.

⊙비견 ⇔ 식신

비견은 식신을 곁에서 도와주고, 식신은 비견의 도움을 받아 재물 생산에 활용한다. 즉, 비견은 식신의 일을 힘껏 도와주는 협력자다. 비견은 온 힘을 다해서 식신에게 정성을 쏟아부어 협조한다.

왜 비견은 식신을 도와주는가? 편관 때문이다. 편관이 비견을 보면 해코지하는데, 식신이 그 몹쓸 편관을 막아주기 때문에 비견은 식신한테 고마움을 느낀다.

그러므로 식신은 비견한테서 협조를 받아서, 그를 바탕으로 재물을 생산하고 힘이 세진다. 또 비견은 식신의 보호를 받으므로 편관으로부터 살아남는다.

4. 식신격(食神格)

식신은 아생자(我生者)로 일간이 낳는 자식이다. 일간 자신의 몸 일부를 떼내어, 다시 남으로 태어나 살게 해준 것이다. 그래서 식신의 별명을 '설기신(洩氣神)'이라 한다.

그러므로 내 것을 떼어주는 일간은 손해를 보고, 남의 것을 물려받는 식신은 이득을 본다.

설기하여 얻어내는 식신 쪽은 유리하고, 설기당하는 일간은 불리하다. 식신이 비록 일간을 설기하여 빼앗아 가는 나쁜 쪽인데도 불구하고 왜 식신을 좋다고 칭찬하는가?

식신을 생겨나게 한 것은 일간의 洩氣에 있다. 그 설기가 없으면 식신도 없기 때문이다. 문제는 설기에 있다. 설기하는 쪽이 일간과 음양이 같아 끼리끼리가 되면, 그 설기의 힘은 한쪽으로 몰려서, 방해를 받거나 대가를 요구받지 않는다. 그래서 일방통행의 힘찬 설기가 되고,

그 힘찬 설기가 식신이 된다.

양과 양, 음과 음이 한쪽으로 쏠리는 설기는 무조건 베푸는 식신이 되고, 음과 양 사이가 엇갈려서 밀고 당기는 조건이 붙는 설기는 상관이 된다.

다시 말해 같은 것끼리의 설기는 일방통행으로 세찬 無情의 설기요, 다른 것끼리의 설기는 서로 잡아당기는 끈끈한 情의 방해로 머뭇거리는 有情의 설기가 된다.

식신은 잡아끄는 情의 장애가 없어 줄기차게 나아가는 힘찬 無情의 설기다. 같은 것끼리는 만나도 情이 없어 통정이 되지 않아 아기가 생길 수 없다. 임신이 되지 않으니, 설기하는 데 멈추거나 막힘이 없어, 힘들지 않고 저절로 빠져 나간다.

설기하는 데 방해를 받지 않으면, 모두 한 방향으로 뻗어나가므로 설기의 힘이 강력하다. 그래서 식신은 설기의 힘도 더 세지고, 더 빨리 빠져 나온다. 그래서 식신이 좋은 것이다.

특히 식신이 月支의 장간에 자리 잡으면 식신격(食神格)이 되어, 다른 육신까지 아우른다.

5. 식신의 강세 조건

다음과 같은 조건을 갖추면 식신의 힘은 더욱 강해질 것이다.

- 먼저 일간이 강왕해야 식신에게 빼내줄 것이 많아진다.
- 그리고 月支 장간의 地支가 식신에게 힘 있는 자리가 되어야 한다.
  즉, 관대·건록·제왕의 자리다.
- 특히 식신이 형충당하지 말아야 한다. 식신이 편인을 만나지 않아
  야 깨지지 않고 괜찮다.
- 또 식신이 태과하지 않아야 일간의 기력이 덜 소모되어 괜찮다.
- 식신에 편재가 있어야 식신이 놀지 않고, 부지런히 재물을 만들어
  낸다.

6. 식신의 통변(通變)

1) 식신과 비견·겁재

⊙ 비견 ⇔ 식신

비견은 일간에 협조하는 형제·자매다. 일간이 식신을 자식처럼 보살펴주듯이, 비견도 식신을 마치 조카처럼 아껴준다. 식신과 비견은 삼촌과 조카 사이로 상부상조한다.

또 비견이 식신을 좋아하는 이유가 있다. 편관 때문이다. 만약 식신이 비견을 공격하는 편관을 보면, 식신이 편관을 제제하며 막아준다. 그 대가로 비견이 식신의 일에 몸소 협조하며 돕는다. 즉, 비견은 식신의 작업에 일꾼으로 동참하여 식신을 도와준다.

이처럼 식신은 재물 취득 활동에 비견을 투입하여 함께 일한다. 이때 일간이 강하면 문제가 없으나, 만약 일간이 쇠약하면, 식신이 약해지므로 비견이 식신의 도움을 받기가 힘들다.

⊙ 겁재 ⇔ 식신

겁재는 일간과 형제·자매가 되지만, 음양이 틀려서 서로 불편하다. 비록 겁재가 식신의 삼촌이지만, 환영받지 못하기 때문에 직접 도와주지 못한다.

겁재가 재물에 굶주린 강도처럼, 정재만 보면 탈취하려는 나쁜 본색을 드러내기 때문에 정관이 겁재를 경계한다. 따라서 식신도 정관과 함께 겁재를 경계한다.

만약 식신이 비견과 함께 생산 및 제조로 땀 흘려 재물을 일구어 놓아도, 겁재가 나타나면 일구어 놓은 재물을 탈취해 간다. 식신은 헛수고만 한다. 그러므로 겁재의 탈취로 식신이 허탕 치면 일간이 궁핍해지고, 따라서 남에게 빚을 내야 하므로 나쁘다.

그러나 식신의 사업이 곤궁에 빠져 허덕이고 자금이 부족하면, 어쩔 수 없이 겁재의 투자라도 받아야 한다. 그렇다고 경영에 겁재의 개입을 막을 수 없다. 겁재한테 경영권을 뺏길 수 있어 조심해야 한다.

2) 식신과 정재·편재

⊙ 정재 ⇔ 식신

식신의 태생은 생존에 있다. 즉, 살아남는 것이 유일한 식신의 과제다. 살기 위해서는 먹을 것이 필요하고, 그것을 구해야 한다. 밖에 나가 채취해 오든, 직접 생산하든, 먹거리가 있어야 한다. 이는 식신 혼자서 먹을 것이 아니다.

식신이 먹거리를 구하는 일은 한마디로 말해서 생계수단인 '財'가 된다. 이 財는 모두 함께 살기 위해서 필요한 먹거리다. 이를 '식신생재(食神生財)'라 한다.

정재도 편재도 모두 財다. 특히 정재는 알뜰하게 모은 개인의 소유물이다. 그래서 정재는 내 것을 남에게 주기 싫어한다. 편재는 원래 남의 재물이라서, 남에게 그냥 주어도 괜찮다.

물론 식신에게 자신의 생존도 중요하지만, 남의 생존도 챙겨야 할 사명이 있다. 남과 함께 먹고 살려면, 많은 재물이 필요하고, 내 것 네 것 구분하지 말아야 한다.

그런데 정재는 남에게 베풀지 않는다. 그래서 식신은 할 수 없이 비록 남의 돈이라도 편재를 끌어다 써야 한다.

⊙ 편재 ⇔ 식신

식신은 남에게 줄 수 없는 정재보다 남에게 주어도 괜찮은 편재가 좋다. 비록 편재가 주인 없는 재물이라 반갑지 않지만, 남을 위해 쓰는 재물은 편재라도 괜찮다.

또 식신도 살고, 남도 함께 살아야 하므로, 꼭 재물취득이 필요하다. 내 것으로 소유하려면 정재가 필요하지만, 남을 위해 공짜로 희사하는 재물은 편재라야 한다. 이는 식신이 베푸는 뜻과 맞는다.

또 식신이 편재를 선호하고 도와주는 이유가 있다. 식신을 보면 잡아먹으려는 편인을 편재가 막아주기 때문이다. 편재는 편인의 못된 도식(倒食)의 행패로부터 식신을 구해주고 지켜준다.

편재가 식신을 편인으로부터 구하고, 또 식신생재(食神生財)로 순환
하면, 일간은 돈도 벌고 사업도 번창한다.

3) 식신과 정관·편관

⊙정관 ⇔ 식신

정관은 관리자로 할 일을 지시하고, 식신은 그 지시에 따라 움직이
는 손아래 사람으로 상하의 협력관계가 형성된다.

일간이 강하면 식신과 정관은 서로 손잡고 힘을 합쳐 일간을 도와준
다. 정관과 식신은 서로가 의지하며 공존하는 상하의 협력관계다. 이는
마치 부부의 부창부수, 사장과 비서의 상명하복 관계와 같다.

그러나 정관과 식신이 협조하지 않거나 간합하면 나쁠 수도 있다.
정관이 일간과 干合하면, 따로 놀아서 소용없다. 또 식신이 일간에 순
종하지 않으면, 상하의 협력이 깨져 나쁘다.

만약 둘이 만나 합칠 경우, 장점이 나타나면 일이 잘 풀려서 좋다. 그
러나 그렇지 못하고, 간섭도 없고 순종도 없어 아무 일도 못하면 문제
다. 정관은 멍청해지고, 식신은 게을러져 엉망진창이 된다.

만약 일간이 약하면, 정관과 식신이 통제가 되지 않아 뒤죽박죽된
다. 정관은 지배하고 감독하는 관리이고, 식신은 정관에 순종하는 부하
와 같다.

그런데 식신은 일간을 간섭하는 정관이 싫고, 정관은 자기 지시를 따르지 않는 식신이 싫어서 위계질서가 깨진다.

⊙ 편관 ⇔ 식신

일간을 괴롭히는 흉신은 둘이다. 하나는 호랑이 같은 편관이고, 다른 하나는 마귀 같은 편인이다.

식신은 악랄한 편인한테 깨져 박살이 나므로 나쁘고, 설상가상으로 편관이 몹쓸 편인을 뒤에서 부추기고 있기 때문에 편관은 더 나쁘다. 이를 본 식신이 화가 나서 편관을 미워하고 극해한다. 다른 말로 이를 '식신제살(食神制殺)'이라 한다.

식신이 편관의 횡포를 제압하여, 일간을 폭력의 위협으로부터 구해주면, 편관의 살기가 순화된다. 이는 마치 사회악을 물리치도록 공권력을 부여받은 편관이 범죄를 소탕하는 범죄수사 기관에서 활약하는 것과 같다.

범죄와 질병을 퇴치하고, 사회질서를 교란하는 범법자를 색출하여 척결하고, 위험한 천재지변을 예방할 대책을 수립하고 연구한다.

4) 식신과 정인·편인

⊙ 정인 ⟺ 식신

일간에겐 정인이든 편인이든 모두 부모가 된다.

식신은 일간에겐 귀여운 자녀가 되고, 정인에겐 손자나 손녀가 된다. 모두가 일간에겐 귀중한 존재다. 특히 정인과 식신은 조손(祖孫)의 가족관계가 되어 더 친밀하다.

사회적인 관계로 보면 식신의 생존욕구와 정인의 탐구욕구가 합쳐지면 일간의 생존력이 한 단계 높은 수준으로 개량되고 발전한다.

산업현장에서 독학이나 주경야독으로 힘써 지식과 기술을 터득하고, 또 특허나 기술 자격증을 따서 실력을 향상시키고 사회에 공헌한다.

⊙ 편인 ⟺ 식신

일간에게 편인은 얄미운 계모가 되고, 식신은 귀여운 자녀가 된다. 계모는 일간을 친자식이 아니라 미워하는데, 미운 놈이 귀여워하는 식신을 보면 편인에게 질투심이 생긴다.

성질난 편인의 구박을 식신이 이겨내지 못하면 식신은 망가진다. 마치 편인이 식신의 밥그릇을 엎어 버리고 행패를 부리는 것과 같다. 이를 '도식(倒食)'이라 한다. 식신의 생활기반이 하루아침에 무너진다. 환경위생법 같은 보건 관련법에 걸려서 꼼짝 없이 구속을 당한다.

그뿐인가? 식신이 편인에게 깨지면 아무 짓도 못한다. 이는 마치 공부는 많이 해도 알아주지 않아서 실직자가 되는 것과 같다.

계획은 잘 세우나 실천이 없고, 고민 속에서 머뭇거리다 기회를 놓치게 된다. 한마디로 일 년 내내 공부 중, 계획 중, 생각 중인 우유부단한 사람이 된다.

5) 식신과 상관

식신이 月支에 있고, 상관이 月干에 있으면, 손발이 맞지 않아 일간이 곤욕스럽다. 상관도 식신처럼 똑같이 일간의 기력을 뽑아가는 설기신(洩氣神)이다.

그러나 식신과 상관은 설기의 방향이 서로 다르다. 식신은 일간과 방향이 같아 일방통행이 되어, 한쪽으로 뭉치면 힘이 센데, 상관은 일간과 방향이 서로 틀려 어긋나서 힘이 빠진다. 밀고 당기면서 말썽이 많다.

이는 마치 상관이 식신의 그림자처럼 따라다니며 식신의 흉내를 내며 방해하므로, 식신의 발목을 잡는 것과 같다. 따라서 식신과 상관은 겉과 속이 달라서 화합하기 어렵다.

만약 月柱의 干과 支에서 식신과 상관이 만나면, 헐뜯고 싸우게 되어매우 나쁘다.

7. 식신과 직업

- 식신은 의식주와 관련된 분야로 식품의 생산 제조 및 판매 활동을 주로 한다. 농수산 계통의 각종 사업 쪽에도 식신의 생육 기능이 적합하며 또 유리하다.

- 유치원이나 학원 등 육영사업 쪽에도 식신의 생육기능과 관련이 많아 유리하다. 보건 및 위생 건강 쪽으로도 식신의 양육기능이 필요하며, 의사 약사 등에도 적합하다.

- 재해예방 및 산업안전 관련 업무에도 식신의 유비무환 자세가 요구된다. 요식업 및 주류 유흥업 쪽에도 식신의 서비스 정신이 필요하다.

- 경기장에서 맨몸으로 직접 뛰면서 승부를 겨루는 운동선수나 스포츠 쪽에도 식신의 체력이 요구된다.

- 식신이 이기적인 정재의 욕심을 만나 재물욕이 생기면 알뜰해지기 때문에 재테크를 선호한다. 부동산이나 주식에 투자하며, 알뜰히 저축하여 개인재산을 키운다.

- 식신이 편재를 만나 돈을 벌려고 기업의 경영 쪽을 선호하면, 남의 돈이라도 내 돈처럼 잘 융통할 뿐만 아니라, 국경을 넘나들며 국제 사업을 경영하고 무역까지 한다.

- 식신이 정관과 편재를 함께 잘 활용하면, 대기업의 대표가 될 뿐만 아니라, 재무부장관 등 재계의 요직까지 맡을 수 있다.

제6장

상관(傷官)

1. 상관이란?

상관도 식신처럼 일간의 기력(氣力)에서 빠져 나온 洩氣요, 파생물이다. 그런데 왜 식신은 환영받고, 상관은 흉신으로 냉대받는가?

상관은 일간과 음양이 달라, 설기의 방향이 반대로 어긋난다. 설기의 방향을 놓고, 상관과 일간이 밀고 당기면서 서로 싸운다. 여기에 상관의 불만과 원성이 쌓인다.

이렇게 상관은 태어날 때부터 의붓자식처럼 천대받고 자랐기 때문에 불평불만이 많다. 일간한테 받은 천대나 구박을 앙갚음하려는 복수심이 상관을 말썽꾼으로 만든다. 그래서 가슴속에 분통을 품고 살아가는 폭발물 같아, 언제 터질지 몰라 늘 불안하다.

부모인 일간의 사랑과 베풂에 대한 굶주림에 시달린 나머지, 상관은 눈치가 빨라지고 탐욕스러워진다. 또 심술쟁이가 된다. 육체적인 애정의 궁핍을 정신적인 창작이나 문화 예술 쪽에서 보상하려 한다.

또 늘 사랑에 허기진 마음을 채우기 위해서 억지로 꾸미고 조작하며, 보다 많은 폭리를 얻기 위해서 현란한 말솜씨와 뛰어난 상술로 상대를 속이고 이용한다.

상관은 이와 같은 여러 가지 불미스런 특징을 지니고 있다. 눈초리가 싸늘하고, 목소리가 크며 말투가 상투적이다. 또 태도가 오만 불손하고 또 대인관계가 매끄럽지 못하다.

상관은 불리한 여건을 만회하기 위해 머리 회전이 빨라야 하고, 총명해야 한다. 일간 속에 잠재된 식견과 아이디어를 어렵게 빼내온 상관은, 이를 가슴에 오래 간직하지 못하고, 뽐내고 자랑하고 싶어서 빨리 밖으로 쉽게 발설한다.

2. 상관의 혈연과 사회관계

⊙ 혈연관계

남자 일간이 아내와 함께 상관을 낳으면, 그 상관은 아들도 되고 딸도 된다. 그렇지 않을 경우 상관은 남자 일간한테 손자가 되고, 또 식신은 손녀가 된다. 또 장모나 사위가 된다. 그리고 남자의 장인은 편인이 된다.

여자가 상관을 낳으면 아들이 된다. 식신은 딸이 된다.

왜 남자한테는 상관이 손자가 되느냐? 남자는 아이를 낳을 수 없으므로, 아내를 통해서 낳아야 한다. 그래서 남자한텐 상관은 자식이 아니라 손자뻘이 된다.

그러나 여자의 경우는 다르다. 상관이 여자한테는 손자가 아니라 아들이 되고, 식신은 딸이 된다.

⊙ 사회관계

상관의 터무니없는 욕망 때문에 늘 폭리를 찾아 헤매고 다닌다. 그러기 위해서 상관은 각종 물건에 높은 마진을 붙여야 한다. 상품의 질보다 겉포장을 보기 좋게 꾸미고 가공하여, 고객의 눈을 속여야 폭리를 취해도 말썽이 없다.

과부가 홀아비의 심정을 이해하듯이, 상관은 모두가 외면하고 배척하는 겁재를 좋아하고, 또 겁재의 탐욕을 이해하고 활용한다. 이 사나운 겁재의 탐욕을 정관이 탈법이라고 척결하는 것을 보고, 상관은 분노를 느낀다.

상관이 겁재에 대한 정관의 심한 처벌을 보고, 괘씸한 생각이 들어서 정관을 사정없이 때려 부수려 한다.

3. 상관의 생극(生剋)작용

상관의 기질과 행태는 늘 변화 없이 가만히 있는 것이 아니다. 주위에 둘러싸고 있는 여러 육신들의 생극작용을 통해서 상관은 달라진다. 특히 겁재·정인·정관·정재는 생극제화의 충격으로 나타나는 현상이 각기 다르다.

겁재는 상관과 기가 서로 통해 상관에 협조하고, 또 상관은 겁재를 설기하며 이를 이용한다. 정인은 올곧은 결벽증 때문에 상관의 말썽을 질타하고 채찍질 한다.

또 상관은 권력의 강요를 싫어하기 때문에 정관의 간섭에 맞서 앙갚음 한다. 상관이 늘 정품(正品)만 찾기 때문에 정재를 보면, 물고기가 물을 만난 듯 신이 나서 열심히 재물을 일구어 낸다.

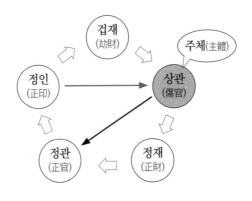

⊙ 정재 ↔ 상관

상관은 정재를 가공하지 않아도 되는 정품으로 보고, 좋아하고 살린다. 이를 '상관생재(傷官生財)'라 한다.

일간에게 상관은 말썽 부리는 자식이고, 정재는 아내가 된다. 그러므로 정재는 상관의 엄마가 되므로 상관이 좋아한다.

아버지 일간은 상관이 싫지만, 엄마 정재는 상관을 팽개칠 수 없어 다독인다. 그래서 상관은 정재를 좋아하고, 또 정재를 도와준다.

그뿐인가? 상관이 정재를 좋아할 수밖에 없는 이유가 또 있다. 원래 상관이 말썽피우면, 할머니 정인이 질타하고 타이른다. 그런데 상관은 할머니 정인의 잔소리가 듣기 싫은데, 때마침 엄마 정재가 정인의 잔소리를 막아주니 상관은 기분 좋다.

상관은 간섭하는 정인을 제지해 주는 정재가 고마워 정재를 도와준다. 정인의 잔소리 때문에 상관과 정재가 더 가까워진다.

⊙ 정관 ↔ 상관

정관은 공명정대하고, 상관은 부정부패도 저지르는 협잡꾼이다. 상관이 정관을 보면 원수를 만난 것처럼 싫어하고 흠집내며 해코지한다. 즉, 정관을 잡아먹는 호랑이가 상관이다.

정관은 일간을 지도·감독하는 아버지 같고, 상관은 일간의 말을 듣지 않고, 말썽만 피우는 자식 같다.

일간에겐 정관이나 상관이나 모두 방해만 될 뿐 아무런 도움도 되지 않는다. 더욱이 상관은 권력자에 대한 피해망상이 있어, 정관을 보고 격분한다.

왜 상관은 정관을 타도하는가? 정인 때문이다. 정인이 상관을 핍박하고 극해하므로, 상관이 정인을 싫어한다. 그런데 이 싫은 정인을 정관이 보살펴 주기 때문에, 상관은 정관을 타도하려 한다.

또 상관은 官에 대한 피해망상 때문에, 정관을 보면 응징하고 훼손하며 망가뜨린다. 이를 '상관견관(傷官見官)'이라 한다.

정말로 정관한테 상관은 골치 아픈 말썽꾼이다.

⊙ 정인 ⇔ 상관

상관은 자기를 교화시키려고 간섭하며 잔소리하는 할머니 정인이 싫다. 그래서 정인한테 대꾸하며 항변한다. 정인이 상관의 탈선행위를 보면 그 행실이 마음에 들지 않아 질타한다.

상관한테 정인은 할머니가 되고, 할머니는 불손한 상관의 행패를 질타하고 타이른다. 상관이 할머니의 설득을 듣고 순화가 되면, 깡패가 귀여운 손자로 변한다.

원래 정인은 상관을 제어하며 교화시킬 자격과 지위를 갖고 있다. 이를 '상관패인(傷官佩印)'이라 한다. 정인은 상관이 정인, 즉 할머니의 간섭이 싫어서 반항하고, 어깃장을 놓고 행패를 부리는 버릇을 고쳐 놓아야 한다. 그러므로 상관을 설득하는 정인의 역할이 힘들어도 중요하다.

⊙ 겁재 ↔ 상관

겁재는 상관한테 삼촌뻘이 되어 상관을 도와준다. 또 상관은 겁재를 삼촌처럼 마음 놓고 설기하며 이용한다.

다시 말해 겁재는 상관이 조카이기 때문에 할 수 없이 도와주는데, 마음이 내키지 않는다. 특히 겁재는 정재를 보면, 그냥 두지 않고, 탈취하고 해코지하는 고약한 기질이 있어, 상관도 겁재를 싫어한다.

상관도 일간한테 고아처럼 귀여움을 받지 못하고 자라서 서러워한다. 그래서 겁재와 상관은 똑같이 일간에게 불편한 존재다.

특히 상관이 정관을 깨부술 때, 겁재가 곁에서 거들어 주면, 불법에 가담하는 결과가 되어 겁재도 처벌을 받게 된다.

4. 상관격(傷官格)

상관이 月株에 있는데, 그곳은 어디냐? 月支의 藏干에 상관이 자리잡고 있으면 상관격(傷官格)이 된다.

정관을 극하고 상처를 입히는 육신을 상관이라 하고, 상관은 불평불만에 늘 말썽만 피우고, 빗나간 짓만 한다.

일간의 형제인 겁재는 삼촌처럼 상관을 도와준다. 겁재의 재물탈취 기질이 상관의 심술기를 부추기면, 겁재는 상관의 탈법에 동조하는 셈이 되어 나쁘다. 상관은 정재를 활용하면서 재물을 자기 것으로 챙긴다. 이를 상관생재(傷官生財)라 한다.

왜 상관이 정재를 좋아하고 협조하는가? 정인 때문이다. 상관을 간섭하는 정인을 정재가 막아주기 때문에 상관이 정재를 선호한다.

정인은 상관의 할머니로 상관의 말썽을 질타하기 때문에 상관이 싫어한다. 그러나 상관이 정인의 충고를 받아들여 바르게 순화가 되면, 좋은 손자가 된다.

또 상관격이 가장 싫어 하는 것은 정관이다. 원래 상관한테는 윗사람에 대한 피해의식이 있다. 일간과 상관의 성향이 틀려 서로 밀고 당기다 보면, 상관이 일간의 기력을 제대로 받아 내지 못한다. 기력이 모자라는 상관이 정관을 만나면, 쌓인 원성이 더 억눌려서 정관에게 앙갚음 한다.

상관격은 힘이 있어야 상관으로서의 구실을 제대로 할 수 있다. 상관의 힘은 일간에서 나온다. 일간이 강해야 상관이 많은 기력을 설기받아, 창의력을 발휘하고 재물취득에 잘 활용한다.

일간의 힘이 쇠약하면 얻어낼 기력이 없어서, 결국 상관격이 용신의 구실을 못한다.

5. 상관의 통변(通變)

1) 상관과 비견·겁재

⊙ 비견 ⇔ 상관

비견은 일간의 형제·자매이며 상관의 삼촌이 된다. 비견은 일간도 도와주고, 상관한테도 협조적이다. 그러나 상관은 일간이 좋아하는 비견보다, 일간이 미워하는 겁재를 더 좋아한다. 그러므로 조건부로 상관은 비견에 대응한다.

비견은 마음이 순수해서 상관을 만나면 진심으로 도우려 한다. 그러나 상관은 그렇지 않다. 헛된 욕심이 많아 비견을 나쁜 일에 이용하려 한다.

원래 비견은 겁재만큼 재물을 챙기는 욕심이 적어서 상관이 별로 좋아하지 않는다. 상관이 음흉한 생각으로 비견을 계획적으로 꾀어, 편법적인 일에 가담시켜도 신통치 않다. 그래서 상관은 비견을 선호하지 않는다.

⊙ 겁재 ⇔ 상관

상관은 남을 등쳐 이득을 챙기고, 겁재는 남의 재물을 강제로 빼앗는다. 일간은 겁재도 싫어하고, 상관도 좋아하지 않는다. 그러나 겁재의 탈법 기질이 상관의 불법 기질과 일맥상통한다. 둘이 만나서 의기가 투합하면 불법거래도 잘 한다.

상관은 겁재의 탈법 기질을 좋아한다. 그래서 상관은 이권개입을 목적으로 하는 떳떳하지 못한 일에 겁재를 가담시킨다. 그래서 겁재가 상관과 함께 불법거래로 남의 이득을 가로채고, 또 일확천금을 노리고 강탈도 한다.

그러나 상관의 별난 기질이 살아나면, 상술이나 사기로 폭리를 취한다. 이때 겁재까지 겹치면, 강제로 남의 재물을 갈취까지 한다.

2) 상관의 태과[從兒格]

일간한테 상관이 여럿으로 많으면 상관 태과가 되어 좋지 않다. 일간이 상관한테 기력을 너무 많이 빼앗겨서 꼼짝 못하기 때문이다. 이를 '종아격(從兒格)'이라 한다. 여기서 '兒'는 아이라는 뜻이다. 상관이 마치 아이처럼 철부지같이 놀기 때문에 붙인 이름이다.

상관의 태과로 일간이 까무러쳐서 일을 못하면, 그때는 일간을 버리고 상관을 따른다고 했다. 그땐 상관이 일간을 대신하여 주인처럼 행세한다. 물론 일간의 운명이 상관의 손에 달려있어 나쁘지만, 만약 상관의 힘으로 재능을 꽃 피우면 오히려 영달을 이루어 번영한다.

3) 상관과 정재·편재

⊙ 정재 ⇔ 상관

상관도 식신처럼 일간의 기력을 빼내오는 발설지기(發洩之氣)다. 일간은 먹고 살기 위해서 돈을 벌어야 한다. 그러므로 상관과 식신이라는 생육(生育)활동을 거치지 않고, 바로 재물을 취득할 수 없다. 식신이란 생산활동을 거치거나, 아니면 상관이란 유통활동을 통해서 돈을 벌어야 한다.

그러나 상관은 하급품을 가공으로 꾸미고 포장하여 버젓이 정품(正品)으로 위장한다. 보다 큰 이익을 창출하려면 속이고 과장하는 상술이 필요하다. 이를 '상관생재(傷官生財)'라 한다.

특히 상관은 힘들이지 않고 쉽게 쓸 수 있는 정재를 좋아한다. 어렵게 고생하며 얻어야 하는 편재는 싫어한다. 특히 상관을 못살게 구박하는 정인을 정재가 막아주기 때문에, 상관이 정재를 더욱 반긴다.

상관은 상술을 통해서 불량품을 정품으로 돋보이게 과장하여 많은 영업이익을 취득한다. 그러므로 어렵게 돈을 벌어야만 하는 편재보다, 힘들이지 않고 쉽게 버는 정재를 선호한다.

⊙ 편재 ⇔ 상관

편재는 내 돈이 될 수 없는 남의 돈이다. 상관이 편재를 만나 별 재주를 다부려서 꾸미고 포장해도, 결국 고생만 하고 내 돈이 될 수 없다. 결국 편재는 헛꿈만 키워 줄 뿐 상관한테는 그림의 떡이다.

상관이 돈 욕심을 채우지 못하면, 그 누구보다 상관의 삶이 고달프고 어려워서 결국은 엉뚱한 곳에서 보상받으려 한다. 그래서 상관은 어떻게 하든 돈을 벌어야 나쁜 짓을 멈춘다.

상관은 아무리 꾀어도 내 것이 안 되는 편재를 좋아하지 않는다. 또 상관이 편재를 싫어할 수밖에 없는 때도 있다. 상관은 정인한테 깨지는데, 그 싫은 정인을 편재가 도와주기 때문이다. 이때는 상관이 정인을 싫어하듯이 편재도 싫어한다.

그뿐인가? 이런 상관의 삐뚤어진 상술에 편재의 투기성이 불을 지르면, 변칙과 불법을 함께 저지르기 쉽다. 상관의 폭리 욕구와 편재의 한탕주의가 상관으로 하여금 도박까지 손대게 한다.

4) 상관과 정관·편관

⊙ 정관 ⇔ 상관

정관은 공명정대하고 위계질서를 지키기 위해 아랫사람을 감독하고 지도한다. 그러나 상관은 윗사람의 간섭이 싫어서 반항하고 말썽을 부린다.

말썽을 피우는 상관을 정관이 법으로 다스리지 못하면, 오히려 상관한테 정관이 피해를 본다. 이를 '상관견관(傷官見官)'이라 한다.

상관의 탈선행위를 정관이 힘으로 제압할 때, 만약 정관이 정인의 도움으로 강왕하면 별탈이 없다.

그러나 정관이 힘이 쇠약하여 상관을 다스릴 힘이 없으면 문제다. 이때 상관에 정관이 깨지면, 조직의 위계질서가 무너져 하극상이 일어나 위험하다.

⊙ 편관 ⟷ 상관

편관은 무력으로 강압하고 공격하는 공권력이기 때문에, 호랑이처럼 무서운 폭력배다. 상관은 제멋대로 행패를 부리는 말썽꾼이다.

일간이 강력하면 둘 다 가만히 엎드려 있어 말썽을 일으키지 못해 문제가 없다. 그러나 일간이 둘을 다스릴 힘이 없으면, 상관과 편관이 손잡고 일간을 무시하고 말썽을 피운다.

만약 일간이 편관의 위협과 폭력을 상관의 처세술로 모면하려고 얄팍한 편법을 쓴다면 큰 코 다친다. 잘못하면 채무독촉을 받거나, 변칙적 행위에 대한 처벌을 받게 된다.

그러나 상관과 편관의 간합이 잘 되면, 오히려 둘의 행패가 사라져 일간이 편해진다.

5) 상관과 정인·편인

⊙ 정인 ⇔ 상관

정인은 상관의 행투를 보면 제어하고 교화할 수 있는 자격을 지니고 있다. 이처럼 상관을 길들여 순화시키는 정인의 일을 '상관패인(傷官佩印)'이라 한다.

이는 마치 할머니가 애먹이는 손자를 타이르는 것과 같다. 훈육의 방법으로는 윤리교육으로 상관을 깨우쳐 주거나, 아니면 시험준비나 학원등록 및 자격취득으로 자질향상을 도와준다.

정인이 상관의 아픔을 보듬어 주고 달래면, 상관도 순화되어 착해진다. 이때 정인이 정관의 지시를 따라서 도와주면, 관인상생(官印相生)으로 일간이 관리로 출세한다.

그렇지 않고 상관의 횡포를 정인이 곁에서 방관만 하고 팽개쳐버리면 상관의 버릇은 더욱 악랄해진다. 이때는 정인이 상관을 극하여 바로 잡아주어야 한다.

⊙ 편인 ⇔ 상관

일간에서 보면 편인은 몹쓸 계모요, 상관은 말썽 피우는 못난 자식이 된다. 일간의 힘이 세면 둘은 몰래 간합하여 둘만의 탈법을 꾸며내며 못된 짓만 한다.

편인은 정보를 수집하고, 상관은 수집된 정보를 악용하여 부당이득을 챙긴다. 둘 다 나쁜 짓만 한다.

그러나 둘의 협력이 좋은 방향으로 이루어지면 큰돈도 벌 수 있다.

만약 편인의 비틀어지고 꼬인 심보가 상관의 탈선행위를 충동질하면 그 누구도 잡아내지 못한다. 그러므로 상관이 편인의 꾐에 빠지면, 음흉한 수법으로 흉측한 해를 끼친다. 정보의 불법 유출, 부정 청탁, 내부거래 등이다.

6. 상관과 직업

● 상관이 법과 규칙을 지키라고 강요하는 정관, 즉 기득권자를 만나면, 반발심이 발동하여 거세게 항거한다. 이때 위계질서가 깨져 정관의 위세가 무너지고, 직장생활이 어렵게 된다.

● 상관은 뛰어난 화술과 창조적 지혜를 겸비하니, 인간과 인간, 물건과 물건, 인간과 물건 사이를 자유로이 오가며 연결해 주는 중개자나 해결사가 된다. 도매 유통, 중개인, 광고 등이다.

● 상관은 법과 규칙을 자기 입맛대로 유린하고 요리하며 주물러서,

복잡한 사건을 임기응변으로 처리하는 만능 해결사다. 변호사, 기자, 변리사, 각종 브로커 및 로비스트 등이다.

- 상관은 순수학문보다는 응용학문을 선호하고, 또 전문기술이나 공학 분야에서 두각을 나타내며 재능을 발휘한다. 특수과학이나 첨단기술 쪽도 유리하다.

- 상관은 저술 및 출판, 기획 광고 및 이벤트 사업에도 재능이 뛰어나고, 또 특허 및 기술 분야에서 발명가로 활동한다.

- 상관은 창작력이 뛰어나서, 문학, 예술, 스포츠 계통에서 특기를 발휘하여 두각을 나타낸다.

제7장

정재(正財)

1. 정재란?

'財'는 '貝[조개]'와 '才[재주]'가 합친 글자다.

옛날에 화폐처럼 사용했던 조개(貝)에는 '먹을 양식'이란 개념과 남겨서 보관한다는 '저장'의 의미가 포함되어 있다.

또 재능[才]에는 필요한 것을 얻기 위해서, 고르고 다듬는 '재주'의 뜻이 내포되어 있다. 그러므로 財는 '양식을 능력껏 구해서 저장한다'는 의미를 가지고 있다.

여기엔 돈을 번다는 뜻이 포함되어 있는 것이 아니라, 먹고 살기 위해서 구해 온 생활 물자요 취득물이란 뜻이 있다.

이것을 손에 넣기 위해서는 그만한 대가를 지불하지 않으면 안 된다. 재물 획득에 필요한 대가는 일간이 쏟아내는 땀과 노력이고, 이것은 곧 식신과 상관이다.

다시 말해 식신·상관은 일간이 재물획득을 위해 직접 간접으로 땀 흘려 노력한 대가인 것이다. 그런데 힘들여 취득한 재물에도 두 가지가 있다. 즉, 일간이 소유할 수 있는 정재와 남의 것이라 일간이 소유할 수 없는 편재가 있다.

정재는 내 것이므로 정직하게 취득해야 뒤탈이 없고, 또 아끼고 절약하며 저축하여, 남에게 뺏기지 않도록 지켜야 한다.

또 정재는 티끌 모아 태산을 이루듯 천천히 아끼고 모아 저축해야 한다. 정재에는 자기 돈이란 뜻만 포함되어 있는 것이 아니고, 다른 뜻도 있다. 즉, 내 마음대로 부려 먹을 수 있는 손아래의 부하라는 뜻도 있다.

남자에겐 정재가 사랑하는 아내가 되고, 여자에겐 한 분밖에 없는 친정아버지가 된다. 그뿐만 아니라 정재는 일간이 먹고 살기 위해 직장 생활하며 받는 월급도 된다.

또 돈을 벌기 위해 자본을 투자하여 수익을 챙기는 개인장사나 자영업도 정재가 된다. 더군다나 가족 전체가 살아가는 데 필요한 생계비의 뜻도 있다.

2. 정재의 혈연과 사회관계

⊙ 혈연관계

　남자에게 정재는 자기를 남편으로 삼고 받들어주는 동반자, 즉 아내가 된다. 남편이 아내를 다스리고, 아내가 남편을 뒷받침하는 것을 다른 말로 '재생관(財生官)'이라 한다.

　여자에게 정재는 물심양면으로 걱정하고 아껴주는 친정아버지다. 정관은 여자에게 남편으로 강요하지만, 정재는 친정아버지로 여자를 보듬어 준다.

　남녀가 처음 만날 때는 서로 다른 양과 음이 되어 상극관계로 다투며 등지고 산다. 나중에는 情이 통해서 부부로 한몸이 되어 사랑하고, 또 아이를 낳는다. 이때 남자는 정관으로, 여자는 정재로 역할이 바뀌면서 상생관계가 이루어진다.

　만약 집안에서 정재가 무성하여서 정관을 잘 받들어주고, 그 대신 정관은 아내 정재를 잘 보살펴 주면, 살림살이가 풍족해지고 만사가 형통해진다.

⊙ 사회관계

　정재를 사회관계로 보면, 아내가 아니라 재물도 되고, 또 일간의 집이나 영업장을 의미하기도 한다. 정관을 뒤에서 밀어주는 정재는, 정관의 실력이나 인품을 믿고, 따르는 부하나 여론이 된다.

자기보다 지위가 높고, 힘이 센 편관을 도와주는 정재는 공권력에 아부하고, 각종 이권의 혜택을 바라고 권력자에게 빌붙어 산다.

이때 만약 정재의 실권이 강하고, 반대로 일간의 권세가 보잘 것 없으면 잘못될 수도 있다.

정재가 일간을 무시하고, 정관의 권위를 망가뜨려서 위계질서가 깨지게 된다. 부하의 부정과 상급자의 부패로 조직이나 관리체계가 만신창이가 된다.

3. 정재의 생극(生剋)작용

정재의 생극작용도 관련된 주위의 여러 육신에 따라서 변한다.

다른 육신의 작용·반작용에 대응하는 정재의 생극제화가 정재의 성깔과 모습을 결정한다.

특히 겁재·정인·정관·상관은 정재와 밀접한 생극관계에 얽혀있기 때문에 중요하다.

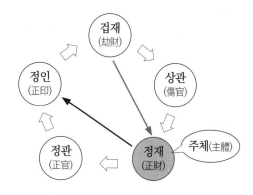

겹재는 정재를 겁탈하고, 정재는 겁재한테 망가진다.

정재는 정인을 유혹하여 타락시킨다. 서로 상극이다.

정재는 정관을 재물로 뒷바라지 한다.

상관은 정재를 장사의 밑천으로 삼아 돈벌이를 한다.

⊙ 정관 ⇔ 정재

정재는 정관을 재물로 받들고 도와준다. 이를 '재생관(財生官)'이라 한다. 이는 마치 아내가 남편을 사랑하고 받드는 것과 같다. 정재가 정관의 뿌리가 되어 정관을 내조하면, 귀(貴)에 부(富)를 더한 것과 같으니 금상첨화다.

왜 정재는 뿌리처럼 정관을 받들고 생하며, 또 뒷바라지 하는가? 정재를 겁탈하는 깡패 겹재를 정관이 나서서 박살내 주기 때문에, 정재는 정관을 좋아한다. 그래서 정재는 그 보답으로 정관을 도와주고, 재정적으로 뒷받침해 준다.

정재를 지켜주는 정관한테 고마움에 보답하기 위해서, 정재는 세금을 납부하고, 주어진 임무수행으로 정관을 충실히 보좌한다.

⊙ 정인 ⇔ 정재

정재는 정인을 만나면 마치 물욕이 양심을 짓밟는 것처럼 싫어하고 극한다. 이를 '탐재괴인(貪財壞印)'이라 한다. 다른 말로 '재극인(財剋印)'도 된다. 이는 며느리가 시어머니를 기피하는 것과 같다.

정재가 정인을 보면, 왜 싫어하고 극하며 물리치는가? 겁재 때문이다. 정재를 잡아먹는 귀신이 겁재다. 이런 몹쓸 겁재를 정인이 마치 엄마처럼 보듬어 주기 때문에, 정재는 정인을 겁재만큼 미워하고 극한다.

원래 욕심에 눈이 멀면, 양심이 사라지고 구두쇠처럼 인색해진다. 이때 정인이 약해서 정재한테 깨지면 여러 가지 나쁜 일이 발생한다. 소유권 상실, 자격박탈, 유산 탕진, 각종 부도사태 등이다.

만약 정인이 정재보다 더 힘이 강해, 정인의 양심이 정재의 물욕을 억눌러주면 일간이 알뜰하게 된다. 그리고 가족을 위해 헌신한다.

⊙ 겁재 ⇔ 정재

겁재는 정당한 노력으로 대가를 얻어내기보다, 억지로 남의 소유물을 강탈하는 깡패 기질이 있다.

겁재가 정재를 보면 왜 바로 겁탈해 가는가? 정관 때문이다. 정관은 겁재를 보면 사정없이 척결한다. 겁재가 싫어하는 그 정관을 정재가 뒷바라지 해주기 때문이다. 그래서 겁재가 정관을 미워하듯 정재도 싫어하고 깨부순다.

또 겁재가 정재를 싫어하는 까닭이 있다. 정인 때문이다. 겁재가 좋아하는 정인을 정재가 해코지하기 때문이다. 겁재가 괘씸한 생각이 들어서 정재를 잡아 족친다.

겁재는 일간한테는 속 썩이는 몹쓸 형제요, 재물을 빼앗아가는 흉신이다. 그러나 어떤 때는 겁재의 탈취행위가 도움이 될 때도 있다.

정관이 태과한 탓으로 정관의 횡포가 심할 때, 겁재가 있으면 정관의 횡포를 막아준다.

⊙ 상관 ↔ 정재

상관은 힘들게 꾸미지 않아도 되는 온전한 정품(正品), 즉 정재를 환영한다. 그래서 상관은 정재를 보면 생하고, 정재는 상관의 노력을 받아서 값비싼 상품이 된다. 이를 '상관생재(傷官生財)'라 한다.

원래 상관은 자기 텃밭에서 먹거리를 생산해야 하는데, 텃밭이 시원찮아서 자연품이나 정품 생산이 어렵다. 그래서 정품을 만들기 위해서 꾸미고 위장하는 가공생산을 하게 된다. 남의 텃밭이라도 빌려서 인공적으로 꾸미고 가공해서 먹거리를 생산해 내야 한다. 그래서 늘 불리한 여건 속에서 정품을 찾느라 고생한다.

상관이 정재를 좋아하는 또 다른 이유가 있다. 정인 때문이다. 정인이 상관을 타도하고 잔소리하니까 그것이 싫다. 그런데 그 몹쓸 정인을 정재가 나서서 막아주니 상관은 정재를 좋아한다.

4. 정재격(正財格)

정재가 월지의 장간에 있으면 정재격이 된다. 정재는 일간과 음양이 달라 서로 부딪치면서 극하는 상극의 관계다.

그러나 서로 부딪치고 싸워도 끈끈한 情 때문에 헤어지거나 돌아서지 않는다. 이를 '有情의 극'이라 한다.

서로 반대가 되어 겉으로는 싸우면서도, 속으로는 뿌리치지 못하고, 끌어안는 끈끈한 통정을 有情이라 말한다. 有情은 '情이 있다'는 뜻이다.

情은 천륜이란 인연이 맺어주는 감정과 느낌이다. 그래서 정재는 情이 있는 재물로 내 것이 될 수 있어 좋다. 편재는 情이 없어 내 것이 될 수 없어 남의 것이 된다.

⊙ 일간이 강할 때

정재가 재물이든 토지이든 상관없이, 일간의 힘이 강력해야 정재를 귀중한 개인재산으로 소유하고 지킬 수 있다. 그러나 아무리 일간의 힘이 강해도 정재가 다른 육신에 의해 방해 받으면, 정재는 내 것이 될 수 없다. 일간한테 겁재가 나타나면, 정재가 겁재한테 깨져 일간은 빈털터리가 된다.

일간은 강력한데 반대로 식신과 상관이 방해받아 제대로 활동하지 못하면 일할 의욕이 상실되어 일간에게 재물이 생기지 않는다.

또 일간과 식상이 열심히 생산한 재물이라도, 정관과 편관이 없으면, 이를 지켜내지 못해 잃어버린다.

⊙ 일간이 약할 때

일간이 쇠약하면 아무리 정재가 많아도 내 마음대로 쓸 수가 없으니 그림의 떡이다. 이때 아무리 땅이 넓고 돈이 풍족하면 무슨 소용인가? 쓸 힘이 있어야지!

비록 일간이 약해도 곁에서 정인이 도와주고, 정재가 단 하나라도 있으면 그래도 괜찮다. 일간이 약하면 식신과 상관도 따라서 기력을 받지 못해 정재를 제대로 살리지 못한다.

그러나 비록 일간이 별 볼일 없어도, 식상만이라도 힘을 얻어 강해지면 충분히 정재를 살려 키울 수 있다.

5. 정재의 통변(通變)

1) 정재와 비견·겁재

⊙비견 ⇔ 정재

정재는 내가 마음대로 쓸 수 있는 내 재물이요 내 아내다. 그래서 누구나 정재를 탐낸다.

일간과 비견은 형제·자매다. 서로 협력하며 사이좋게 지낼 수도 있고, 때로는 서로 경쟁하며 다툴 수도 있다.

일간이 강할 때는 비견이 우호적으로 일간과 함께 협력한다. 비록 적은 재물이라도 정재가 생기면, 일간이 비견과 서로 나눠가며 잘 산다. 동업이나 가맹점 및 대리점을 함께 운영한다.

그러나 일간이 약할 때, 만약 정재라는 커다란 돈뭉치가 떨어지면, 분배문제로 일간과 비견 사이의 협력 관계가 깨져 경쟁으로 바뀐다. 강한 비견이 약한 일간보다 정재를 더 많이 차지하려 한다.

그러므로 일간이 강하면 괜찮으나, 만약 비견의 힘이 세면 정재를 빼앗길 수도 있다. 이때 또 정관이 나타나면, 비견이 일간을 제쳐놓고, 혼자서 정관까지 독차지하려고 다투므로 나쁘다.

⊙ 겁재 ⟺ 정재

겁재는 정관이 방심하고 있는 틈을 타서 정재를 탈취하려 한다. 이는 법의 허점을 노려서 상대의 재물을 강탈하는 짓이다. 남들이 모르는 약점을 악용하여 재물을 새치기하거나 겁탈하는 것이 겁재다. 겁재는 정재의 강탈자다.

그뿐인가? 만약 겁재가 상관을 만나 둘이 손잡으면, 겁재가 법조차 무시하며 재물을 탈취하니, 그들만의 은밀한 탈법을 조심해야 한다.

겁재가 편관을 만나서, 겁재의 강탈 욕심과 편관의 협박과 공갈이 合殺하면, 권력의 힘에 편승하여 재물의 갈취가 더욱 심해진다. 그의 횡포가 미치지 않는 곳이 없다.

만약 이때 운이 좋으면 흉신인 겁재가 정재를 얻게 되어서, 뜻밖에도 벼락부자가 될 수 있다.

2) 정재와 식신·상관

⊙ 상관 ⟺ 정재

財에는 뿌리가 깊어야 재물이 풍성해진다. 그러므로 財의 뿌리가 되어 財를 키우는 것은 오직 식신과 상관뿐이다.

식상(食傷)이 있으면 財는 에너지의 공급원을 갖게 되므로, 먹거리 생산이 활발하다. 정재는 일간이 땀 흘려 얻어낸 정당한 일간의 재물이다.

특히 정재에게는 상관이 좋은 뿌리가 되어, 정재를 꽃피워서 재물을 많이 생산한다. 또 상관을 귀찮게 간섭하는 정인을 정재가 막아주므로, 상관이 마음 놓고 정재를 만들어 낸다.

그래서 상관은 정재를 선호하고, 또 정재를 낳아 키우는 힘은 상관이 식신보다 더 크다. 왜냐하면 상관의 위장술이 값싼 물품을 정품으로 둔갑시켜서 높은 값을 받아내기 때문이다.

비록 상관이 흉신이라도 돈버는 재주는 뛰어나다. 어떤 재물이라도 그의 곁에 있으면 상관의 탐욕 기질이 가공기술 쪽으로 발휘되어 길신으로 변화한다. 상관의 뛰어난 창작과 특기가 활짝 핀다.

⊙식신 ⇔ 정재

식신도 상관처럼 일간에서 빠져나온 생기이며 노동력이요, 일간의 손발이다. 그러므로 정재도 편재처럼 식신의 힘으로 만들어지는 물품이요 일거리요 일터가 된다.

일간이 힘이 없으면 노동력이 떨어지고, 비록 일거리가 있어도 작업할 일꾼이 없으면 소용없다. 정재는 직접 땀 흘려 얻어야 내 것이 된다. 편재는 아무리 노력해도 내 것이 될 수 없다.

그러나 식신이 만드는 것은 상관처럼 어렵게 가공할 필요가 없는 자연품이다. 자연품에는 대부분 주인이 없는 것이 많다.

식신은 정재보다 편재를 더 선호한다. 특히 식신을 망가뜨리는 원수가 편인인데, 이 몹쓸 편인을 편재가 잡아주기 때문이다. 물론 베풀기 좋아하는 선량한 식신으로서는 자기 욕심만 채우려는 정재를 보면, 마음에 들지 않는다. 그래서 식신은 정재보다 욕심 없는 편재를 더 좋아한다.

3) 정재와 정관·편관

⊙ 정관 ↔ 정재

일간의 부귀는 정관과 정재에서 나온다.

부귀(富貴)의 '부(富)'는 정재의 자산이 넉넉한 것을 나타내며, '귀(貴)'는 존경받는 높은 지위에 올라 있는 정관을 말한다.

정재는 고귀한 정관과 함께 있는 것을 가장 좋아한다. 그래서 정재가 가진 부유함을 정관의 출세를 위해 바치고 밀어준다. 이를 '재관쌍미(財官雙美)'라 한다.

일간은 재관쌍미로 자산과 지위를 함께 손에 쥐게 되므로, 부와 귀를 함께 누리는 영광을 얻는다. 그뿐인가? 정재가 가장 두려워하는 원수 겁재의 강탈 기질을 정관이 제압하고 막아준다. 그러므로 정재는 정관이 고마워서 반드시 보답하려고 노력한다. 정재는 세금을 납부하고 재정을 지원해서 정관한테 보답한다.

⊙편관 ⇔ 정재

정재는 자기 것만 챙기는 욕심 많은 이기주의자로, 비록 알뜰하지만 아주 인색하다. 그래서 겉으로는 남을 돕는 척해도, 속으로는 싫어하기 때문에 정재의 진정성이 떨어진다.

반면 편관은 公과 私를 분명히 하고, 맹수처럼 사납고, 또 인정사정 없어 냉혹하다. 이러한 정재의 이기심을 편관이 못마땅하게 생각하고 싫어한다.

그런데 정재는 情 없는 냉혹한 편관보다, 情 많은 따뜻한 정관을 좋아하고 따른다. 편관은 정재가 공적인 것보다 사적인 것을 더 좋아한다는 것을 알고 화가 난다. 그래서 편관도 정재를 별로 좋아하지 않고 배척한다.

만약 편관이 힘이 없으면, 비록 정재가 싫어도 할 수 없이 편관은 정재의 도움을 거절하지 못한다. 그러나 편관이 힘이 세면 거침없이 정재한테 행패를 부리며, 그래도 정재는 어쩔 수 없이 편관을 따라야 한다. 비록 정재가 편관을 재물로 유혹해도, 편관의 나쁜 버릇은 못 고친다.

4) 정재와 정인·편인

⊙정인 ⇔ 정재

일간한테 정인은 엄마가 되고, 정재는 아내가 된다. 정인은 일간을 열심히 보살펴 주고 있는 엄마다. 그런데 정재한테는 시어머니가 된다. 그래서 둘의 사이가 고부갈등으로 나쁘다. 이를 '재극인(財剋印)'이라 한다.

다시 말해서 정인의 도덕적인 양심이 정재의 물욕 때문에 타락하면, '탐재괴인(貪財壞印)'에 빠진다.

만약 정재가 정인보다 강하면, 물욕에 눈이 멀어서 투기나 도박 및 부모 유산 탕진 등으로 패가망신한다. 그러나 정인이 더 강하면, 일간이 엄마의 말을 듣고, 헛된 욕심을 버리고, 가족의 생계를 위해 알뜰히 산다.

⊙ 편인 ⇔ 정재

일간한테 정재는 아내고, 편인은 계모다. 비록 계모가 일간을 구박해도, 일간의 아내인 정재까지 미워할 필요가 없다. 그러므로 매정한 편인 계모라도 정재한테는 야박하지 않다.

이때 편인의 잔꾀가 정재의 잠재된 욕망을 촉발시키면 정재가 나쁜 쪽으로 빠지게 된다.

정재가 편인의 꾐에 넘어가서 물욕에 빠지면, 일간도 엉뚱한 곳에 투자한다. 즉, 부동산이나 주식에도 투자한다.

만약 편인의 유혹이 잘못되면, 도박이나 경마 등 투기 쪽으로 흘러서 큰 탈이 난다.

5) 정재와 편재의 혼잡(混雜)

　정재는 개인이나 가족이 보유한 사유재산이고, 편재는 주인 없는 재물로 기업활동에 쓸 수 있는 시설물과 인력이다.

　알뜰한 정재와 얼렁뚱땅 떠벌리는 편재가 동시에 나타나면, 일간이 혼동에 빠진다. 내 것인지 남의 것인지 분간할 수 없어 어떻게 할지 몰라 오락가락한다. 우물쭈물하다 보면 편재도 놓치고 정재도 놓친다.

　정재와 편재가 섞이면, 아무리 재산이 많아도 재물 복이 없고, 또 여자가 여럿으로 많아도 여자 복이 없다.

6. 정재와 직업

● 정재는 식신과 상관의 생존활동을 통해서 많은 재물을 획득한다.
　직장에 다니면서 월급을 받아 안정된 가정생활을 영위하는 데 목적이 있다.

● 힘센 일간이 정인의 도움을 받아 식신생재(食神生財)하면, 자격증을 취득하고, 이는 능력을 향상시켜 전문 기술자로 생산·제조에

참여하는 것과 같다.

● 일간이 강할 경우, 상관이 生財하면, 경쟁이 치열한 특수 분야나 시장에서 유통이나 중계활동을 한다. 일간이 특수 가공하거나 특허기술을 응용하는 분야에서 활동한다.

● 일간과 정재가 함께 왕성하면, 생산 쪽보다는 부동산 임대사업 쪽을 선호한다. 번화가나 상업지역에서 사무실, 상가, 창고 등으로 임대하며 수입을 올린다.

● 특히 정재가 매우 왕성할 경우, 일간이 할 수 있는 사업은 여러 가지가 있다.
식신만 있으면 체육관, 숙박업, 요양원 등 휴식 및 건강이나 학습에 도움되는 사업이 좋다.
상관만 있으면 예식장, 연회장, 오락실 등 특수 분야의 임대가 유리하다.
정인만 있으면 전시장, 공연장, 연수원 등 문화예술 쪽 대관사업이 적합하다.
편인만 있으면 장례식장, 정신병원, 종교시설 등 심신치료에 필요한 시설로 임대하면 된다.

● 정재가 官과 殺을 함께 생하면, 정관과 편관 중에서 어느 하나를

직업으로 갖게 된다. 정관과 함께하면 행정이나 교육 계통의 행정
기관에 근무하고, 편관과 함께하면 경찰 및 사법기관에 종사한다.

- 정인이 정재보다 더 강하면 첨단 정보가 필요한 증권, 금융, 부동
  산 쪽에 투자한다. 여기에 식신까지 겸하면, 회계사나 세무사가 되
  고, 만약 상관을 겸하면, 부동산 중개, 유흥, 유통 쪽에 관여한다.

제8장

편재(偏財)

1. 편재란?

'財'란 剋을 가해야 쓸모가 있고, 剋을 받아들여야 비로소 재물(財物)로 남는다. 남편의 剋을 받으면 아내가 되고, 아버지는 아들의 剋을 받아들인다.

'剋'에는 '無情의 극'이 있고, '有情의 극'이 있다. 이런 '情' 있고 없음에 따라 財의 상태가 달라진다.

'情'이란 원래 둘이 마음을 주고받으며, 하나로 맺어지는 인연의 끈이다. 물론 生과 剋에도 情이 있다. 情이 없는 無情의 극은 편재가 되고, 情이 있는 有情의 극은 정재가 된다. 정재는 情이 있어 내 것이 될 수 있으나, 편재는 情 없는 無情의 극이라 내 것이 될 수 없다.

편재는 마치 남자와 남자가 만나거나, 여자와 여자가 만나는 동성끼리 만남처럼 情이 생길 수 없다. 서로 싫어하고 반발하며 배척한다.

이것이 無情한 극이며 편재가 된다. 그래서 편재는 어느 쪽도 가질 수 없는 임자 없는 돈이나 재물이다.

편재는 태생 자체가 無情이라서 개인소유와는 인연이 없다. "돈이란 돌고 도는 것"이라고 푸념하며, 편재는 내 것에 대한 소유욕을 포기한다. 내 것에 집착하지 않으니, 돈도 재물도 한낱 노리개로 보인다. 그래서 편재는 돈을 벌어도 그만이고, 돈을 잃어도 후회하지 않는다.

편재는 소유욕이 없어 돈이나 재물을 마음 가는대로 쓰고 운용하며 관리한다. 그래서 편재는 개방적이고 포용적이며 쓰임새가 헤프다. 하나를 여러 개로 쪼개거나, 여러 개를 하나로 묶어서 활용하는 재주가 편재에 있다.

정재는 아껴야 하니까 소극적이지만, 편재는 낭비해도 괜찮으니까 보다 적극적이다. 편재는 통이 커서 아무것도 두려워하지 않고, 모험을 즐긴다. 위험한 국경을 넘나들며 무역도 하고, 투기나 도박으로 패가망신도 한다. 그러나 걱정도 하지 않는다.

그런데 일간이 쇠약한데도 불구하고 편재만 힘이 왕성해서 날뛰면 일간이 박살난다. 투기 도박은 말할 것도 없고, 주색잡기는 물론 애정 문제로 곤욕을 치르기도 한다. 무리한 사업투자로 부도가 나거나 큰 빚에 쪼들린다.

2. 편재의 혈연과 사회관계

⊙ 혈연관계

남자의 경우 편재는 아버지가 되고, 남자 일간의 애인이나 내연의 처가 된다. 남자 일간이 陰이면, 편재는 형수나 제수가 된다.

여자의 경우 편재는 의붓아버지, 즉 계부가 되며, 또 시어머니가 된다. 여자한테 시어머니는 어렵고 힘든 상대다. 또 외손자도 편재가 된다.

남자가 陽이면 편재는 아버지가 된다. 이때 만약 편재가 정관을 생하면, 이는 마치 아버지의 도움을 받아 아들이 승진하는 것과 같다. 또 이 경우 편재가 편관을 생하면, 직장 상사나 웃어른들의 재정 지원을 받거나 조상의 가업을 물려받아 아들이 승승장구한다.

⊙ 사회관계

편재는 일간에게 두 가지 방법으로 이용되고 있다. 개인적으로 볼 때는 편재는 소유권이 없기 때문에 주택이나 전답이 될 수 없다. 편재는 法人 소유의 상가건물이나 공장 등 기타 부동산에 해당한다. 직업적으로 볼 때는 편재는 법인의 사업장 토지나 임대한 영업장의 건물이 된다.

만약 일간에게 편재는 강왕한데 식상(食傷)이 약하면, 노동자를 고용하여 공산품을 생산하는 제조 공장은 할 수 없다. 온라인이나 유통 및 무역 등 유통사업이나 대규모 금융거래를 한다.

그러나 일간에게 식신과 상관이 편재보다 더 강력하면, 이때는 공장이나 기계시설을 갖추고 생산하며 제조하는 큰 생산공장 쪽으로 가는 것이 유리하다.

3. 편재와 생극(生剋)작용

편재도 주위의 生剋작용에서 벗어날 수 없다. 결국 편재를 둘러싸고 있는 여러 육신으로부터 생극제화(生剋制化)를 받아, 편재의 행로가 정해진다.

특히 비견·편인·편관·식신이 편재에 어떻게 작용하느냐에 따라 변화가 많다.

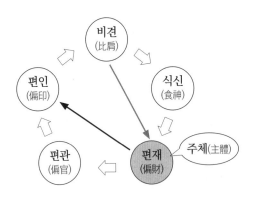

비견은 형제·자매로 서로 협조한다. 한 사람이 무엇이든 독점할 수 없다. 그러므로 편재도 남의 돈이라서 독점할 수 없고, 나누어 가지지도 못한다.

또 통 큰 편재는 좁쌀스런 편인을 달래고 포용한다. 자연스럽게 편인의 잘못을 편재가 바로잡아 고쳐준다.

또 편재는 편관의 콧대를 높여주어 편관의 위세를 강화시킨다. 편재가 비록 남의 돈이라도 융통하고 활용하는 데는 문제가 없다. 그래서 식신은 편재를 잘 활용한다. 원래 편재는 임자 없는 돈이라 소유할 수는 없어도 사용가치는 있다. 남의 돈으로 내 돈을 벌어올 수 있다.

⊙ 편관 ⇔ 편재

편재가 편관을 보면, 재물로 뒷바라지하여 편관의 콧대를 세워준다. 이를 '재생살(財生煞)'이라 한다. 다시 말해서 편재의 모험심이 편관의 殺性을 부추기면 무서운 폭력배가 된다.

편재의 뒷바라지를 받은 편관은 그 기세가 더욱 날카로워져 殺氣가 등등하다. 편재의 적극성이 편관의 폭력성을 부추겨 마치 편관이 폭군처럼 날뛴다.

왜 편재가 편관을 이렇게 도와주는가? 비견 때문이다. 비견이 편재를 보면 깔아뭉개기 때문에 편재가 비견을 싫어한다. 그 몹쓸 비견을 잡아 족쳐서 편재를 지켜주는 것은 바로 편관이다. 그래서 편재가 편관을 고맙게 생각하고 도와주려고 한다.

⊙ 편인 ⇔ 편재

편재는 편인을 보면 유혹하고 견제하고 극한다. 왜 편재가 편인을 유혹하고 억제하는가? 식신 때문이다. 편재를 돕고 생해주는 것은 식신이다.

이렇게 편재가 좋아하는 식신을 편인이 박살내기 때문에 편재가 편인을 싫어한다.

그런데 편인에는 두 가지 기질이 있다. 하나는 약자를 악용하고 착취하는 삐뚤어진 나쁜 기질이고, 다른 하나는 약자를 보면 엄마처럼 돕고 싶은 착한 기질이다.

편인의 나쁜 기질이 발동하면, 편재의 낭비벽을 충동질하여 유흥이나 도박 등에 빠진다.

편인의 좋은 기질이 발동하면, 편재의 포용성과 베풂으로 꽉 막힌 편인의 마음이 열려서 남에게 봉사한다. 사회생활에 유익한 활동으로 약사, 영양사, 복지사 등에 종사한다.

⊙ 비견 ⇔ 편재

비견이 편재를 보면 아무리 노력해도 허탕만 치게 하는 편재가 싫고, 또 편재는 비견이 쓸데없는 자존심만 내세우며 고집부리는 것이 싫은 것이다.

왜 비견이 편재를 보면 그냥 두지 않고 탈탈 털어 없애는가? 편인 때문이다. 비견을 자식처럼 보살펴 주는 것은 편인이다. 몹쓸 편재가 엄마 같은 편인을 괴롭히기 때문에, 비견이 편재를 극해한다.

물론 비견은 편재를 자기 것으로 소유할 수는 없지만, 경영권이나 영업구역을 놓고 서로 다툴 수는 있다.

또 일간과 비견 중에 누가 편재를 가지느냐에 따라서 경영권이 달라지기 때문에 갈등이 벌어진다.

⊙식신 ⇔ 편재

식신은 이기적인 정재보다 이타적인 편재를 더 도와주려고 한다. 편재는 식신의 기력을 내려받아 재물을 생산하여 남에게 베풀어 준다. 이를 '식신생재(食神生財)'라 한다.

왜 식신이 편재를 보면 반가워하고 생하며 도와주는가? 편인 때문이다. 식신을 깔아뭉개버리는 나쁜 적군은 편인이다. 이런 몹쓸 편인을 억제해서 식신을 구해주는 친구가 편재다.

편재는 편인의 흉악한 도식(倒食)작용에서 식신을 수호하고, 또 일간의 풍요를 보장한다. 편재가 식신을 편인으로부터 구하고, 식신으로 하여금 生財케 하여 다시 재물을 얻는다.

또 식신이 편관까지 사로잡으면 식신제살(食神制殺)이 되어 그 혜택이 크다. 이때는 식신이 재산을 불리는 큰 수익사업도 하게 된다.

4. 편재격(偏財格)

편재가 月支의 藏干에 자리 잡으면 편재격이 된다. 편재도 재물이라 일간이 좋아하는데, 정재보다 불편하다. 정재는 일간과 음양이 달라서 둘이 짝꿍되어 조화를 이루어서 좋다.

그러나 편재는 그렇지 않다. 음양이 같아 끼리끼리 모이면, 서먹서먹하고 배척한다. 한쪽이 양이면 다른 쪽도 양으로, 같은 것끼리는 서로 싫어하고 밀어낸다. 여기엔 둘을 하나로 묶어 주는 끈끈한 情이 없다. 그래서 편재는 '無情의 剋'이다. 서로 끌어당기는 정이 없어, 흩어지고 배격한다. 편재는 이쪽도 아니고 저쪽도 아닌 임자 없는 눈먼 재물이다.

無情의 剋은 겉이나 속이나 한결같이 해코지만 하려는 인정사정없는 냉정한 것이다. 그러므로 편재는 서로 극하느라 고생만 하고, 얻는 것도 없이 헛돈만 쓴다.

원래 '편재'는 자기 자본이 없는 빈털터리다. 그래서 편재는 남의 돈이라 내 것이 될 수 없다. 그러나 돈을 끌어다 융통하고 관리 운영하는 데 재미를 느낀다. 편재는 결코 개인이 소유하려는 욕망을 품고 있지 않다.

그러나 편재격은 편재와는 좀 다르다. 편재격도 편재처럼 돈 버는 데 큰 관심이 없다. 오직 재물을 관리 운용하는 데 목적을 둔다.

또 편재격은 자영업보다 규모가 큰 기업경영을 선호하고, 특히 관공서 쪽과 연관되면, 공공기업 쪽으로 변신하려 한다. 다시 말해 편재격이 돈을 벌면 권력에 눈을 돌리게 된다. 정치계나 경제계의 거물로 성장할 수 있다. 격이 좋다면 국회의원도 할 수 있지만, 그렇지 못하면 시골 면장이라도 한다.

편재격의 성격은 명랑하고 사교적이며, 또 한곳에 오래 머물지 못한다. 늘 새것을 찾아서 돌아다니는 자유분방형이다.

불쌍한 사람을 돌볼 줄 아는 공명심도 지니고 있으며 풍류를 즐긴다. 편재격은 편재와 달라, 비록 실패하더라도 쉽게 포기하지 않고 다시 도전하는 기백도 있다.

5. 편재의 통변(通變)

1) 편재와 비견·겁재

⊙ 비견 ⇔ 편재

일간한테 비견은 형제·자매로 우호적이며 협조해서 좋다. 그러나 편재는 일간이 가질 수 없는 남의 돈이라 일간이 달갑지 않게 생각한다.

물론 일간과 비견은 재물이 생기면 나누어 가진다. 그러나 편재는 임자 없는 남의 돈이라 결국 내 것이 되지 않는다. 그래서 나누어 가져 봐야 아무 소용이 없다.

물론 소유는 되지 않아도 편재를 관리하고 운용하는 사용권은 있다. 누구든지 먼저 가져다 쓰면 그만이다. 그러나 내 것은 아니다.

일간은 편재 때문에 허탕만 치고, 또 비견 때문에 경비지출이 많아 진다. 이처럼 비견과 편재가 함께 있으면, 들어오는 돈도 내 것이 될 수 없고, 나가는 돈이 많아서 결국 일간은 언제나 쪼들리고 힘들다.

⊙ 겁재 ⇔ 편재

겁재는 일간한테 이복형제라 협조하지 않고, 편재는 일간에게 헛돈 만 쓰게 하여 얻는 것이 없다.

겁재는 어떤 재물이든지 가리지 않고 무조건 강탈하려 하고, 편재는 틈만 나면 투기 도박이나 주색잡기에 눈이 팔려서 분탕질 친다.

일간이 강하면 둘의 기세가 꺾여서 꼬리를 내리고, 겁재와 편재가 조용히 干合하여 두 기질이 중화되어 말썽을 피우지 않아 일간이 편해 진다.

오히려 겁재의 욕심과 편재의 돈버는 재주가 합작하여 큰돈을 벌 수 도 있다. 그러나 일간이 약하면, 둘의 잠재된 나쁜 기질이 돌출하여 일 간이 낭패를 당한다. 그러므로 겁재의 강탈 기질은 편재의 낭비벽과 함 께 계속된다.

2) 편재와 식신·상관

⊙ 식신 ⇔ 편재

식신은 무엇이든지 살려내는 생존의 원동력으로 생산활동이다. 편재는 아무리 노력해 봐도 내 것이 될 수 없는 남의 것이다.

일간에 식신이 있으면, 부지런히 재물을 일구어내므로 어떤 재물이든지 힘을 받아 더욱 커진다. 이를 '식신생재(食神生財)'라 한다.

그런데 식신은 정재보다 편재를 더 선호한다. 왜 이렇게 식신이 편재를 좋아하고 도와주는가? 식신을 극해하는 몹쓸 편인을 편재가 막아주기 때문이다.

편재는 편인의 몹쓸 도식(倒食)행위를 제지하고, 식신을 수호하여 식신의 생재 활동을 북돋운다. 이때 식신은 일간의 재산을 불리는 수익사업에 동참한다.

식신이 이렇게 편재의 기력을 북돋아주기 때문에, 식신은 편재의 뿌리가 된다. 또 식신의 생존욕구와 봉사정신이 편재의 낭비벽을 억제해주면, 편재가 정재처럼 알뜰해진다.

⊙ 상관 ⇔ 편재

상관은 재물획득을 위한 영업활동이며, 또 큰돈을 벌기 위해서 수단과 방법을 가리지 않는다. 그러므로 상관은 생산보다 영업 쪽에 더 많이 관여한다.

또 상관은 돈벌이 욕심에 눈이 멀어 턱없이 높은 마진을 노리고, 화려하게 꾸미고 가공하여 폭리를 취하려 한다.

편재는 비록 개인자산이 아니고 남의 자산이라도, 공장이나 영업장 등 기업 자산은 될 수 있다. 그러므로 상관이 비록 편재가 남의 돈이라도, 영업적으로 잘 활용하면 큰돈을 벌 수 있다.

만약 상관의 헛된 욕망이 편재의 투기심을 부추기면, 일간이 재산을 탕진하여 망한다.

3) 편재와 정관·편관

⊙ 정관 ⇔ 편재

財가 정관의 뿌리가 되어 생조하면, 귀(貴)에 부(富)를 더한 것 같으니 금상첨화다. 그러나 정관의 뿌리가 될 財가, 정재가 아니라 편재가 되면 큰 도움은 안 된다. 편재가 남의 재물이라 정관이 아무리 노력해도 허탕만 치기 때문이다.

만약 편재의 모험심과 융통성을 정관이 바로잡지 못하면, 편재는 도박, 투기, 유흥 쪽으로 빠져서 일간을 괴롭힌다. 그러나 일간이 힘이 있어 편재의 빗나간 기질을 억누를 수 있으면, 편재가 정관에 순종하며 뒷바라지까지 잘해서 일간이 승진한다.

⊙ 편관 ↔ 편재

月支 장간에 편재가 있으면, 돈 잘 쓰는 난봉꾼이요 통 큰 편재격이 된다. 이 편재격이 다시 사나운 편관을 만나면, 누구나 무서워하는 살벌한 '재살격(財煞格)'이 된다.

이때 편재의 힘을 받은 편관은 殺氣가 넘쳐 살벌하고, 정복욕도 강해져 무서운 것이 없다. 만약 운이 좋으면 큰 출세도 하지만, 실패하면 극과 극을 달리는 큰 재앙이 닥친다.

원래 편관은 별명이 '煞(살·죽임)'로 주위의 사람들을 극해하는 흉악한 존재다. 이런 위험천만한 그 煞氣에 편재가 에너지를 쏟아부어 주면, 살기가 더 흉악해져 아주 위험하다.

만약 편재의 포용성이 편관의 살기를 누그러뜨려 폭력의 기세를 꺾어주면, 다행히 편관은 마치 정관처럼 순해져 좋은 일을 한다.

4) 편재와 정인·편인

⊙ 정인 ↔ 편재

財와 印은 마치 물과 기름처럼 섞일 수 없는 상극관계다. 財는 물질적 충족을 다스리고, 印은 정신적인 명예를 추구한다.

財의 물질적 충족에는 감정에 따라 움직이는 끈끈한 情이 있지만, 印의 정신적인 공명(公明)에는 비록 끈끈한 情은 없어도, 깐깐한 의(義)가 들어있다.

정인의 진실한 명예나 사랑이 편재의 삐뚤어진 허상을 억제하고 순화시켜 주면, 마치 편재가 정제처럼 알뜰하게 산다. 부동산 투자나 재테크로 수익을 챙기고 가정을 잘 보살핀다.

그러나 편재의 허욕을 정인이 막아 멈추지 못하면, 헛돈만 쓰고 실패한다.

⊙ 편인 ⇔ 편재

일간은 계모 같은 편인이 싫고, 허탕만 치게 하는 편재도 싫다.

일간의 힘이 강력하면, 편인이나 편재가 숨을 죽이고 가만히 엎드려 있어 괜찮다.

일간이 쇠약하여 힘을 못 쓰면, 편인과 편재가 둘이서 손잡고 자기 목소리를 낸다. 이때 일간은 시달린다. 그러나 편재의 포용이 편인의 질투를 감싸고 받아 들여 순화시키면, 편인은 잠재된 모성애가 되살아나, 마치 엄마처럼 인자해진다. 이때 일간은 공익을 위해 희생하고 봉사한다.

만약 편재의 투기 근성이 편인의 잔꾀로 유혹되고 충동질 받으면, 언제라도 다시 도박이나 투기에 빠진다. 이때 일간은 괴롭다.

5) 편재와 정재

정재는 일간의 소유물이고, 편재는 주인 없는 금융자본이다. 일간이 쓸 수 없는 편재라면 무시해도 좋고, 내 것인 정재만 챙기면 된다.

그러나 정재와 편재가 둘이 함께 섞이면 문제가 생긴다. 이럴 경우 둘이 섞였다고 하여, 불순 또는 혼잡이라 한다. 불순하면 헷갈려 망설인다.

이런 불순관계는 반대끼리 만나 뒤죽박죽이 되어, 모순과 무리한 다툼으로 나쁘다. 이처럼 정재와 편재가 혼잡이 되면, 이것도 저것도 모두 놓쳐서 닭 쫓던 개 신세가 된다.

정재와 편재가 함께 만나 혼잡되면, 좋기도 하고 나쁘기도 하다. 편재의 투기심과 정재의 이기심이 어울려서 중화되고 순화되면 좋다. 그러나 화합되지 않고 서로 부딪치면 재물 때문에 문제가 생긴다.

6. 편재와 직업

● 편재는 처세술이 뛰어나고 다재다능하여, 남의 돈도 끌어다 내 돈처럼 쓴다. 규모가 작은 영업에는 맞지 않는다. 보다 큰 대기업이나 무역회사가 적합하다.

- 편재는 한곳에 오래 집착하지 않고, 새로운 사업을 찾아 여러 곳으로 돌아다닌다. 그러므로 운수 및 교통이나 정보통신 분야도 유리하다.

- 편재에는 국경도 없고 주인도 없는 금융자본이다. 그러므로 임자 없는 돈을 관리하고 운용하는 일은 편재의 다양성에 잘 맞는다. 특히 증권, 금융, 부동산 투자 등에도 적합하다.

- 편재는 재물을 챙기고 숨기기보다 남한테 떠벌려 돈 자랑하기 좋아한다. 그러므로 남의 재물이라도 내 돈처럼 마음대로 선심을 쓰고, 또 헛돈을 쓰고도 책임지지 않는다.

- 겁재는 정재를 탈취하고, 비견은 편재를 휴지조각처럼 경시하기 때문에 모두가 일간한테 해롭다. 비견·겁재가 여럿이면 돈 쓸 식구가 많아 경비지출이 과다하여 일간이 쪼들린다.

- 편재의 욕심이 너무 지나치면, 모험심이 발동하여 기업경영의 한계를 벗어나 도박이나 투기로 탈선한다. 잘못하면 밀수나 마약 등 각종 범죄행위에 가담하게 되어 패가망신한다.

제9장

비견(比肩)

1. 비견이란?

'比'는 견주고 또 승부를 겨룬다는 뜻이다. '肩'은 어깨를 나란히 하는 동등한 관계다. 서로 책임져 주고, 또 상대의 아픔을 함께 나누는 협력관계다.

'비견'이란 평등관계를 유지하면서 때론 협력하고, 때론 다투기도 한다. 비견에는 두 가지 의미가 들어있다. 하나는 직접 겨루고 도와주는 사람이고, 다른 하나는 사람의 부족한 능력을 메꾸어주는 도구가 된다.

천재지변 같은 비상사태가 돌발하면, 비견은 서로 힘을 모아 공동으로 대처한다. 또 많은 재물이나 이득이 생기면, 비견은 서로 균등하게 나누어 분배한다. 이렇듯 비견이 평등관계를 유지하려면, 반드시 여기엔 公正이라는 옳음, 즉 '義'가 있어야 한다.

또 비견에는 두 가지 성질이 있다. 비견의 기세가 강하냐 약하냐에 따라 달라진다. 하나는 개인보다 조직의 유대 및 단결을 강조하는 조직 우선이고, 다른 하나는 대의명분보다 개인 자존심과 독자성을 내세우는 개인 우선이다.

비견은 형제·자매로서 어려울 때 받는 고통도 분담하여 이겨내야 하고, 또 재물이 생기면 똑같이 나누어 분배받아야 한다.

그런데 문제는 재물이다. 비견이 여럿이면 아무래도 돌아갈 재물의 몫이 적을 수밖에 없다. 재물이나 금전은 적은데, 나눠가질 비견이 여럿이면 산산 조각이 나서 결국 돌아갈 몫이 부족해진다.

비견은 일간과 평등 관계 속에서 협조하며 살아야 하기 때문에, 늘 일간이나 비견의 형편을 살펴야 한다. 왜냐하면 비견끼리의 협력은 형편에 따라서 달라지기 때문에, 언제 그 협력이 깨질까 늘 불안하기 때문이다.

비견은 무슨 일을 하든지, 항상 주변의 변화에 신경 쓰고 대비해야 한다. 그래서 비견은 변동수가 많아 한 직장에 오래 근무하지 못한다.

2. 비견의 혈연과 사회관계

⊙ 혈연관계

남자나 여자나 비견은 일간의 형제·자매가 된다. 일간을 도와주는 친구나 동업자도 비견이다. 일간이 강하면 비견이 협조를 잘 하고, 비견이 강하면 일간과 다투기 쉽다.

비견이 여럿일 경우, 이해득실이 다르기 때문에 서로 협조하기 어렵다. 만약 재물이 생기면 쟁탈전이 벌어져 해롭다.

또 비견이 힘이 강해져서 오만해지면, 속으로 일간을 경멸하거나, 아니면 타박한다. 비견은 주위에 많은 친구를 만들고, 그들과 잘 어울리려면 지출이 많아진다.

그러므로 비견은 내 돈 네 돈 따지지 않고, 무슨 돈이든 구해다 써야 체면이 선다. 그래서 비견은 경비를 과다 지출하게 되어 늘 쪼들리고 돈이 모이지 않는다.

⊙사회관계

비견의 사회관계는 여럿이 함께 상부상조하는 협력관계라 할 수 있다. 이뿐만 아니라, 인간이 살아가는 데 꼭 필요한 각종 연장이나 도구도 비견에 해당된다.

일간을 보살펴 주고 관리해 주는 조직과 단체도 모두 비견에 속한다. 식신에 참여하는 비견은 일간의 제조 및 생산에 직접 동참하는 노동자나 직원이 되며, 또 동업자가 된다.

그러나 상관에 관여하는 비견은 부족한 자금을 간접적으로 투자하거나, 아니면 유통 및 영업 쪽에 개입하는 투자자가 된다.

또 편관의 침해를 당한 일간을 대신하여 구원해주는 비견은 대리인이나 변호사가 된다.

3. 비견의 생극(生剋)작용

비견도 주위에 여러 육신들로 둘러싸여 있어, 그들의 영향에서 벗어날 수 없다. 비견의 대응 작용도 다른 육신들의 생극제화를 받아서 변화하고 달라진다. 특히 편인·편관·편재·식신은 비견과 밀접한 관계에 놓여 있다.

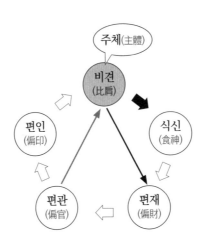

편인은 비록 계모라도 비견을 아끼고, 비견은 편인의 마음을 빼앗아 설기한다. 편관은 비견을 미워서 척결하고, 비견은 편관에 대항한다.

비견은 편재가 남의 재물이기 때문에 나눠가질 수 없어 그냥 팽개친다. 비견은 식신의 생산 활동에 가담하여 적극적으로 편재를 일구어낸다.

⊙ 식신 ⇔ 비견

비견은 식신의 일에 직접 가담하여 도와주고 협조해 준다. 식신은 비견의 수고로움을 받아서 함께 생활물자를 만들어낸다.

왜 비견은 식신한테 자기의 노동력을 아낌없이 빼내주는가? 이는 편관 때문이다. 비견을 못 살게 구박하는 협박자는 편관이다. 이런 고약한 편관의 이빨을 식신이 빼서 막아주기 때문에, 비견이 식신을 좋아한다. 이를 '식신제살(食神制殺)'이라 한다.

이때 순화된 편관은 공익사업에 뛰어들어 봉사활동을 한다.

⊙ 편재 ⇔ 비견

비견은 편재를 보면 싫어하고 극한다. 내가 아무리 노력해도, 편재는 내 것이 안 된다. 남의 재물이다. 어렵게 고생해서 구해와도 결국 편재는 내 것이 안 된다. 그래서 일간과 비견은 모두 편재를 반가워하지 않는다.

누구든지 편재를 보면, 남의 재물이라 무시한다. 그러므로 편재를 두고 일간과 비견이 쟁탈전을 벌리지 않는다.

특히 일간보다 비견이 편재를 더 미워하는데, 왜 그럴까? 편인 때문이다. 편인의 귀여움을 비견이 받고 있는데, 이 고마운 편인을 편재가 괴롭힌다. 그래서 비견은 편재를 싫어한다.

⊙ 편관 ⇔ 비견

편관이 비견을 보면 배척하고 멀리한다. 그러나 일간이 편관한테 핍박을 받아서 위급한 상황에 빠지면, 비견이 나서서 일간을 대신하여 무서운 편관에 맞서 싸운다.

그래서 편관에 달려드는 비견을 편관이 미워하고, 또 잡아먹으려 한다. 그밖에도 편관이 비견을 배척하는 이유가 또 있다.

편관을 식신제살로 깔아뭉개는 것은 식신이다. 이 몹쓸 식신을 비견이 도와주기 때문이다. 그래서 편관은 식신을 미워하는 만큼 비견도 싫어한다.

또 편관을 뒤에서 물심양면으로 밀어주고 도와주는 친구가 편재다. 편관이 좋아하는 편재를 비견이 깔아뭉개버리므로, 편관이 비견을 싫어하고 해코지한다.

⊙ 편인 ⇔ 비견

성질 못된 편인도 비견을 보면 도와주고, 비견은 편인으로부터 생기를 빼내서 그것을 이용한다. 편인은 일간보다 비견을 더 선호하고, 또 손을 잡아준다.

일간한테 편인은 계모처럼 쌀쌀하게 냉대한다. 일간은 편인 때문에 스트레스를 받는다. 이런 삐뚤어진 편인을 억제하고 막을 수 있는 것은 편재뿐이다. 편인을 괴롭히는 편재를 비견이 대신 막아주니, 편인은 비견을 좋아하고 고맙게 생각한다. 그래서 편인과 비견이 함께 협조하고 어울린다.

결국 일간은 이들로부터 따돌림을 당해서 외톨이 신세가 된다. 이는 마치 일간을 제쳐놓고, 계모와 형제가 공모하고, 스승과 친구가 결탁하므로, 결국 일간을 배신하는 것과 같다.

4. 건록격(建祿格)

비견이 月支의 장간에 자리하면 '비견격(比肩格)'이라 부르지 않고, '건록격(建祿格)'이란 명칭을 붙인다. 왜냐하면 비견이 일간의 용신이 되어서 중심적인 역할을 해야 하는데, 그럴 수 없기 때문이다.

그러나 이는 어디까지나 비견이 용신이 될 수 없는 건록격이기 때문이다. 원래 용신(用神)이란 일간이 마음대로 부려 먹을 수 있는 머슴 같은 존재다. 일간이 혼자이면 주인이 하나인데, 만약 일간 곁에 비견이 있으면 주인이 둘이 된다. 그래서 주인이 여럿이면 머슴들이 누구 말을 따라야 할지 몰라 아무 일도 못한다.

비견과 일간은 형제고 쌍둥이와 같다. 만약 비견이 월지에 오면 당연히 용신이 돼야 하는데, 비견이 용신이 될 수 없다. 일간한테 용신은 남이어야 하는데, 비견은 남이 아니라 형제·자매가 되어 용신이 될 수 없는 것이다.

다른 육신을 찾아 새로운 용신을 세워야 한다. 이것이 건록격(建祿格)이다. 건록격은 정관에 의해서 대의를 위해 살고자 하는 큰 뜻을 품고 있고, 또 용신으로서의 역할을 다 하려고 노력한다.

건록격에 정관이 없으면, 선생 없는 교실처럼, 비견이 분탕질만 친다. 역시 건록격에 정관이 없으면, 또래끼리 이합집산하며 치고받고 싸운다.

건록격의 경우 정관이 지위를 만들어 주고, 정인이 품위를 갖추게 한다. 또 정재는 일자리나 뒷배경 같아, 정관을 뒤에서 보좌하는 바탕이 되어 준다. 이렇게 되면 일간은 일취월장한다.

비록 건록격이라도 오만하고 콧대가 높아 품위를 떨어뜨리면 주위의 빈축을 받기도 한다. 그러나 결국 건록격은 일간의 품격을 한 단계 높여준다.

건록격의 경우 정관이 곁에서 도와주면 좋다. 그러나 아무리 유용한 정관이라도 너무 억세면, 자만심에 빠져 자제력을 잃고 권력을 남용한다. 실력과 인품으로 아랫사람을 다스리지 않고, 권위만 앞세워 무리하게 강요하고 윽박지른다. 사람들이 따르지 않고, 곁을 떠나는 이들도 많아서 독불장군이 된다.

5. 비견의 통변(通變)

1) 비견과 식신·상관

⊙식신 ⇔ 비견

식신은 일간의 기력을 빼앗아, 그 힘을 생존의 활력소로 삼아 살아 간다. 비견은 일간을 형제로써 도와주고, 또 비견은 식신을 조카처럼 도와준다. 이렇게 식신과 비견, 그리고 일간 셋이 모여 함께 활동한다.

일간이 약할 경우 비견의 도움이 필요하지만, 일간이 강하면 비견이 필요 없거나, 일간의 콧대만 키워 나쁘다.

그러나 비견이 둘로 겹쳐서 건록(建祿)이 되면, 비견의 기세가 두 배로 커진다. 특출한 능력을 발휘하는 인물이 된다.

또 비견이 혼자인데 식신을 만나면 식신의 일에 비견이 일꾼으로 동참하여 도와준다. 식신의 사업에 협력하거나 아니면 생산작업에 직접 뛰어든다.

이때 일간이 약하면 식신의 활력도 떨어져서 비견이 시키는 대로 식신이 따라간다. 만약 식신이 허약하여 힘을 못 쓰면, 일간의 생계활동이 지지부진하고 멈추게 된다.

⊙상관 ⇔ 비견

상관은 일간의 기력을 뽑아내서, 특히 문화 예술 쪽의 창작활동에서 꽃을 피운다. 이미 비견이 식신의 생산활동에 관여하고 있는데, 또 상관이 나타나 영업활동을 강요하면 비견은 헷갈린다.

원래 상관은 돈 욕심이 많아서, 영업 광고 및 중계 쪽에서 편법적으로 관여한다. 그러므로 생산 쪽인 식신을 도와주는 비견을 보면, 상관은 달갑지 않게 여긴다.

일간이 왕하면 괜찮다. 그러나 만약 일간이 약하면, 상관이 날뛰면서 식신을 무시하고 일을 편법으로 처리한다. 이때 일간은 발언권이 없어서 상관이 시키는 대로 따라야 한다.

또 비견보다 더 힘이 센 상관을 만나면, 상관의 강요에 못 이겨서 비견까지 탈법적인 일에 가담하여 나쁘다.

2) 비견과 정재·편재

⊙정재 ⇔ 비견

일간과 비견은 형제 사이로 사이좋게 지내고 있는데, 정재가 나타나면 물욕이 생겨서 서로 많이 가지려고 다툰다. 둘이 재물을 공정하게 똑같이 분배해야 한다. 이때는 비견과 일간의 관계는 좋아진다.

그러나 만약 나누어 가질 재물의 몫이 적을 때는 문제가 발생하여 싸우게 된다.

만약 일간이 쇠약할 경우, 비견이 재물을 독차지하므로 나쁘다. 그러나 비견이 식신과 협력하면서 그 재물을 잘 활용하면 괜찮다. 이는 마치 식신과 함께 비견이 일간과 손을 잡고, 동업이나 대리점 등을 운영하는 것과 같다.

그러나 아무리 비견의 마음이 선량하다 해도, 정재를 손에 넣으면, 비견도 나눌 생각이 없어 독차지하려 한다.

만약 비견이 여럿이라면 혼자서 정재를 독점하지 못하고, 할 수 없이 나누어 가질 수밖에 없다. 아무튼 비견한테 정재는 싸움의 불씨가 된다.

⊙ 편재 ⇔ 비견

편재는 일간의 아버지다. 아버지는 비견보다 일간을 더 좋아한다. 비견은 서럽다. 불쌍한 비견을 아껴주는 분은 계모인 편인뿐이다.

그런데 이 편인을 괴롭히는 것은 바로 편재다. 이를 보고 화가 난 비견은 편재를 미워한다. 그래서 비견이 편재를 극한다.

원래 재물은 필요악이다. 일간이든 비견이든 편재가 헛돈이라고 무시한다. 더욱이나 겁재는 정재만 챙기고 편재를 쳐다보지도 않는다.

특히 비견이 편재를 보면 싫어하는 까닭이 또 있다. 왜냐하면 비견이 꺼려하는 편관을 편재가 도와주기 때문에, 비견은 편재를 싫어한다.

재물과 돈은 일간이 그냥 공짜로 만들어 내거나 취득하는 것이 아니다. 여기엔 반드시 식신이란 노력의 대가가 들어가야 한다.

비록 비견이 편재를 싫어해도 식신은 이기적인 정재보다 이타적인 편재를 좋아한다. 그래서 식신이 비견의 힘을 빌려서 편재를 생산하고 취득하는 것이다. 이때 비견은 할 수 없이 아버지 같은 식신을 도와주어야 한다.

3) 비견과 정관·편관

⊙ 정관 ⇔ 비견

일간과 비견이 사이좋게 지내고 있는데, 정관이 나타나면 모두 반긴다. 정관의 관리와 지도가 필요하기 때문이다.

정관이 내려주는 지위와 권한은 하나뿐이다. 그래서 이를 놓고, 둘이 서로 다투게 된다. 이기는 쪽이 정관의 혜택을 차지할 것이다.

자리를 놓고 경쟁하는 것은 감투싸움이 되어 나쁘다. 정관이 잘 조절하여 마무리를 하면 괜찮은데, 그렇지 못하면 여러 가지 부작용이 생긴다. 부정행위에 의한 이권의 획득이나 정실인사로 위계질서가 깨진다.

⊙ 편관 ⇔ 비견

편관은 일간을 해코지하는 나쁜 흉신이다. 비견도 일간의 형제이므로, 똑같이 편관의 극해를 당한다. 그중에서도 특히 편관은 비견을 더 미워하고 괴롭힌다. 왜냐하면 편관을 타도하고 해코지하는 흉신이 식신인데, 비견이 몹쓸 식신 쪽에 가담하여 돕기 때문에, 편관은 비견을 깨부수려 한다.

더욱이 편관을 분통 터지게 만드는 것은, 비견이 일간과 함께 편관에 맞서 대항하며 달려드는 것이다. 편관이 일간을 죽도록 두들겨 패주고 싶어도, 비견이 중간에 나타나서 일간을 대신하여 막아준다. 그래서 비견에 대한 편관의 분노가 크다.

4) 비견과 정인·편인

⊙ 정인 ⇔ 비견

일간과 비견이 사이좋게 잘 지내고 있는데, 정인이 나타나면 둘 다 보듬고 보살펴준다. 정인의 사랑에 따라 비견과 일간은 함께 공부도 하고 서로 협력한다.

또 위험이 닥치면 일간과 비견이 힘을 합쳐 대항한다. 그러나 때론 정인의 사랑을 더 많이 차지하려고, 둘이 다투기도 한다.

비견이 협조하며 일간을 도와주면 정인은 좋아한다. 반면 비견이 일간과 다투고 경쟁하면 정인이 싫어한다. 그래서 정인은 비견과 일간이 싸우지 않고 협력하며 서로 도와주길 바란다. 즉, 공동연구, 협회가입, 가맹점 등이다.

⊙편인 ⇔ 비견

편인은 친자식이 아닌 일간을 싫어하고, 그 대신 비견을 더 좋아한다. 편인이 비견을 더 좋아하는 이유는 따로 있다. 편재 때문이다. 즉, 편인 본인을 못 살게 구박하는 편재를, 비견이 나서서 막아주고 타도해주기 때문이다. 편재의 구박으로부터 구해주는 비견한테 편인은 고마움을 느낀다. 그래서 편인은 비견을 좋아한다.

그뿐만 아니라 편인의 핍박을 받는 일간이 비견 때문에 핍박을 덜 받을 수도 있다. 편인이 비견을 좋아하기 때문에, 그 편인의 삐뚤어진 편애가 비견한테만 쏠리기 때문에, 일간이 편인의 구박으로부터 피해갈 수 있다.

5) 비견과 겁재

비견과 비견이 둘 만나서 허심탄회하게 서로 협력하면, 힘이 두 배 이상 커져서 큰 도움이 된다. 이는 건록(建祿)이 되어 비견의 힘이 펄펄 난다. 만약 비견 둘의 사이가 벌어져 다투면, 모두가 손해를 본다. 만약 비견과 겁재가 만나면, 성질이 서로 달라 뜻이 통하지 않아서, 반신반의로 의심하고 경쟁한다.

그러나 이때 둘에게 위험한 고난이 닥치면, 뜻밖에도 둘이 힘을 합쳐서 그 위험에 대항하기도 한다. 그래서 서로 좋을 수도 있다.

6. 비견과 직업

● 비견은 일간과 형제·자매가 되므로, 때로는 협조도 하고 때론 다투기도 한다. 서로가 협력할 때는 동업도 괜찮지만, 다툴 때는 혼자서 일하는 것이 좋다.

● 일간이 강할 때는 혼자 경영하는 자영업이나 전문가로서 활동하는 프리랜서가 유리하다. 일간이 약하면 다른 사람의 도움이 필요하므로, 비견과 함께 동업하는 것도 괜찮다.

● 일간도 강한데 정인의 힘까지 세지면, 콧대가 높아져 간섭이나 규제를 받기 싫어한다. 남의 밑에서 일하는 직장생활이 힘들다. 그러나 일간이 너무 약하면, 주위의 협조를 받아야 하므로, 단체나 조직에 가입하는 것이 좋다.

● 특히 비견이 여럿이고, 또 비견이 편관의 공권력에 깊이 관여하면, 경찰이나 군인 쪽에 종사하는 것이 좋다. 만약 정관의 감독을 받아 비견이 용신으로써 쓸모가 많으면, 큰 조직에 가담하거나 승진한다. 아니면 명예직을 얻거나 직선제 선출직을 갖게 된다.

● 직업을 선택하고 취업하는 데 있어서 비견의 결점이 있다면, 그것
은 한 가지 직장에 오래 근무하지 못하는 것이다. 직장을 자주 옮
겨 다닌다는 것이 단점이다. 이직이나 전직이 심해서 직장생활을
오래토록 지탱하기 어렵다.

제10장

겁재(劫財)

1. 겁재란?

겁재(劫財)란 남의 재물을 빼앗아 자기의 것으로 취하는 것이다. '劫'이란 글자에는 '去[간다]'와 '力[힘]'이란 뜻이 포함되어 있다. '財'는 재물이란 뜻이다.

'劫'의 의미는 도망가려는 것을 강제로 위협하여 못 가게 막는 것을 말한다. 劫財는 가는 재물을 못 가게 막아서 가로채는 것이다.

인간이 살아가는 삶의 현장에는 뺏고 빼앗기는 피나는 쟁탈이 늘 벌어진다. 그렇기 때문에 살아남으려면 겁내지 말고, 먼저 공격해야 하고, 남보다 힘이 더 강력해야 한다. 힘이 약해 패배하여 밀리면 죽거나 달아나야 한다.

상대방을 극하는 데는 상관도 있고, 편관도 있다. 또 상대를 강제로 제압하는 육신에는 官과 殺만 있는 것이 아니다. 상대방을 제압할 뿐만 아니라, 재물까지 빼앗아 오는 무서운 겁재가 있다.

겁재의 剋은 官과 殺의 극과는 좀 다르다. 원래 일간한테 財가 오면, 일간이 그 財를 먼저 제압하여, 자기 것으로 만들어 쓰고 있다.

이때 또 일간이 겁재를 만나면, 財, 즉 재물은 이미 일간의 극을 받고 있는데, 또 겁재의 극을 이중으로 당한다. 이는 剋이 아니라 강탈(强奪)이라 할 수 있다.

이렇게 財에 겁재가 겹치면, 정재든 편재든 상관없이 재물은 이중(二重)의 과잉 극해를 당한다. 이는 극이 아니라 강탈이며 탐욕이다. 또 '양인(陽刃)'이란 다른 별칭도 있다.

특히 겁재는 재물을 극하는 것만이 아니라 탐욕 때문에 탈취까지 한다. 겁재는 재물 중에서 편재보다는 오히려 정재만 골라 강탈한다.

편재는 이미 주인 없는 재물이라, 피터지게 싸워서 탈취해도, 결국 임자 없는 재물일 뿐이기 때문이다.

그러나 정재는 다르다. 남의 재물이라도 빼앗아 와서 내 명의로 만들면 진짜 내 것이 될 수 있기 때문이다. 그렇기 때문에 겁재는 유독 정재만 겁탈하려는 것이다.

재물은 인간의 욕망을 충족시킬 수 있는 유용한 물건이다. 이것을 손에 넣기 위해서는 많은 대가를 지불해야 한다.

겁재는 흉신이고, 겁재끼리 뭉치면 더 흉악한 양인이 된다. 이런 흉신인 겁재를 막아야 재물을 지키고, 자기 자신을 보존할 수 있다.

이 흉악한 겁재를 제지할 수 있는 유일한 존재가 바로 정관이다. 그러므로 정관을 곁에 두고 있으면, 겁재가 꼼짝 못한다.

2. 겁재의 혈연과 사회관계

⊙ 혈연관계

남자에겐 겁재는 자매도 되고, 이복형제도 된다. 또 며느리가 되기도 한다.

여자에겐 겁재가 오빠나 남동생이 되고, 이복자매도 된다. 또 시아버지도 된다.

같은 형제·자매인데도 불구하고, 비견처럼 사이가 좋지 않고 서로 불편하다. 비록 혈연으로 맺어진 동기간이지만, 반대하고 다투니까 물리쳐야 하는데, 그럴 수도 없다. 그렇다고 받아들일 수도 없는 불가원 불가근(不可遠不可近)의 관계다.

원래 정인인 부모가 자식인 겁재를 먹여 살려야 하는데, 만약 겁재가 정인을 나쁜 쪽으로 설기하면, 거꾸로 무능한 부모를 자식이 먹여 살려야 한다.

⊙ 사회관계

겁재도 일간과 같은 형제·자매로 평등 관계를 가져야 마땅하다. 그럼에도 불구하고 겁재는 비견과 달리 일간과 상명하복(上命下服)의 차등 관계를 강요한다.

마치 지배자와 피지배자의 만남, 실세와 비실세의 만남과 같다. 정관이 겁재를 충거하면 지배관계고, 정관과 겁재의 힘이 비슷하면 동반자관계다.

겁재가 상관을 생하면, 부당이득을 얻기 위해 겁재가 상관과 모의하거나 작당한다. 만약 겁재가 정인을 설기하면, 정인의 지적 재산권이나 소유권을 뺏는 것과 같아서 나쁘다.

3. 겁재의 생극(生剋)작용

겁재도 혼자 가만있지 않고, 주위의 영향을 받으면서 잘 적응하며 산다. 다른 육신들의 생극제화에 따라 겁재의 활동도 변화한다. 특히 정인·정관·정재·상관은 겁재와는 더 긴밀한 관계를 가진다.

정인이 겁재를 아껴주지만, 겁재한테 설기당하므로 힘들어 한다.

정관은 겁재의 탈선을 응징하고, 겁재는 정관의 처벌을 피하려 대항한다.

겁재는 정재를 보면, 독수리처럼 낚아 채어가서 잡아먹으려 한다.

겁재는 상관과 기질이 비슷해서 서로 잘 통해 탈법을 함께 저지른다.

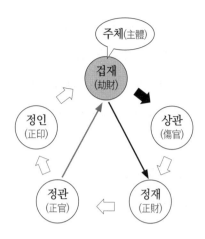

⊙ 상관 ⇔ 겁재

겁재는 재물을 강제로 빼앗아 가고, 상관은 남의 재물을 속여서 갈취한다. 그래서 겁재는 상관을 좋아하고, 또 생해 준다. 상관의 별난 기질이 겁재의 탈취 욕구를 자극하고 부추긴다.

왜 겁재는 상관을 좋아하고 도와주는가? 정관 때문이다. 정관한테 겁재가 박살난다. 그래서 겁재는 정관을 두려워하고 싫어하며, 그 싫은 정관을 상관이 고맙게도 물리쳐 준다. 그 때문에 겁재가 상관을 좋아하고 함께 협력도 한다.

⊙ 정재 ⇔ 겁재

겁재가 정재를 보면 마치 횡재를 만난 것처럼 빼앗고 극한다. 일간한테 정재는 귀중한 재물이요 아내가 된다.

그러나 겁재한테는 아내도 없고, 또 재물도 없는 빈털터리다. 그래서 겁재는 정재만 보면 욕심이 생겨서 무조건 빼앗아 오고 싶은 것이다.

왜 겁재는 정재만 보면 미워하고, 박살내려 하는가? 이는 겁재 자신을 타도하는 정관 때문이며, 또 그 몹쓸 정관을 도와주는 정재가 싫기 때문이다.

겁재가 정재를 빼앗아가지 못하도록, 정관이 정재를 지켜주어야 한다. 그래서 정관이 겁재를 타도하는 것이다.

⊙ 정관 ⇔ 겁재

정관이 겁재의 탈선행위를 보면, 그냥 두지 않고 척결하고, 또 겁재는 정관의 척결이 겁나서 피하거나 그에 대항한다.

왜 정관이 겁재를 보면 미워하고 박살내려 하는가? 무엇보다 정관이 겁재를 미워하는 가장 큰 이유는 정재 때문이다. 정관을 물심 양면으로 뒷바라지해 주는 것이 정재다. 이런 고마운 정재를 겁재가 잡아가기 때문에 정관은 겁재를 미워하고 사정없이 극해한다.

⊙ 정인 ⇔ 겁재

정인은 겁재가 말썽을 피워 마음에 들지 않아 싫고, 반대로 겁재는 정인의 따뜻한 사랑이 그립다. 정인은 겁재의 탈선행위가 싫지만, 그래도 자식이라 보듬고 충고한다.

왜 정인이 달갑지 않은 겁재를 보면 버리지 못하고, 보살펴 주어야 하는가? 몹쓸 정재 때문이다. 정재의 탐욕이 정인의 모성애를 잔인하게 뭉개버린다. 정인을 짓밟고 극하는 것은 정재다. 이런 몹쓸 정재를 겁재가 나서서 막아주기 때문에, 고마운 마음으로 정인은 겁재를 자식처럼 챙겨준다.

4. 양인격(陽刃格)

'陽刃'이란 흉凶의 작용이 극단적이고, 그 殺性이 겁재보다 더 악랄하다. '陽'은 강함을 뜻하는 임금의 자리가 되고, '刃'은 '칼로 벤다'는 뜻이므로 임금에 거역하는 반역행위도 된다.

양인의 위세를 십이운성(十二運星)으로 보면, 최고의 자리인 '帝旺'에 올라있다. 이 자리는 백 척 난간으로 지금은 최고의 자리라 좋지만, 떨어지면 죽는 위험천만한 자리다.

'刃'은 양날의 칼이기 때문에, 잘 쓰면 적을 죽이고, 못 쓰면 나를 죽인다. 양인에 겁재가 겹치면 살기가 등등하여 닥치는 대로 능멸하고 척살한다.

陽刃이 청렴하면, 한 치의 실수도 용납하지 않는 결벽증 때문에 살벌해진다. 양인은 가슴에 늘 칼을 품고 있어, 언제 터질지 모르는 시한폭탄이다.

대인관계는 남보다 뛰어나지만, 항상 경쟁에 시달리거나 모함을 받기도 한다. 금전 문제에 있어서는 수입보다 지출이 더 많은 편이며, 늘 손재수가 따른다.

건강은 타고나서 강건하다. 그러나 한번 병에 걸리게 되면 중병이 되기 쉽다. 양인은 평생 편한 날이 없고, 하루 18시간 이상 일에 매달려야 한다.

양인의 직업을 보면, 무장, 검투사, 살생, 필설직(筆舌職) 등 생사가 걸린 일에 종사하는 사람이 많다. 양인은 의리를 중시하고, 의협심이 강하다. 군인, 경찰, 의사, 시민단체 등에 많이 관여한다.

5. 겁재의 통변(通變)

1) 겁재와 식신·상관

⊙ 식신 ⇔ 겁재

겁재는 일간과 형제이지만 사이가 별로다. 식신은 일간의 자식으로 사랑받아야 한다. 겁재는 식신의 삼촌이다. 겁재는 같은 삼촌이라도 식신보다 뜻이 맞는 상관을 더 선호한다.

겁재에는 정재만 보면 못 빼앗아 안달하는 강탈 기질이 있어 흉신이다. 이렇게 겁재한테는 불량배 기질과 재물 강탈 기질이 함께 잠재되어 있다.

겁재는 폭리를 노리는 상관을 좋아하고, 상관의 탈법 영업에 주저하지 않고, 자기자본을 투자하고 가담한다. 또 불법거래에도 음성적으로 관여한다.

그러나 겁재는 성질이 사납고, 강탈 기질이 있어서, 상대방이 죽든 살든 상관없이 자기이익만 챙겨간다.

그러나 식신은 다르다. 무엇이든 살려내는 생육기능 쪽이기 때문에, 겁재의 살생 기질과 배치된다.

식신은 꾸준히 오랫동안 생육활동을 하면서, 교육, 의료, 요식 등 생명을 지키는 쪽에 힘쓴다. 그래서 식신은 겁재를 싫어한다.

⊙ 상관 ⇔ 겁재

일간한테는 상관이나 겁재나 모두 애를 먹이는 훼방꾼이다. 상관은 엉뚱한 짓으로 말썽만 피워 일간의 속을 썩인다. 겁재는 재물만 보면 빼앗고 탕진하여, 주위의 사람들에게 해코지 한다.

상관의 편법과 겁재의 탈법이 함께 어우러지면, 불법행위가 자행되어 큰 재앙이 닥친다.

겁재가 상관을 꼬드겨서 함께 힘을 합쳐 정관을 깨트려 버리면, 결과적으로 겁재가 불법에 가담한 꼴이 된다. 또 겁재가 상관과 干습하면서 편관에 동조하면, 부정거래에 가담하는 꼴이 된다.

겁재가 편관의 권력과 결탁하여 부정청탁을 할 때, 상관까지 끌어들이면 범죄가 된다.

2) 겁재와 정재·편재

⊙ 정재 ⇔ 겁재

일간은 이미 정재를 자기의 재물로 아끼면서 잘 써먹고 있다. 이때 겁재가 나타나서 일간의 소유물인 정재를 탐낸다. 그리고 빼앗아 가려고 한다.

이는 일간이 먼저 정재를 차지하고 극하고 있는데, 또 겁재의 탈취가 겹치면, 이는 剋이 아니라 더 위험한 강탈이 된다. 겁재는 정재를 잡아먹는 악마와 같다. 남들이 모르는 약점을 이용하거나, 법의 허점을 악용하여 겁재가 재물을 강탈하는 것이다.

만약 겁재가 상관의 허튼 수법에 빠져서, 법조차 무시하고 재물을 편취하는 은밀한 수작에 빠져들면, 그 누구도 겁재의 손아귀에서 빠져나갈 수 없다.

⊙ 편재 ⇔ 겁재

겁재는 손수 노력하여 재물을 모으는 것이 아니라, 남의 재물을 강탈한다. 편재는 남의 재물이기 때문에 소유권은 없으나 사용하여 내 돈을 벌어올 수는 있다.

겁재한테 눈먼 돈이 생기면, 겁재는 재빨리 그쪽으로 관심이 쏠려서 다른 것을 잊어버린다. 이때 편재가 나타나도 남의 돈이라서 겁재가 관심을 가지지 않는다.

겁재는 자기가 좋아하는 정재만 챙기고, 헛돈 편재는 쳐다보지도 않는다. 이때 일간이 겁재 모르게 부정이득, 즉 편재를 재수 좋게 차지할 수 있다.

이는 마치 남의 불행을 틈타서 속임수로 착복하는 편재로 옳은 재물이 아니다. 담보 사채로 이자 수입을 챙기거나, 경매입찰로 불로소득을 얻는 것과 같다. 또 경쟁업체의 몰락으로 생긴 반사이익과 같다.

3) 겁재와 정관·편관

⊙ 정관 ↔ 겁재

겁재는 정관의 감독과 규제를 받아야 비로소 겁탈작용을 멈추고, 일간의 재물을 탐내지 않을 것이다.

또 남의 재물을 겁재가 쟁재(爭財)하지 않으면, 정재가 되살아나 정관을 뒷바라지 한다. 그러면 정관은 권력의 기반을 얻어 승진하고, 정재는 그 대가로 정관의 보호를 받는다.

만약 정관이 약하면 겁재는 정관의 말을 듣지 않고, 또 일간도 콧대가 높아져 제멋대로 행동한다.

일간은 일간대로, 겁재는 겁재대로 따로 놀면서 위아래의 명령체계가 무너져서 하극상이 발생한다. 직장을 떠나거나 옮기는 사태가 일어난다.

⊙ 편관 ⇔ 겁재

일간이 겁재한테 시달리고 있는데, 또 호랑이처럼 사나운 편관이 나타나면 일간은 초죽음이 된다. 이때 겁재의 태도가 변한다.

겁재의 의협심이 발동하여, 약한 일간을 괴롭히는 편관을 미워하고, 또 겁재가 일간을 편관의 위협으로부터 지켜준다.

이때 겁재는 수호신처럼 편관을 겁내지 않고, 용감하게 맞서 일간을 보호한다.

만약 일간이 강력해지면, 이때는 겁재가 일간 쪽에 붙어서, 사나운 편관을 설득하고 달래면서, 남을 해코지 못하게 막는 일을 한다.

그러나 편관이 강력하고 일간이 약하면, 편관의 해코지를 겁재가 막지 못한다. 이럴 땐 겁재는 편관과 한통속이 되어 더 악랄해진다.

4) 겁재와 정인·편인

⊙ 정인 ⇔ 겁재

겁재가 일간과 마음이 맞지 않아서 사이가 틀어진다. 이를 본 정인은 엄마로서 겁재를 질타하며 나무란다.

그뿐만 아니라 정인은 겁재도 자식이라 버리지 못하고, 이해하고 보듬는다. 그러나 마음속 깊이 잠재된 타고난 겁재의 겁탈 기질이 발동하면, 모두가 피해를 본다.

원래 겁재는 엄마의 사랑을 모르는 채 자란 고아 같다. 자기 마음대로 정인을 괴롭히고 설기해도 미안한 생각이 들지 않는다. 만약 겁재가 정인을 설기하면, 오랫동안 쌓아 온 정인의 생활기반이 무너져 내린다.

이는 마치 부모의 유산을 탕진하거나, 지적재산권의 침해 및 정보의 유출로 피해를 입거나, 권리금을 인정받지 못해 손해를 당하는 것과 같다.

⊙ 편인 ⇔ 겁재

겁재가 일간을 괴롭히고 있는데 편인이 나타나면, 일간은 두 군데로부터 괴로움을 당한다. 겁재의 탈재 기질과 편인의 편향된 기질이 손잡으면 일간이 시달린다.

겁재가 보다 많은 이득을 챙기려고, 편인의 온갖 수법을 배우고 동원하면 아주 나쁘다. 상대를 갈취하려고 협박하기 때문이다.

편인의 지략과 겁재의 겁탈 기질이 손잡으면, 그 살성이 더욱 악랄해져 위험하다. 결국 일간은 사랑도 놓치고 돈도 빼앗긴다.

비록 겁재가 재물을 탈취하는 악행을 부려도, 만약 편인이 행패에 동조하지 않고, 반대로 겁재를 잘 설득하면 좋을 때도 있다.

만약 편인이 선량한 쪽으로 변신한다면, 편인은 아이디어를 제공하거나, 부동산 투자의 자문 역할을 맡거나, 각종 컨설팅을 맡아서 겁재가 손해 보지 않도록 유리한 쪽으로 겁재를 인도한다.

6. 겁재와 직업

- 겁재는 대중 속에서 특별한 존재가 되길 바란다. 무리지어 몰려다니고, 단체나 조직을 결성하기 좋아하는 겁재는 명예회장이나 단체의 장이 된다.

- 일간도 강하고 겁재도 함께 강할 경우, 겁재의 강탈 기질이 일간의 견제로 말썽을 부리지 못하고 순화되면 괜찮다. 범죄를 소탕하는 경찰, 적군을 물리치는 군인, 신변을 지키는 경호원 등이 있다.

질병을 예방하고, 환자를 치료하는 의사 및 약사, 보건위생 등도 있다.

● 출신학교나 고향 사람과의 협력과 친목을 도모하는 동창회장, 향우회장 등도 있다. 장사꾼끼리 모인 번영회장이나 각종 협회장 등도 있다.

● 겁재는 힘과 의리를 중시하고, 충성과 맹세에 따라 움직이고, 자신과의 약속에 따라 행동한다. 그러므로 체육회장, 재향군인회장, 시민단체의 회장 등이 된다.

● 겁재는 타고난 무법자이기 때문에, 두려워하는 것이 없다. 농림 수산업이나 탄광 등 위험한 곳에 종사하거나, 아니면 수의사, 어부, 도축장, 양축업자 등에 종사한다.

제2편

천간(天干)과
지지(地支)의 만남

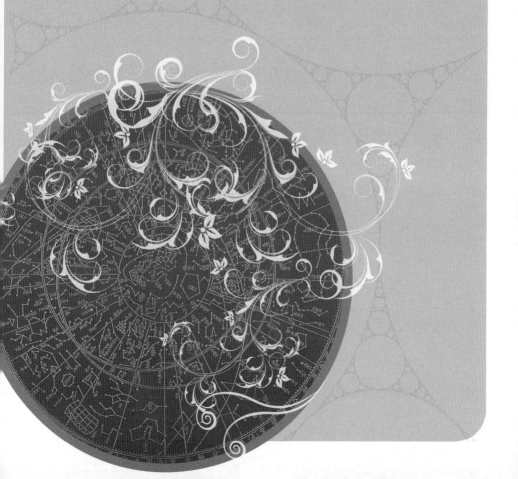

〈 天干과 地支의 관계 〉

日干／地支 運星	甲	乙	丙	丁	戊	己	庚	辛	壬	癸
長生	亥	午	寅	酉	寅	酉	巳	子	申	卯
沐浴	子	巳	卯	申	卯	申	午	亥	酉	寅
冠帶	丑	辰	辰	未	辰	未	未	戌	戌	丑
建祿	寅	卯	巳	午	巳	午	申	酉	亥	子
帝旺	卯	寅	午	巳	午	巳	酉	申	子	亥
衰	辰	丑	未	辰	未	辰	戌	未	丑	戌
病	巳	子	申	卯	申	卯	亥	午	寅	酉
死	午	亥	酉	寅	酉	寅	子	巳	卯	申
墓(庫)	未	戌	戌	丑	戌	丑	丑	辰	辰	未
絶(胞)	申	酉	亥	子	亥	子	寅	卯	巳	午
胎	酉	申	子	亥	子	亥	卯	寅	午	巳
養	戌	未	丑	戌	丑	戌	辰	丑	未	辰

天干의 旺相休囚死(天干의 十二運星)

〈天干과 地支의 만남〉

하늘의 기운을 天干이라 한다.

天干에는 陽의 천간이 있고, 陰의 천간이 있다. 陽의 천간에는 5가지가 있는데 甲, 丙, 戊, 庚, 壬이고, 陰의 천간은 乙, 丁, 己, 辛, 癸다.

陽 천간의 으뜸은 丙이고, 陰 천간의 가장 지극한 것은 癸다.

丙은 純陽의 火로서, 만물이 이로 말미암아 발생하고, 이를 얻어 거두어들인다.

癸는 純陰의 水로서, 이로 말미암아 삼라만상이 생하고, 이를 얻어 무성하게 된다.

이와 같이 10가지 天干이 서로 어울리면 도움이 되고, 서로 부딪치면 해롭다. 그러므로 天干끼리의 생극제화(生剋制化)에 따라 세상만사가 잘 되기도 하고, 망하기도 한다.

먼저 天干에 대한 〈적천수천미(滴天髓闡微)〉의 해설을 알아보고, 그 다음 地支와 天干 사이의 관계를 파악해야 한다.

天干이 어떤 地支를 만나느냐에 따라 천간의 旺衰가 결정된다. 천간의 강약이 바로 六神의 旺衰가 되기 때문이다. 다시 말해서 천간의 왕상휴수사(旺相休囚死)는 천간의 春·夏·秋·冬이 된다. 이것이 곧 육신의 계절이 된다.

육신의 봄은 胞·胎·養의 3개월이 되고, 여름은 生·浴·帶의 3개월이 되며, 가을은 建·旺·衰의 3개월이 된다. 그리고 끝으로 육신의 겨울은 病·死·墓의 3개월이 되어 그 육신의 활동이 정지한다.

천간마다 4계절을 만드는 地支, 즉 달[月]이 각각 틀리다. 예를 들면, 甲의 겨울[病·死·墓]은 巳·午·未인데, 庚의 겨울은 亥·子·丑이 된다.

이처럼 천간의 계절을 알아야, 우리는 육신의 생로병사(生老病死)를 예측할 수 있고, 육신의 旺衰를 알 수 있다.

특히 천간의 旺相休囚死를 옛날부터 12운성(運星)이라고 강조해왔다. 四柱의 강약이나 육신의 旺衰를 모두 12운성으로 판단하여 왔다. 그러므로 12운성을 모르면 팔자의 통변(通變)을 하기가 어려웠다.

제1장

甲木

1. 甲이란?

1) 적천수(滴天髓)의 甲木

原文

甲木參天 : 甲木은 하늘까지 높이 치솟아 올라가는 용솟음의 기
세가 있다.

脫胎要火 : 딱딱하고 야문 씨앗의 껍질을 깨고 싹이 움트려면,
따뜻한 火가 필요하다.

春不容金 : 봄에는 甲 뿌리가 돋아날 때이기 때문에, 열매인 庚
金이 나타날 때가 아니므로 용납되지 않는다.

秋不容土 : 가을에는 열매가 무르익기 때문에, 뿌리의 할 일이 사라져 흙[土]이 있어도 甲[뿌리]에겐 소용없다.

火熾乘龍 : 火가 寅午戌로 여름이 뜨겁게 치열하면, 甲은 시원한 물의 龍인 辰을 타야 타죽지 않는다.

水宕騎虎 : 水가 申子辰으로 범람하면 홍수가 휩쓸고 가기 때문에, 甲은 떠내려가지 않도록 나무[寅], 즉 범을 붙잡아 올라타야 한다.

地潤天和 : 땅이 따뜻하고 촉촉하여 윤택하고, 하늘이 맑고 화창하여 온화하면,

植立千古 : 甲은 천 년 동안 죽지 않고, 오래 살아남는다.

原註

甲은 하늘 높이 솟아오르는 용출(湧出)의 기상이 있다. 火는 木의 자식이므로, 木이 旺하면 비록 자식[火]이 많아도 괜찮고, 甲이 더 좋아진다.

甲은 봄에 강해야 하므로, 봄에 약한 金을 쓸모없다고 얕본다. 가을에 힘 빠진 甲은 살벌한 金한테 깨진다.

寅午戌 火局을 이루고, 또 丙丁이 많으면, 火가 辰土 위에 앉아야,

辰의 水가 火를 막아서, 火가 甲을 태우지 못하도록 막아준다.

申子辰 水局을 이루고, 또 壬癸가 많으면, 甲이 寅木 위에 앉아야, 寅의 木이 水를 빨아들여서 능히 납수(納水)할 수 있다. 또 土가 건조하지 않고, 水가 마르지 않으면, 甲은 오래토록 산다.

2) 임철초(任鐵樵)의 甲木 해설

甲은 純陽의 木으로 體가 본시 견고하고, 參天의 기세가 있고, 또 극히 웅장하다. 春初에 생하면, 木은 어리고 기후는 한랭하니 火가 있어야 발영(發榮)한다.

仲春에 태어나면, 甲의 기세가 왕극하니, 마땅히 그 무성함을 渫하여야 한다. 소위 강한 木은 火가 있어야, 바야흐로 그 완고함을 火가 설기하므로 바로 잡을 수 있다.

木을 극하는 것은 金인데, 춘절은 金이 休囚한 때이니, 쇠약한 金이 강한 木을 극하려 해도, 木이 너무 견고하여 오히려 金이 이지러진다. 그러므로 봄에는 金을 쓰지 못한다.

가을에 甲이 태어나면, 時令을 잃어 쇠약하다. 그러나 비록 枝葉이 시들어 떨어져도, 뿌리의 기운은 땅속으로 파고 들어가니, 극을 받는 것은 土가 된다.

가을의 土는 金을 생하므로, 土가 설기되어 땅이 허박(虛薄)해진다. 이런 푸석해진 마른 땅에 甲 뿌리가 내려가도 배양(培養)되지 못하고, 땅속만 허물어진다. 甲한테 가을은 쓸모가 없다.

四柱에 寅午戌이 있고, 丙丁이 투출하면, 火가 태과하여 甲이 설기를 당해 衰沒될 뿐만 아니라, 木 또한 火한테 타버릴 것이니, 마땅히 坐下에 辰土를 두어야 한다.

辰은 濕土로 水의 고장이므로 능히 木을 기른다. 또 辰은 水로 火를 극하니, 이른바 火가 치열하면 甲이 龍, 즉 辰을 타야 한다.

四柱에 申子辰이 있고, 또 천간에 壬癸가 투출하면, 水가 범람하여 木이 물 위에 뜨게 되니, 마땅히 좌하에 寅을 두어야 한다.

寅은 火土의 生地가 되고, 甲의 建祿이 되며, 乙의 旺地가 되어, 능히 水氣를 거두어 들여서, 甲이 물에 떠내려가지 않는다.

그러므로 金이 날카롭지 않고, 土가 건조하지 않으며, 火가 치열하지 않고, 水가 범람하지 않으면, 甲은 천 년을 살아도 괜찮다.

2. 甲의 旺相休囚死

甲이 1년을 지나는 동안, 만나는 달이 12달이며, 그 달이 12地支다. 한 달은 30日 내외다. 또 地支마다 地藏干으로 10天干이 2개나 3개씩 들어있다.

그러므로 甲은 달마다 그 성질과 상태가 강해지기도 하고, 쇠하기도 하며 변화한다. 이러한 변천을 '旺相休囚死'라 한다.

甲이 때를 지배하면 旺하고, 甲이 강해서 상대를 살리면 相하며, 甲이 약해서 도움을 받으면 休가 된다. 그리고 남이 甲을 극하면 囚가 되고, 甲이 남을 극하면 死가 된다.

1) 甲의 胞·胎·養

⊙ 申月

申月은 7월로 處暑와 白露가 들어있는 7월이며, 더위가 수그러져 서늘해지는 초가을 날씨다. 차가운 壬이 나타나면, 乙은 단풍 들고, 익은 열매가 땅에 떨어지면, 씨앗에서 甲 뿌리가 생긴다.

이때 甲이 申月을 만나면, 어떻게 될까? 가을이라 열매만 보이고 뿌리는 안 보인다. 그러나 열매인 庚에서 씨앗인 辛이 나온다.

또 씨앗이 땅에 묻혀 뿌리가 되는 甲이 움터 나온다. 그래서 申月은 甲이 잉태하기 바로 전의 때로, '甲의 胞地'가 된다.

비록 胞地라 해도, 한 달 동안은 다르게 나타난다. 왜냐하면 申에는 각기 다른 지장간이 들어있기 때문이다. 申月의 처음 餘氣엔 己, 그 다음 中氣엔 壬, 끝으로 正氣엔 庚이 들어있다.

申月 처음의 己는 養이다. 己土는 차가운 흙이다. 곧 겨울이 되므로 힘이 자라는 때다. 中氣의 壬은 눈과 얼음이 있는 추운 겨울이다. 그래서 壬이 살아나는 것이다. 申月 말의 庚은 열매가 한창 익을 때로, 庚이 왕성한 建祿의 때를 만난 것이다.

⊙ 酉月

酉는 8월로 秋分과 寒露가 있다. 날씨가 점점 추워지는 늦은 가을이다. 나무의 잎은 모두 떨어지고, 앙상한 가지엔 열매만 남아있다. 甲은 보이지 않는다.

잘 익은 과일과 열매가 떨어져 깨진다. 그 속에서 나온 씨앗 辛이 땅속에 묻힌다. 겨울 동안 씨앗 辛의 뱃속에 새 봄에 태어날 뿌리 甲이 잉태한다. 그러므로 酉月은 '甲의 胎地'가 된다.

비록 甲이 막 잉태한 때지만, 한 달 동안은 다르게 나타난다. 왜냐하면 酉에는 餘氣엔 庚, 正氣엔 辛이 포함되어 있기 때문이다.

酉月 초순의 庚은 기세가 旺하다. 잘 익은 열매로 더 이상 클 수 없는

때다. 酉月 하순의 辛은 기세가 胎로 갓 태어난 아기처럼 연약하다.

⊙ 戌月

戌月은 霜降과 立冬이 들어있는 9월로, 늦은 가을에서 쌀쌀한 초겨울로 바뀌는 변절기다. 땅 밖은 찬바람에 음산하지만, 땅속은 보슬보슬하고 따뜻하여 생물이 살 수 있다.

땅속에 묻힌 辛이 丁의 따스한 溫氣를 받으면, 뿌리 甲의 싹이 씨앗의 껍질 안에서 꿈틀거리며 움트기 시작한다. 그래서 戌月은 '甲의 養地'다.

비록 戌이 甲 뿌리가 자랄 수 있는 養의 때지만, 한 달 동안은 그런 것은 아니다. 왜냐하면 戌月에는 餘氣엔 辛, 中氣엔 丁, 正氣엔 己가 숨겨져 있기 때문이다.

戌月 餘氣의 辛은 甲을 낳는 씨앗이다. 辛이 튼튼해야 甲 뿌리도 잘 산다. 中氣의 丁은 땅속의 열기로, 겨우살이가 얼어 죽지 않도록 도와준다. 正氣의 己는 추운 겨울 땅으로 甲 뿌리가 새순으로 탈바꿈하기 좋은 보금자리다.

2) 甲의 生·浴·帶

⊙ 亥月

亥月는 小雪과 大雪이 있는 10월로, 완연한 초겨울이다. 오곡백과를 거두는 가을 추수는 끝나고, 온통 추운 壬의 천지다.

바깥은 추워서 뿌리가 살 수 없으나, 땅속은 다르다. 甲의 싹이 바닥에 고여 있는 수분, 즉 癸의 덕택으로, 드디어 뿌리가 세상에 얼굴을 내민 것이다. 그래서 亥月을 '甲의 生地'라 한다.

비록 亥月은 甲이 태어난 生地지만, 한 달 동안의 변화는 다르다. 왜냐하면 亥月에는 餘氣가 己, 中氣가 甲, 正氣가 壬으로 되어 있기 때문이다.

亥月 餘氣의 己는 겨울 흙으로 甲에게는 찰떡궁합의 훌륭한 관대(冠帶)가 된다. 中氣의 甲은 겨울을 만난 뿌리로, 새순으로 돌아날 일만 남아있다. 亥月 正氣의 壬은 한파를 만난 눈과 얼음처럼 강건한 建祿의 때를 만난 것이다.

⊙ 子月

子月는 11월로 冬至와 小寒이 들어있는 11월이다. 본격적으로 겨울이 온 것이다. 바깥은 혹한으로 땅이 눈과 얼음 속에 묻힌다. 그러나 동지가 되면 일양시생(一陽始生)으로, 차가운 壬에서 서서히 따뜻한 癸의 봄기운이 움튼다.

이때 갓 태어난 甲 뿌리는 땅 위로 솟아나올 채비를 한다. 甲 뿌리가 씨앗의 허물을 말끔히 씻어내고, 새순의 모습으로 단장한다. 그러므로 子月을 '甲의 浴地'라 한다.

비록 甲이 子月을 만나, 탈바꿈을 하지만, 한 달 동안의 변화는 다르다. 왜냐하면 子月에는 壬이 餘氣가 되고, 癸가 正氣로 되기 때문이다.

子月 餘氣의 壬은 旺하다. 겨울의 냉기가 눈과 얼음에 겹치므로, 혹한이 된 것이다. 正氣의 癸는 따뜻한 습기인데, 눈 녹아내린 물기에서 생기는 반가운 수분이다.

⊙ 丑月

丑은 大寒과 立春이 들어있는 12월이고, 추운 己土가 따뜻한 戊土로 바뀌는 환절기다. 땅속의 씨앗 辛이 뿌리인 甲으로 탈바꿈하는 계절이다.

눈 녹아 모인 癸水 속에 숨겨진 온기가 辛 씨앗을 발아시켜, 돋아나온 뿌리가 땅 위로 뚫고 나오려고 움츠리고 있다. 아직은 己의 때다. 그래서 丑月은 '甲의 官帶地'다.

비록 甲 뿌리가 땅 위로 새순을 내밀 수 있는 활성기라 해도, 한 달 동안의 변화는 다르다. 왜냐하면 丑月은 餘氣에 癸, 中氣에 辛, 正氣에 己로 구성되어 있기 때문이다.

丑月 餘氣의 癸는 눈 녹아내린 물기로, 甲 뿌리가 자라는 데 필요한

수분이다. 中氣의 辛은 씨앗으로 甲 뿌리를 낳아 키우는 데 최선을 다하는 冠帶의 때다. 丑月 正氣의 己는 지금은 겨울이므로 旺하나, 곧 봄·여름이 오면 戊한테 밀려난다.

3) 甲의 建·旺·衰

⊙ 寅月

寅은 1월[正月]로 雨水와 驚蟄이 들어있고, 훈풍이 부는 새 봄의 戊 계절이 됐다. 뜨거운 태양 丙의 햇살이 땅 위를 비춰서, 봄의 훈기가 덮쳐온다.

흙 속에서 다 자란 甲 뿌리가 날씨가 더워지면, 드디어 땅 위로 힘차게 솟아 나온다. 모든 생물이 겨울잠에서 깨어나 움직인다. 그래서 寅月을 '甲의 建祿地'라 한다.

비록 甲 뿌리가 좋은 시절을 만났지만, 앞으로 한 달간 변화가 많다. 왜 그런가 하면, 寅月은 餘氣가 戊, 中氣가 丙, 正氣가 甲으로 되어 있기 때문이다.

寅月 餘氣의 戊는 봄철 養의 때를 만났으므로 날로 번창할 것이다. 中氣의 丙은 제철인 여름이 다가오기 때문에 生氣의 때가 된다. 寅月 正氣의 甲은 建祿으로 뿌리가 새순으로 클 수 있는 절호의 기회다.

⊙ 卯月

卯는 2月로 春分과 靑明이 있고, 낮과 밤의 길이가 똑같은 따뜻한 봄이다. 날씨가 화창하고 맑으며, 들녘에는 풋풋한 풀 내음이 퍼진다.

땅 위로 내민 甲 뿌리의 푸른 싹이 햇볕과 춘풍을 타고, 싱싱한 잎과 굵은 줄기로 자랄 수 있는 최고의 때다. 그래서 卯月을 '甲의 旺地'라 부른다.

아무리 甲의 旺地라 하지만, 한 달 내내 왕성하지는 않는다. 왜냐하면 卯月은 甲이 餘氣에 있고, 乙이 正氣에 따로 있기 때문이다.

卯月 餘氣의 甲은 뿌리가 마지막으로 힘을 쏟아내는 旺의 때다. 旺 다음은 퇴장이다. 正氣의 乙은 방금 땅 밖으로 새순을 내민 연약한 풀잎의 촉으로, 胎의 때다.

⊙ 辰月

辰은 3월로 穀雨와 立夏가 들어있고, 초여름이 시작되는 후덥지근한 더운 때다. 날씨가 덥고 습기가 많은 봄은 가고, 여름이 오기 때문에, 봄비가 자주 내린다. 들판은 봄비를 맞고 쑥쑥 자란 풀과 가지로 덮힌 乙의 戊土로 변했다. 그래서 辰月을 '甲의 衰地'라 한다.

비록 초여름이라 甲 뿌리는 점점 약해지지만, 한 달 동안 약한 것은 아니다. 왜 그런가 하면, 辰月은 월초엔 乙, 중간엔 癸, 월말엔 戊로 끝나기 때문이다.

辰月 월초의 乙은 풀잎과 줄기로 초여름인 養의 때를 만났으니, 무럭

무럭 잘 자란다. 中氣의 癸는 봄비로 冠帶의 때가 된다. 땅속으로 스며 든 빗물로 甲은 잎 乙로 변한다. 월말의 戊는 여름으로 자기의 세상이 왔다. 浴의 때가 되어 옛 허물을 벗고 새 단장을 한다.

4) 甲의 病·死·墓

⊙ 巳月

巳는 4월로 小滿과 芒種이 있는 초여름이고, 농작물들이 햇볕을 받아서, 작은 열매의 알갱이가 영글어간다. 芒種을 지나 씨앗을 파종하면, 비록 열매가 생겨도 속알갱이가 없다.

그러므로 어린 풋열매가 큰 과일로 익으려면, 뜨거운 丙의 햇볕을 많이 받아야 한다. 그래서 巳月은 열매의 때지 甲 뿌리의 때가 아니다. 그래서 巳月은 '甲의 病地'다.

비록 나쁜 계절을 만나서, 甲이 병들었지만, 한 달 내내 그렇지는 않다. 왜냐하면 巳月은 초순엔 戊, 중순엔 庚, 하순엔 丙으로 끝나기 때문이다.

巳月 초순의 戊는 여름철을 만났기 때문에 冠帶의 때로 아주 좋다. 중순의 庚은 과실이 한창 익어가는 生長의 때인 가을이 아닌 한여름을 만났으므로 덜 익었다. 하순의 丙은 불볕으로 여름과 찰떡궁합이다. 建祿의 때가 된 것이다.

⊙ 午月

午는 5월로 夏至와 小暑가 있는 늦여름이고, 낮의 길이가 가장 긴 폭염의 때다. 곧 낮이 짧아져 丙 더위는 수그러들지만, 땅 위에 남는 丁열기는 계속 뜨거워져서 무척 덥다.

잎과 줄기는 다 자라고, 열매는 탐스럽게 익어간다. 그러나 땅 밑에 남아 있는 뿌리 甲은 이젠 할 일이 없다. 그래서 午月을 '甲의 死地'라 한다.

비록 甲이 죽을 지경이라도, 한 달 내내 어려운 것은 아니다. 왜냐하면 午月은 丙이 餘氣에 있고, 丁은 正氣에 있기 때문이다.

午月 餘氣의 丙은 여름 폭염의 불볕으로 강렬한 旺의 때가 된다. 正氣의 丁은 丙 불볕을 받아서 복사하는 열기이기 때문에, 갓 태어난 아기처럼 胎로 약하다.

⊙ 未月

未는 6월로 大暑와 立秋가 있다. 뜨거운 여름은 가고, 가을이 오는 변화의 계절이다. 덥고 건조한 戊의 계절이 차갑고 습기 찬 己의 계절로 교체된다.

땅 위에 남아 있는 丁의 열기가 마지막으로 풀잎 乙의 생기를 말려서 단풍을 들인다. 비록 戊의 기세는 아직 살아있지만 곧 사라진다. 그래서 未月을 '甲의 墓地'라 한다.

비록 甲이 곧 사라져 없어질 처지라도, 한 달 내내 그런 것은 아니다.

왜 그런가 하면, 未月은 초순엔 丁, 중순엔 乙, 하순엔 戊로 끝나기 때문이다.

未月 초순의 丁은 가을이 오면, 丁의 열기가 필요하기 때문에, 점점 살아나는 養의 때가 된다. 중순의 乙은 풀잎인데, 庚 열매를 익히려고 최선을 다하는 冠帶의 때를 만난 것이다. 하순의 戊는 여름의 흙이므로, 곧 가을의 己한테 밀려난다. 아직은 戊의 기세가 旺盛하다.

제2장

乙木

1. 乙이란?

1) 적천수의 乙木

原文

乙木雖柔 : 乙木은 비록 柔軟하고 弱하게 보이나, 木이기 때문
에 土(未, 丑)를 헨할 수 있는 능력이 있다.

刲羊解牛 : 그러므로 乙은 木헨土로 양(未)도 찌르고, 소(丑)의
배도 갈라놓을 정도로 날카롭고 잔인하다.

懷丁抱丙 : 丁火를 가슴에 품거나, 丙火를 팔로 끌어안고 있으
면, 비록 乙을 해코지하는 金(酉, 申)이 닥쳐도 걱정

이 없다.

跨鳳乘猴 : 만약 火(丁, 丙)가 곁에 있으면, 乙이 鳳 위에 걸터앉
아도 괜찮고, 원숭이(申)의 등을 타도 문제가 없다.

虛溼之地 : 그러나 子月에 태어나 壬癸 水가 투출하면, 땅이 질
퍽해져 乙이 살기 어렵다.

騎馬亦憂 : 乙이 살기 힘드는 몹쓸 땅에서는, 비록 乙이 午火를
깔고 앉아도 생기를 發하기 어렵다.

藤蘿繫甲 : 형 甲과 아우 乙이 위아래로 서로 얽혀 있으면, 마치
나무둥치를 휘감고 있는 넝쿨처럼 상부상조한다.

可春可秋 : 甲과 乙이 서로 의지하면, 봄에도 도움이 되고, 가
을에도 서로 도움이 되니, 사계절이 모두 좋다.

原註

乙이 봄엔 桃李 같고, 여름엔 벼와 같다. 가을에는 乙이 桐桂 같고,
겨울에는 꽃[葩]과 같다. 乙이 丑이나 未土 위에 앉으면, 비록 乙이
부드러워도 거치른 흙을 능히 制剋할 수 있다. 이는 마치 양을 찌
르고 소를 잡는 것과 같다.

만약 丙과 丁중 하나라도 있으면, 비록 乙이 申酉月에 生하여도 두

렵지 않다. 子月에 乙이 태어나 壬癸가 투출하면, 추위가 닥쳐오기 때문에 연약한 乙이 살기 어렵다.

이때 비록 乙이 午火를 깔고 앉아 있어도 생기가 떨어진다. 그러므로 丑未月이 더 좋은 것을 알 수 있다.

甲과 寅이 위와 아래에서 서로 얽혀 있으면, 마치 아우가 형의 뜻을 따르는 것과 같다. 비유하면 넝쿨나무의 줄기가 큰 나무를 휘감고 올라가며, 함께 살아가는 것과 같아서 金의 극을 두려워하지 않는다.

2) 임철초의 乙木 해석

乙은 甲의 質로서 甲의 생기를 이은 것이다. 봄엔 乙이 桃李 같아 金의 극을 받으면 시들고, 여름엔 벼와 같아서 물의 滋養을 받아야 산다. 가을엔 桐桂 같아 왕한 金을 火로서 억제해야 하고, 겨울엔 화초 같아서 火와 습토로 재배해야 한다.

봄에 乙이 생하여 火가 마땅한 것은 發榮이 기쁘기 때문이고,
여름에 乙이 생하여 水가 마땅한 것은 건조한 흙을 적셔주기 때문이다.
가을에 생하여 火가 마땅한 것은 왕한 金을 억제하기 때문이고,

겨울에 생하여 火가 마땅한 것은 추위를 막아주기 때문이다.

乙이 양을 찌르고 소를 풀어 헤친다는 말은, 乙이 丑, 未月이나 日에 생하면, 비록 연약하지만, 未는 木의 庫로 뿌리를 서릴 수 있고, 또 丑은 습토이니 그 물기를 받을 수 있다는 것이다.

乙이 丁을 품거나 丙을 안으면, 鳳에 걸터앉고, 猴를 탈 수 있다는 말은, 비록 乙이 申酉月이나 日에 생하였더라도, 천간에 丙丁이 투출하고, 水가 있어도 서로 쟁극하지 않으면, 制하고 化함이 마땅하므로 金이 강왕해도 두렵지 않다.

허하고 습한 땅에서는 좋은 말을 타고 있어도 근심스럽다는 말은, 亥子月에 태어나서 四柱에 丙丁이나 戌未가 없으면, 설령 年支에 午火가 있더라도 역시 생기를 발하기 어렵다.

천간에 甲이 투출하고, 지지에 乙이 있으면, 이는 넝쿨이 松柏을 감고 얽혀 사는 것이므로, 봄에도 좋고 가을에도 좋아서, 사계절이 다 좋다는 것이다.

2. 乙의 旺相休囚死

1) 乙의 胞·胎·養

⊙ 寅月

寅月은 1월(正月)로 일 년의 시작이며, 또 雨水와 驚蟄이 들어있다. 응달진 곳에 남아있는 눈과 얼음을 봄볕이 해동시키면 물기가 되고 아지랑이가 된다.

땅속으로 스며든 봄비의 溫氣가 겨울잠을 자고 있는 생물을 깨워 움직이게 한다. 丙의 뜨거운 햇살로 戊土가 따뜻해져서, 흙 속의 甲 뿌리에서 어린 乙의 싹이 잉태한다. 그래서 甲 뿌리가 튼튼해야 乙도 잉태하기 쉽다. 寅月은 '乙의 胞地'가 된다.

비록 아직은 乙이 잉태하기 전이지만, 寅月의 변화에 따라 不姙될 수도 있다. 왜냐하면 寅月은 戊가 餘氣에, 丙이 中氣에, 甲이 正氣에 숨어 있기 때문이다.

寅月 餘氣의 戊는 여름의 흙으로, 아직은 봄이라 더 성장해야 하는 養의 때가 된다. 寅月 中氣의 丙은 봄빛으로, 날이 갈수록 더 따뜻해지고 뜨거워진다. 正氣의 甲 뿌리는 땅 밑에서 乙의 새순으로 힘차게 돌아나는 建祿의 때를 만난 것이다.

⊙ 卯月

卯는 2월로 春分과 淸明이 들어있는 봄철이고, 화창한 날씨에 만물이 기지개를 펴고, 활동하기 시작한다. 땅속에서 甲 뿌리가 다 자라서, 이젠 잎과 줄기의 어린 싹이 생길 때가 됐다. 乙의 싹눈이 甲의 뱃속에서 회임을 해야 어린 떡잎으로 태어날 수 있다. 그래서 卯月은 '乙의 胎地'가 된다.

비록 乙이 태어나더라도 卯月 내에 변화가 생기면 곤란하다. 왜냐하면 卯月은 餘氣가 甲이 되고, 正氣가 乙로 끝나기 때문이다.

卯月 餘氣의 甲은 봄비와 햇살로 자라서, 새순이 돋아 나오는 왕성한 때를 만난 것이다. 正氣의 乙은 풀잎인데, 그 풀잎의 새순이 땅 위를 뚫고 갓 태어난 것이다.

⊙ 辰月

辰은 3월로 穀雨와 立夏가 있고, 여름으로 탈바꿈하는 때며, 농작물에 수분을 공급하는 봄비가 내린다. 들판을 꽉 채운 초목들은 봄비를 맞고 우후죽순처럼 무럭무럭 자란다.

검푸른 들녘은 뭇 생물들이 잘 살 수 있는 戊土가 된다. 즉, 春土에서 夏土로 바뀌는 변절의 辰土다. 그래서 辰月을 '乙의 養地'라 한다.

비록 辰月이 乙한테는 좋은 때라도, 辰月의 지장간(地藏干)에 따라 나쁠 수도 있다. 왜냐하면 辰月은 초순에 乙이 오고, 중순에 癸가 오며, 하순에 戊가 오기 때문이다.

辰月 초순의 乙은 무럭무럭 자랄 수 있는 養의 때를 만난 것이다. 중순의 癸는 乙을 성장시킬 수 있는 冠帶의 호시절을 만난 것이다. 하순의 戊는 겨울의 己가 戊로 탈바꿈한 여름의 흙으로 새 단장의 浴을 만난 것이다.

2) 乙의 生·浴·帶

⊙ 巳月

巳는 4월로 小滿과 芒種이 있고, 불같이 뜨거운 여름이 됐다. 하늘에서 불볕이 내리쬐고, 땅 위에서는 습기가 많아서, 꽃 핀 자리에 작은 씨알이 열리는 한여름이다.

새파란 작은 열매가 큰 과실로 성장하려면, 乙의 영양공급이 많아야 한다. 그래서 巳月은 '乙의 生地'가 된다.

비록 乙이 살아나는 좋은 때라도, 巳月 동안 변화가 생길 수도 있다. 왜냐하면 巳月은 戊가 초순에 오고, 庚이 중순에 오며, 丙이 하순에 오기 때문이다.

巳月 초순의 戊가 冠帶의 때인 무더운 여름을 만난 것이다. 중순의 庚은 갓 매달린 작은 열매가 큰 과실로 빨리 성장할 때를 만난 것이다. 하순의 丙은 자기와 잘 맞는 建祿의 때인 여름을 만난 것이다.

⊙ 午月

午는 5월로 夏至와 小暑가 있고, 낮이 가장 길고 찌는 듯이 무더운 폭염의 늦여름이다. 夏至를 지나면서 불볕이 수그러지기 시작한다. 그러나 남아 있는 열기로 아직은 덥다.

뜨거운 丙의 불볕을 받은 풀잎은 무성한 잎과 줄기로 탈바꿈한다. 그래서 午月은 '乙의 浴地'가 된다.

폭염으로 초목이 아무리 무성해도, 한 달 내내 그런 것은 아니다. 왜냐하면 午月은 초순에 丙이 오고, 하순에 丁이 오기 때문이다.

午月 초순의 丙은 자기의 세상인 한여름을 만났으니, 기세가 旺盛하다. 하순의 丁은 丙의 열기를 받아 축열하는 반사체이므로, 갓난아기처럼 기세가 약하다.

⊙ 未月

未는 6월로 大暑와 立秋가 들어있는 늦더위로, 곧 다가올 초가을로 바뀌는 변절기다. 낮은 덥고 밤은 서늘하다. 초목들은 더위가 물러가기 전에 마지막 성장을 한다.

여름의 戊土가 가을의 己土로 전환하는 계절이다. 乙은 丙과 戊의 혜택을 최대한으로 받아내야 한다. 그래서 未月은 '乙의 冠帶地'다.

비록 未月이 乙에게 다시 없이 좋은 때지만, 한 달 동안 계속 冠帶가 되는 것이 아니다. 왜냐하면 未月은 丁이 초순에 오고, 乙이 중순에 오며, 戊가 하순에 오기 때문이다.

未月 초순의 丁은 겨울 준비를 위해 열기를 더 많이 축열해야 하는 養의 때를 만난 것이다. 중순의 乙은 장마와 불볕을 최대한 활용해야 하는 冠帶의 기회를 만난 것이다. 하순의 戊는 가을이 오기 전에 남은 기력을 모두 쏟아서 旺해야 하는 절망의 때를 만난 것이다.

3) 乙의 建·旺·衰

⊙ 申月

申은 7월로 處暑와 白露가 있고, 아침 저녁의 온도가 다르고, 곳에 따라서 열기가 달라서 이슬이 맺히기도 한다. 차가운 壬 때문에 잎이 단풍 들고 시들어지는 초가을이 온 것이다.

추운 겨울이 오기 전에 푸른 잎 乙이 큰 열매가 빨갛게 익도록 많은 영양을 공급해야 한다. 그래서 申月은 '乙의 建祿地'라 한다.

비록 申月이 乙에게 활성기라 해도, 한 달 내내 활발한 것은 아니다. 왜냐하면 申月은 己가 초순, 壬이 중순, 庚이 하순에 들어있기 때문이다.

申月 초순의 己는 제철인 가을 즉 養의 때를 만난 것이다. 중순의 壬도 겨울의 추위가 가을의 냉기를 만났기 때문에 살맛이 난다. 하순의 庚은 가을의 과실로, 추수의 때를 만났으니, 建祿의 때를 만난 것이다.

⊙ 酉月

酉는 8월로 秋分과 寒露가 들어있고, 기나긴 여름의 낮이 짧아져 밤과 똑같아진다. 밤에는 찬 서리가 내리고, 만물이 다 움츠러드는 늦가을이다.

대낮에는 비록 햇볕이 뜨겁지만, 밤에는 남아있는 열기가 식어 추워진다. 乙 잎은 庚 열매를 위해 마지막으로 영양분을 쏟아내야 한다. 그래서 酉月은 '乙의 旺地'가 된다.

아무리 乙에게 酉月이 왕한 달이라고 해도, 한 달 전부가 왕한 것은 아니다. 왜냐하면 酉月은 초순에는 庚이 오고, 하순에는 辛이 오기 때문이다.

酉月 초순의 庚은 물론 열매가 가을을 만나 왕성하듯이, 旺의 때를 만난 것이다. 하순의 辛은 열매가 깨져야 그 속의 씨앗이 나오기 때문에 갓 태어난 아기처럼 연약하다.

⊙ 戌月

戌은 9월로 霜降과 立冬이 있고, 밤이슬이 추위로 서리가 되고, 곧바로 겨울이 찾아오는 환절기다. 땅속의 씨앗은 丁의 溫氣로 내년 봄을 기다린다.

추운 날씨에 乙은 단풍 들어 떨어지고, 열매도 다 익어 곧 땅에 떨어질 것이다. 乙의 역할은 곧 끝난다. 그러므로 戌月은 '乙의 衰地'가 된다.

비록 乙이 초겨울을 만나 약해진다 해도, 한 달 내내 쇠약하지는 않다. 왜냐하면 戌月은 辛이 餘氣에 오고, 丁이 中氣에 오며, 己가 正氣에 오기 때문이다.

戌月 餘氣의 辛은 깨진 열매 속에서 나온 씨앗이기 때문에, 양육돼야 할 때만 남았다. 中氣의 丁은 겨울철이라 丁의 열기가 매우 필요한 冠帶의 때를 만난 것이다. 正氣의 己는 자기 세상의 겨울을 만난 것이다. 戌의 묵은 떼를 씻어내고 새 단장해야 한다.

4) 乙의 病·死·墓

⊙ 亥月

亥는 10월로 小雪과 大雪이 들어있고, 가을은 사라지고 겨울이 닥친다. 첫눈이 오고, 또 추워지면 눈이 쌓이는 대설이 된다. 온통 세상은 눈과 얼음의 천지가 된다.

이미 乙은 낙엽이 되어 눈 속에 묻혀 버렸다. 그러나 乙이 키운 열매 속의 씨앗이 땅속에 묻혀서 丁과 壬의 도움으로 살아간다. 그래서 亥月을 '乙의 病地'라 한다.

비록 乙이 겨울을 만나 죽을 지경이지만, 그렇지는 않다. 왜냐하면 亥月은 己가 초순에 오고, 甲은 중순에 오며, 壬은 하순에 오기 때문이다.

亥月 초순의 己는 겨울의 흙으로, 제철을 만났으므로 冠帶가 된다.

중순의 甲은 땅속에 사는 뿌리로 내년 봄을 기다리며 살아간다. 하순의 壬은 자기의 세상인 겨울을 만났기 때문에, 建祿의 때를 만난 것과 같다.

⊙ 子月

子는 11월로 冬至와 小寒이 있고, 겨울의 끝으로 가장 춥다. 추위가 끝나니 따뜻해진다. 이를 두고 '일양시생(一陽始生)'이라 한다.

얼음과 눈이 녹으면 흘러내리는 물이 되는데, 그 물속에는 癸의 온기가 들어있다. 그러므로 甲에겐 癸가 귀중한 水分이지만, 乙에겐 철 지난 癸로 소용없다. 그래서 子月은 '乙의 死地'가 되는 것이다.

아무리 子月이 죽음의 달이라 해도, 모두가 다 그렇지는 않다. 왜냐하면 子月은 壬이 餘氣에 있고, 癸가 正氣에 있기 때문이다.

子月 餘氣의 壬은 마치 눈과 얼음이 겨울을 만난 것처럼 왕성하다. 子月 正氣의 癸는 눈이 녹아내린 물기이기 때문에, 봄이 되면 살아날 것이다.

⊙ 丑月

丑은 12월로 大寒과 立春이 들어있고, 비록 낮의 길이가 점점 길어져 햇볕은 따갑지만, 아직은 추위가 남아 있는 냉기로 가장 추운 겨울의 막바지다. 곧 바로 봄이 닥쳐오는 환절기다.

눈 녹은 물기 癸가 땅속으로 스며들어, 癸의 온기가 씨앗의 눈을 움트게 하는 봄이 온다. 그러나 이미 乙은 낙엽으로 땅속에 묻혔다. 그래서 丑月은 '乙의 墓地'가 된다.

비록 乙이 사라졌다고 해서, 다 끝난 것이 아니다. 왜냐하면 丑月은 癸가 초순에 오고, 辛이 중순에 오며, 己가 하순에 오기 때문이다.

丑月 초순의 癸는 봄비로 봄날을 만났으니, 앞으로 활발하게 움직일 것이다. 중순의 辛은 씨앗에서 움트고 돋아난 새순이, 곧 땅 위로 뚫고 나올 冠帶의 때를 만난 것이다. 하순의 己는 마지막 겨울이라 최선을 다해야 하는 旺의 때를 만난 것이다.

제3장

丙火

1. 丙이란?

1) 적천수의 丙火

原文

丙火猛烈 : 丙火는 태양처럼 빛나고 뜨겁다. 體性이 매우 날래
며 사납다.

欺霜侮雪 : 그러므로 丙은 뜨겁기 때문에, 서리나 눈을 깔보며,
열기로 녹여 없앤다.

能煅庚金 : 또 丙은 아무리 강한 무쇠라도, 능히 庚金을 제련할
수 있다.

逢辛反怯 : 그러나 辛이 아무리 연약한 귀금속이라도, 丙이 辛
金을 만나면, 도리어 庚보다 辛를 더 겁낸다.

土衆生慈 : 丙火가 土를 생하므로, 戊와 己는 모두 火의 자식이
다. 그래서 丙이 土의 무리한테 자애를 베푼다.

水猖顯節 : 水는 火를 剋制하는 君主인데, 군왕이 미쳐 날뛰면,
신하가 견디기 어렵다. 그러나 丙火는 도망가지 않
고 절개를 지킨다.

虎馬犬鄕 : 寅[호랑이], 午[말], 犬[개]이 모이면 마을이 되는데, 이
는 寅午戌 火局을 이루어 무척 덥다.

甲來成滅 : 여기에 甲木까지 겹치면, 불쏘시개가 되어서 모든
것을 태워버린다.

原註

火는 陽의 精氣다. 丙은 작렬함이 지극한 陽의 火이므로, 더 맹렬
하다. 가을의 서리도 두려워하지 않고 깔보며, 겨울의 눈도 겁내
지 않고 녹여버린다.

비록 庚金이 무쇠로 굳세나, 丙이 능히 제련할 수 있고, 비록 辛金
이 유약해도 자기보다 힘센 丙과 합하여, 丙이 辛한테 꼼짝없이
발목이 잡힌다.

丙에게 土는 자식이니, 비록 戊己가 많아도, 丙은 자애로움을 베푼다. 水는 丙의 군왕이다. 丙이 강왕한 壬癸를 만나면, 丙壬沖으로 丙이 충절의 기상을 나타낸다.

寅午戌이 있고 甲이 투출하면, 木生火로 丙이 조열하니, 비록 炎上에는 이르지 않았다 해도, 甲을 다 태워버린다.

2) 임철초의 丙火 해석

丙은 순양의 火로서, 그 기세가 맹렬하므로 서리나 눈을 두려워하지 않으며, 추위를 물리치고 언 것을 녹이는 功이 있다. 무쇠 같은 庚金이라도 능히 단련해 내니, 丙은 어떤 강포한 것이라도 剋伐할 수 있다.

辛金을 만나는 것을 丙이 도리어 겁을 낸다. 유순한 辛과 합이 되면 和平해져서 丙의 위세가 떨어진다.

土의 무리를 만나 자애로움을 베푸는 것은 아랫사람을 능멸하지 않는다는 뜻이다. 또 水가 창궐해도 충절을 지킨다는 것은 윗사람의 도움을 애걸하지 않는다는 것이다.

虎馬犬이 모여 마을을 이룬다는 것은 地支에 寅午戌이 뭉쳤다는 뜻이다. 이렇게 火의 기세가 지나치게 맹렬한데, 또 甲의 生을 받으면 다 타버린다.

이로써 논하건데, 丙의 강한 기세를 설하려면 반드시 己土를 써야 하고, 그 炎炎한 火氣를 그치게 하려면 반드시 壬水로 丙壬沖해야 한다. 丙의 성정을 순하게 하려면, 辛으로 丙辛合을 이루어야 한다.

己土는 체성이 낮고 습하므로, 陽氣를 수렴할 수 있으나, 戊土는 高亢하고 조열하니, 丙火를 보게 되면 말라 터진다.

壬水는 강한 가운데 덕이 있으니, 능히 폭염을 제압할 수 있다. 그러나 癸水는 陰水로 유약하여, 丙火를 만나면 말라버린다.

辛金은 유연한 금속으로 丙과 합하면, 서로 친밀해져 암암리에 물처럼 녹아서, 丙이 제구실을 못한다. 오히려 녹아내린 물[水]이 丙의 발목을 잡는다.

庚金은 강력한 무쇠로 최고로 강한데, 또 최고로 뜨거운 丙火를 만나면, 强對强으로 부딪치는 것이다. 이때 둘은 兩立할 수 없기 때문에 丙火가 庚金을 제련하는 것이다.

2. 丙의 旺相休囚死

1) 丙의 胞·胎·養

⊙ 亥月

亥는 10월로 小雪과 大雪이 들어있고, 첫눈 내리는 초겨울로, 눈이 쌓이면 날씨가 추워진다. 얼음이 얼고 추워지면, 땅속 씨앗에서 甲 뿌리가 丁 열기의 도움을 받아 움트려고 한다.

낮은 짧고 밤이 길어져, 태양의 빛과 열기가 약해진다. 눈과 얼음을 녹일 힘이 햇볕에 없으면, 마치 丙이 없는 것 같아 춥다. 그러나 곧 丙이 태어나기 위해 잠시 잠복한 것이다. 그래서 亥月은 '丙의 胞地'가 된다.

비록 햇살이 희미해서 보이지는 않지만, 태양이 없는 것은 아니다. 왜냐하면 亥月은 己가 餘氣, 甲이 中氣, 壬이 正氣에 자리 잡고 있기 때문이다.

亥月 餘氣의 己는 마치 겨울의 흙이 겨울철을 만난 것처럼 영광의 冠帶를 만난 것과 같다. 中氣의 甲은 겨울 땅속에 사는 뿌리로, 봄을 기다리며 힘을 기르고 있다. 正氣의 壬은 겨울을 만난 눈과 얼음처럼 힘을 자랑하는 建祿의 때를 만난 것 같다.

⊙ 子月

子는 11월로 冬至와 小寒이 있어 최고로 춥지만, 겨울의 끝자락에
와 있기 때문에, 곧 봄의 기운이 나타날 것이다. 대낮에 눈 녹은 물에는
온기가 있어, 이를 '일양시생(一陽始生)'이라 한다.

낮의 길이가 길어지므로 햇볕이 점차 강해져 얼음과 눈을 녹이기 시
작한다. 그러므로 子月을 '丙의 胎地'라 한다.

비록 추운 날씨에도 불구하고 햇살이 따뜻해지지만, 한 달 내내 그
런 것은 아니다. 왜냐하면 子月은 초순에는 壬이 활개를 치고, 하순에
는 癸가 생기기 시작하기 때문이다.

子月 초순의 壬은 추운 겨울에 언 얼음처럼, 활성의 때를 만난 것과
같다. 하순의 癸는 눈과 얼음이 녹아야 생기는 물기로서, 아직은 나타
날 때가 아니다.

⊙ 丑月

丑은 12월로 大寒과 立春이 있는 엄동설한이다. 곧 새 생명이 태어
나는 봄 날씨로 바뀌는 환절기다. 다시 말해 차가운 己의 겨울이 따뜻
한 戊의 봄으로 변한다.

눈 녹은 물 癸가 땅속으로 스며들고, 씨앗 辛에서 뿌리가 움트면, 己
의 丁이 戊의 丙으로 바뀐다. 戊의 계절엔 丙이 활개를 친다. 그래서 丑
月은 '丙의 養地'가 된다.

아무리 丙의 세상이라 해도 모두가 다 그런 것은 아니다. 왜냐하면

丑月 초순에 癸가 오고, 중순에 辛이 오며, 하순에 己이 오기 때문이다.

丑月 초순의 癸는 눈이 녹아내리는 물기이므로, 봄이 오면 癸로 양육될 것이다. 중순의 辛은 씨앗인데, 뿌리의 촉이 움터 새순이 땅 밖으로 돋아나오려는 때를 만난 것 같다. 하순의 己는 아직은 겨울이기 때문에 기력이 왕성하나 곧 사라질 것이다.

2) 丙의 生·浴·帶

⊙ 寅月

寅은 1월로 雨水와 驚蟄이 있으며, 또 일 년이 시작되는 正月이다. 뜨거운 햇살이 내리쬐고, 눈 녹은 물이 땅 밑으로 스며들면, 甲 뿌리가 움튼다. 또 아지랑이가 피어오르고, 미물들이 겨울잠에서 깨어나는 戊의 때가 온다.

그리고 丙의 빛과 열이 戊土를 뜨겁게 달궈주면, 戊는 丙의 활동무대가 된다. 그러므로 寅月은 '丙의 生地'가 된다.

비록 丙이 날로 성장한다고 해도, 모두가 그런 것은 아니다. 왜냐하면 寅月 속에는 戊·丙·甲이 숨어 있기 때문에 변화가 달라진다.

寅月 초순의 戊는 날마다 더워지는 봄의 戊, 즉 養의 때를 만난 것이다. 중순의 丙은 봄볕이 점차 뜨거워지니까, 生長의 때를 만난 것이다. 하순의 甲은 최선을 다 해서 새순을 키워 乙로 만들어야 하는 建祿의 때

를 만난 것이다.

⊙ 卯月

卯는 2월로 春分과 靑明이 들어있고, 낮과 밤의 길이가 같은 봄이다. 날씨가 맑고 화창하다. 세상이 겨울에서 봄으로 변했다.

따라서 丙 햇살도 여름 불볕으로 탈바꿈해야, 지상에서 활동하는 뭇 생물들을 도와줄 수 있다. 그래서 卯月은 '丙의 浴地'가 된다.

비록 丙이 봄 햇살에서 여름 불볕으로 변신해도, 처음부터 끝까지 같은 것은 아니다. 왜냐하면 卯月은 甲이 초순에 오고, 乙이 하순에 오기 때문이다.

卯月 초순에는 甲 뿌리가 더 이상 자랄 수 없을 정도로 성장하는 旺의 때를 만난다. 하순에는 乙 새순이 뿌리에서 움터 나오므로, 乙은 태어나는 胎의 때를 만난 것과 같다.

⊙ 辰月

辰은 3월로 穀雨와 立夏가 있다. 농작물에 필요한 봄비가 내리는 봄에서 더운 초여름으로 바뀌는 환절기다. 땅 위로 돋아나온 새순들이 무럭무럭 자라야 하는 戊의 여름이 됐다.

乙木과 癸水는 물론 戊土한테도 丙의 뜨거운 빛과 열이 꼭 필요하다. 그러므로 辰月은 '丙의 冠帶地'가 된다.

아무리 辰月이 丙한테 영광의 달이라 해도, 다 좋은 것은 아니다. 왜냐하면 辰月에 숨어 있는 천간 乙·癸·戊가 辰月의 활동을 좌지우지하기 때문이다.

辰月 초순의 乙은 여름을 만났으므로 장차 성장하는 일만 남았다. 중순의 癸는 여름의 장마를 만난 것처럼, 초목을 지배하는 冠帶의 때를 만난 것이다. 하순의 戊는 겨울 己가 여름 흙 戊로 탈바꿈한 것으로, 새 단장의 때를 만난 것이다.

3) 丙의 建·旺·衰

⊙ 巳月

巳는 4월로 小滿과 芒種이 들어있다. 풋 열매가 줄기마다 몽글하게 맺히고, 망종이 지나면 헛열매가 되므로, 농부들이 이때를 놓치지 않으려고 바쁘게 움직인다.

기름진 戊土의 영양분을 공급받는 푸른 열매는 丙의 뜨거운 빛과 열기를 받아 커지고, 또 빨갛게 익어간다. 그래서 巳月은 '丙의 建祿地'가 된다.

한여름이 丙의 세상이라 하지만, 모두 다 그렇지는 않다. 왜냐하면 巳月에 포함된 천간으로 戊·庚·丙이 들어있기 때문이다.

巳月 초순의 戊는 여름이 여름을 만난 것처럼, 폭염의 천하가 된 셈이다. 중순의 庚은 갓 열린 푸른 작은 열매로 장차 큰 열매로 성장할 것

이다. 하순의 丙은 뜨거운 볕에 불볕이 보태져서 화염이 작열하는 땡볕의 천지가 된다.

⊙ 午月

午는 5월로 夏至와 小暑가 있다. 비록 더위가 푹푹 찌는 한여름이지만, 밤이 길어져서 서늘한 찬바람이 일기 시작한다. 대낮은 丙의 햇볕으로 땅이 뜨겁고, 밤이 오면 열기가 식어 쌀쌀해진다.

5월은 낮이 가장 긴 여름의 끝이다. 丙 햇볕이 최대한으로 열기를 쏟아낸다. 그러므로 午月은 '丙의 旺地'가 된다.

비록 丙이 午月을 만나서 덥다고 해도, 월말이 되면 낮이 짧아져 더위가 한풀 꺾인다. 午月에는 천간으로 丙과 丁이 감추어져 있기 때문에 월초와 월말의 변화가 다르다.

午月 초순의 丙은 날씨가 무더워서 旺의 때를 만난 것이다. 하순의 丁은 丙의 열기를 받아서 축열하는 반사체로, 이제부터 움직인다.

⊙ 未月

未는 6월로 大暑와 立秋가 있으며, 무더운 여름이 끝나고, 서늘한 가을로 접어드는 환절기다. 봄과 여름에 살아가는 생물들이 사라지거나, 아니면 땅속으로 숨는 삭막한 己의 계절이다.

乙은 단풍이 들기 전 남은 영양분을 모두 베풀고, 丁은 丙의 열기를 담뿍 축적하는 마지막 戊의 계절이다. 그래서 未月은 '丙의 衰地'가 된다.

비록 가을철로 丙의 위력은 꺾이지만, 여전히 날씨는 덥다. 왜냐하면 未月에는 천간으로 丁·乙·戊가 숨겨져 있어 변화가 각기 다르기 때문이다.

未月 초순의 丁은 가을철로 접어 들면서 축열한 열기를 써먹기 시작한다. 중순의 乙은 풀잎인데, 겨울이 오면 사라져야 하기 때문에, 남은 여력을 모두 쏟아낸다. 하순의 戊도 아직은 여름이 남았기 때문에 무척 덥다. 旺의 때다.

4) 丙의 病·死·墓

⊙ 申月

申은 7월로 處暑와 白露가 있다. 밤낮의 기온이 틀리고, 곳곳의 온도가 다른 초가을로서, 밤엔 기온이 내려가서 찬이슬이 맺힌다.

햇볕이 약해지니 찬기운인 壬이 활개를 치고, 다 익은 과일이 곧 떨어질 때다. 겨우살이들이 己土 속으로 찾아드는 암울한 때가 도래한다. 그러므로 申月은 '丙의 病地'가 된다.

아무리 가을이 되어 丙이 허약해졌다 해도, 태양은 죽지 않는다. 왜냐하면 申月에 내장되어 있는 천간은 己·壬·庚으로, 각기 변화가 다르기 때문이다.

申月 초순의 己는 가을을 만났으므로, 養의 때를 만난 것이다. 중순의 壬은 겨울이 눈과 얼음을 만난 것처럼 앞으로 生長한다. 하순의 庚은 가을철의 잘 익은 과일처럼, 황금의 때를 만난 것이다.

⊙ 酉月

酉는 8월로 秋分과 寒露가 들어있고, 밤낮의 길이가 같은 가을이다. 아침·저녁에 맺히는 이슬이 얼어 하얀 서리가 되고, 빨갛게 잘 익은 과일이 보기 좋게 나무에 달려있다.

그러나 곧 과일이 땅에 떨어져 터지면, 그 속에 들어있는 씨앗 辛이 흙 속에 묻힌다. 丙은 열기를 잃고, 어두운 밤이 길어진다. 그래서 酉月은 '丙의 死地'가 된다.

비록 낮이 짧아져 丙이 쇠약해지지만 모두가 다 그런 것은 아니다. 왜냐하면 酉月에는 초순에 庚이 오고, 하순에 辛이 오기 때문이다.

酉月 초순의 庚은 제철을 만난 과일처럼, 旺의 때를 만난 것이다. 하순의 辛은 터진 과일 속에서 나온 씨앗처럼, 막 태어난 胎의 때를 만난 것이다.

⊙ 戌月

戌은 9월로 霜降과 立冬이 있다. 밤에 찬 서리가 내리는 겨울로 접어드는 환절기다. 땅속에서는 丁의 온기로 씨앗 辛이 따뜻하게 잘 지내고 있는 己土의 세상이다.

햇볕 丙의 힘이 없어서, 땅 밖에서는 생물이 살 수 없으므로 모두 땅 밑으로 숨어든다. 그러므로 戌月은 '丙의 墓地'가 된다.

비록 丙이 힘이 없어 쇠몰된다 해도, 햇빛만 약해질 뿐 모두가 사라지는 것이 아니다. 왜냐하면 戌月에는 천간으로 辛·丁·己가 잠재되어 있어, 변화가 각기 다르기 때문이다.

戌月 초순의 辛은 땅속의 씨앗으로 뿌리를 키워내는 養의 때를 만난 것이다. 중순의 丁은 땅속의 씨앗이 얼지 않도록 열기로 보온해 주느라 매우 바쁘다. 하순의 己는 겨울철을 만나서, 酷寒의 己로 새 단장하는 浴의 때를 만난 것이다.

제4장

丁火

1. 丁이란?

1) 적천수의 丁火

原文

丁火柔中 : 丁은 태양처럼 발광체가 아니라, 빛과 열을 받아 반
사하는 발열체의 陰火다. 그러므로 기질은 유약하
나, 기세는 꼿꼿하고 바르다.

內性昭融 : 丁의 內性은 밝고, 서로 화합하고 소통하는 면이
많다.

抱乙而孝 : 丁을 낳아 준 乙木을 감싸주어, 丁이 乙에 효도한다.

合壬而忠 : 水剋火로 壬은 丁의 군주다. 丁은 신하로 壬과 합하

여 충성을 한다.

旺而不烈 : 丁은 한여름 땡볕을 받아도, 천성이 유연해서 지나
치게 뜨거워지지는 않는다.

衰而不窮 : 丁은 가을의 냉기를 만나도 쉽게 열을 빼앗기지 않
는다. 오히려 땅속에 숨어들어가 열기를 보존하며,
오래 살아남는다.

如有嫡母 : 木이 火를 생하므로, 丁의 엄마는 乙이다. 엄마 乙이
곁에서 보살펴 주고 있으면 丁이 편안하다.

可秋可冬 : 가을이 되면 丁이 庚金에 시달려야 하는데, 乙이 乙
庚合으로 막아 좋고, 겨울엔 차가운 壬水한테 丁이
열을 빼앗기는데, 水生木으로 乙이 壬의 水氣를 설
기하여 막아주면, 丁이 열을 뺏기지 않는다.

原註

丁은 陰에 속한다. 원래 火의 본성은 陽이지만, 丁은 그렇지 않다.
부드럽고 중정하며, 보기엔 유순하나 속으론 깐깐하고, 또 내성
이 밝고 윤택하다.

乙은 火[丁]의 엄마 같다. 乙이 辛金한테 시달릴 때, 아들 丁이 乙을
감싸준다. 甲도 火[丙]의 엄마인데도, 이때는 아들 丙이 甲을 감싸

주어도, 오히려 엄마 甲을 태워버려서 해롭다.

이는 마치 己土가 丁火를 위해서 감싸주면, 丁이 더 밝아져야 하는데, 오히려 더 어두워지는 것과 같다. 丁의 효도가 사람과 다를 바가 있는가?

壬水는 丁의 군주가 되는데, 壬이 戊의 극을 두려워 할 때, 丁이 壬과 합하여 밖으로는 戊를 달래서 壬을 업신여기지 못하게 하고, 또 안으로는 丁壬合으로 생긴 木으로 암화(暗化)하여, 木剋土로 戊가 壬을 해코지 못하게 한다.

여름에 태어나 비록 丙을 만나더라도 丁은 겸양하여 불꽃 丙을 돕지 않으니, 치열함에는 이르지 않는다.

가을·겨울에 태어나도 甲木을 얻으면, 丁이 이에 의지하여 木生火로 멸망하지 않으니, 丁의 이어짐이 무궁하다. 그러므로 丁은 가을이고 겨울이고 괜찮다.

2) 임철초의 丁火 해석

丁은 등불이나 촛불이 아니다. 丙과 비교하여 유순하고 중용이 있다. 내성이 소융(昭融)하다고 하는 것은 문명지상(文明之象)을 갖추고 있다는 뜻이다.

乙을 丁이 감싸 안아 효도한다는 것은 辛金으로 하여금 乙을 해코지 못하도록 밝힌 것이다. 壬水와 합하여 丁이 충성한다는 것은 丁壬合으로 생긴 木으로 하여금 戊가 壬을 극하지 못하도록 한다.

丁은 성정이 유중하므로 지나치거나 모자라는 폐단이 없으니, 비록 時令, 즉 때를 만나 강왕해도 혁염(赫炎)에는 이르지 않으며, 비록 쇠몰해지는 위험을 만나도 식멸(熄滅)하지 않는다.

천간에 甲乙이 투출하면, 가을에 丁이 생하여도 金을 두려워하지 않으며, 地支에 寅卯가 있으면, 겨울에 丁이 태어나도, 木이 水의 힘을 빼버리기 때문에 丁은 괜찮다.

2. 丁의 旺相休囚死

1) 丁의 胞·胎·養

⊙ 巳月

巳는 4월로 小滿과 芒種이 들어있는 초여름이다. 꽃핀 자리에 작은 씨알이 달리는 소만이다. 이때를 지난 뒤 열리는 열매는 빈껍데기만 남는 헛열매다.

푸른 열매는 기름진 땅 戊로부터 영양분을 충분히 공급받는다. 여름의 햇볕은 눈부시게 밝고 뜨거워, 그 丙의 열기가 땅속의 丁한테 전달된다. 그래서 巳月은 '丁의 胞地'가 된다.

비록 아직은 여름으로 丁의 활동이 눈에 보이지 않지만, 서서히 열기를 땅속에 축열한다. 또 巳月에는 천간으로 戊·庚·丙이 감추어져 있어, 나타나는 변화도 각기 다르다.

巳月 초순의 戊는 여름의 흙으로 더위를 만났으니, 冠帶라는 영광의 때를 만난 것이다. 중순의 庚은 가을의 열매인데, 여름부터 씨알이 생겼으므로 생장의 때를 만난 것이다. 하순의 丙은 여름이, 또 더위를 만났으니, 폭염이 더욱 치열해진다.

⊙ 午月

午는 5월로 夏至와 小暑가 있고. 낮이 가장 긴 한여름이나, 곧 열기가 식어가기 시작한다. 태양의 불볕을 내려 받아 땅바닥이 뜨거워지면, 열기가 땅 밑으로 스며들어 간다.

땅속으로 스며든 丙의 열기는 丁한테로 전달되고, 丁은 그 열기를 축장한다. 나중에 필요할 때 丁은 열기를 써먹는다. 그래서 午月은 '丁의 胎地'가 된다.

비록 丁의 역할이 처음에는 보잘 것 없으나, 한 달 내내 부진한 것은 아니다. 왜냐하면 午月의 초순에 丙이 오고, 하순에 丁이 오기 때문에 변화가 생긴다.

午月 초순의 丙은 제철을 만났기 때문에, 기세가 왕성하다. 하순의 丁은 이제 막 열기를 축열하므로 胎의 기세를 만난 것이다.

⊙ 未月

未는 6월로 大暑와 立秋가 들어있는 한여름으로, 폭염이 끝나고 서늘한 초가을로 바뀌는 환절기다. 뜨거운 땡볕의 열기를 전도받은 丁이, 그 열기를 땅속에 저장한다.

푸른 잎이 단풍 들기 전, 마지막으로 영양분을 과일과 열매에 공급하는 丙의 戊가 서늘한 丁의 己로 변한다. 그래서 未月은 '丁의 養地'가 된다.

비록 丁이 지금은 미약해도, 한 달 동안 약할 때도 있고, 성장할 때도 있다. 왜냐하면 未月에는 천간으로 丁·乙·戊가 포진하고 있기 때문이다.

未月 초순의 丁은 아직 활동이 미약해도 점차 성장한다. 중순의 乙은 영양을 공급하는 풀잎으로 가을을 맞아, 열매를 키우는 데 최선을 다할 것이다. 하순의 戊는 불볕과 장마를 만나서 왕성한 戊로 커질 것이다.

2) 丁의 生·浴·帶

⊙ 申月

申은 7월로 處暑와 白露가 있다. 밤낮과 지역에 따라서 온도가 들쭉날쭉하고, 밤에는 이슬이 맺히는 초가을이다. 점차 날씨가 싸늘해지니 밖에서 살 수 없는 겨우살이들이 己 속으로 파고든다.

풍성한 과일과 곡식이 가을을 만나, 탐스럽게 잘 익어간다. 낮이 짧아 햇볕의 열기가 떨어지고 추위가 찾아온다. 그래서 申月은 '丁의 生地'가 된다.

丁의 열기를 찾는 겨우살이가 많지만, 공급이 여의치 않다. 왜냐하면 申月에는 천간으로 己·壬·庚이 숨겨져 있기 때문이다.

申月 초순의 己는 제철을 만났으므로 힘만 키우면 된다. 중순의 壬은 추위가 시작되기 때문에 생장의 기회를 만난 것이다. 하순의 庚은 오곡백과가 익어가는 가을을 만났으므로 황금의 열매가 될 것이다.

⊙ 酉月

酉는 8월로 秋分과 寒露가 들어있다. 밤낮의 길이가 똑같은 추분이다. 밤에는 기온이 떨어져서 이슬이 하얀 서리로 변한다. 겨울이 오고 있다는 신호다.

들판에는 오곡백과가 무르익어가는 풍성한 가을이 왔다. 가을걷이를 하면 과일 속에 들어있는 씨앗이 곧 땅에 떨어진다. 그래서 酉月은 '丁의 浴地'가 된다.

비록 酉月은 丁이 새 단장해야 할 때라도, 한 달 내의 변화에 따라 달라진다. 왜냐하면 酉月에는 초순이 庚이 되고, 하순이 辛이 되기 때문이다.

酉月 초순의 庚은 빨갛게 빛나는 가을 열매로, 이젠 맛있는 과일로 익어간다. 하순의 辛은 다 익은 과일이 터져서 나온 씨앗으로 봄에 뿌리로 자라야 한다.

⊙ 戌月

戌은 9월로 霜降과 立冬이 있는 늦가을로 첫서리가 내린다. 곧 추운 겨울로 계절이 바뀐다. 겨우살이들은 물론, 씨앗까지 己土 속에서 丁의 온기를 받아 따뜻하게 잘 지낸다.

특히 씨앗은 丁의 열기와 己의 습기를 받아서, 뿌리가 움터 나올 준비를 한다. 그러므로 戌月은 '丁의 冠帶地'가 된다.

이때 丁이 자유롭게 활동할 수 있는 세상이지만, 그렇지 못하다. 왜냐하면 戌月에는 천간으로 辛·丁·己가 감추어져 있기 때문에 변화가 많다.

戌月 초순의 辛은 땅속의 씨앗으로 뿌리로 움틀 준비를 한다. 중순의 丁은 땅속의 겨우살이들에게 열기를 나눠줘야 하므로 매우 분주하다. 하순의 己는 본격적인 겨울의 己로 모습을 다시 정비해야 한다.

3) 丁의 建·旺·衰

⊙ 亥月

亥는 10월로 小雪과 大雪이 들어있다. 첫눈이 내리는 초겨울이다. 바깥은 추워도 땅속엔 씨앗에서 甲 뿌리가 움틀 수 있는 좋은 계절이다.

혹한으로 땅 위엔 눈과 얼음이 덮여있는 凍土의 천지다. 겨우살이들에겐 오직 丁의 열기만 필요하다. 그래서 亥月은 '丁의 建祿地'가 된다.

丁이 활개를 치는 亥月이라도, 한 달 내내 그렇지는 못하다. 왜냐하면 亥月에는 천간으로 己·甲·壬이 숨겨져 있어, 각각의 변화가 다르기 때문이다.

亥月 초순의 己는 겨울철을 만났으므로 冠帶의 때를 만난 것과 같다. 중순의 甲은 땅속의 뿌리로 봄을 기다리며 새순으로 자랄 준비를 한다. 하순의 壬은 눈과 얼음을 만나서 동장군의 맹위를 떨친다.

⊙ 子月

子는 11월로 冬至와 小寒이 있다. 동장군이 덮치는 겨울의 끝이다. 낮이 밤보다 점점 더 길어져 햇볕의 양이 많아져서 눈과 얼음이 녹기 시작한다.

눈이 녹아내린 癸水에서 온기를 느낄 수 있다. 이를 '일양시생(一陽始生)'이라 한다. 그러므로 子月은 '丁의 旺地'가 된다.

비록 丁이 열기를 열심히 베풀려고 하지만 그렇지 못할 때도 있다. 子月의 초순에는 壬이 들어있고, 하순에는 癸가 들어있어 각각의 상황이 다르다.

子月 초순의 壬은 겨울을 만났기 때문에 추위의 기세가 더 맹렬해진다. 하순의 癸는 눈이 녹아야 생기는 흐르는 물기로, 아직 나타나지 않는다.

⊙ 丑月

丑은 12월로 大寒과 立春이 들어있다. 엄동설한의 큰 추위가 사라지고, 따뜻한 새봄이 찾아오는 환절기다. 개울의 얼음 밑으로 눈 녹은 물이 흐르기 시작한다.

얼음 녹은 물이 흙 속으로 스며들면, 땅 밑의 씨앗이 癸의 열기를 받아 뿌리가 움튼다. 그래서 丑月은 '丁의 衰地'가 된다.

비록 丁이 쇠약해도 한 달 내내 그렇지는 못하다. 왜 그런가 하면, 丑月에는 천간으로 癸·辛·己가 내장되어 있기 때문이다.

丑月 초순의 癸는 처음 눈 녹은 물기로, 곧 흐르는 물이 될 것이다. 중순의 辛은 봄을 맞을 준비를 한다. 땅속의 씨앗이 새순으로 크고 있다. 하순의 己는 아직 남아있는 추위 때문에 겨울의 己土로서의 역할을 다한다.

4) 丁의 病·死·墓

⊙ 寅月

寅은 1월이며 正月이라 한다. 雨水와 驚蟄이 들어있다. 봄비가 내리기 시작하면 땅속의 미물들이 잠에서 깨어나 움직이기 시작하는 계절이다.

봄볕이 내리쬐면 파란 싹이 돋아나고, 땅속의 甲 뿌리가 씨앗에서 움터 나온다. 丙의 빛과 열이 강해질수록 丁의 필요성이 없어진다. 그래서 寅月이 '丁의 病地'가 된다.

날씨가 풀려서 丁의 온기가 필요 없지만, 찾는 곳도 있다. 왜 그런가? 寅月에는 천관으로 戊·丙·甲이 숨겨져 있어, 각각의 입장이 다르기 때문이다.

寅月 초순의 戊는 봄이 오면, 여름의 戊로 발전하려고 준비한다. 중순의 丙은 봄볕으로 날이 갈수록 더 따뜻해진다. 그 대신 丁은 사라진다. 하순의 甲은 봄의 땅속 뿌리로, 곧 새순으로 힘차게 돋아날 것이다.

⊙ 卯月

卯는 2월로 春分과 靑明이 있다. 밤과 낮의 길이가 똑같은 춘분이다. 하늘은 푸르고 날씨는 맑다.

땅속에선 甲 뿌리가 丁의 열기로 움터 자라고, 땅 위로 돋아난 새순은 丙의 햇볕을 받아서 잎이 커지고 줄기가 높이 자란다.

봄볕과 봄비로 초목이 푸르러지고, 만물의 생기가 넘치는 丙火의 세상이 됐다. 그래서 卯月은 '丁의 死地'가 된다.

비록 丁이 죽었다 해도, 卯月 전체가 죽은 것은 아니다. 왜냐하면 卯月의 초순은 甲이 되고, 하순은 乙이 되어서, 각각의 여건이 다르기 때문이다.

卯月 초순의 甲은 땅속의 뿌리로 봄이 되면, 힘차게 새순으로 돋아나온다. 하순의 乙은 땅 위로 갓 돋아나온 새싹으로 아직은 연약하다.

⊙ 辰月

辰은 3월로 穀雨와 立夏가 들어있다. 농사에 필요한 비가 내리는 봄은 물러가고, 더운 여름철이 닥치는 환절기다. 봄비를 흠뻑 받은 초목은 날로 푸르게 성장한다.

강렬한 햇볕과 흡족하게 내린 비로 만물이 활성을 찾은 丙의 세상이 됐다. 丁의 열기가 필요한 곳이 없어졌다. 辰月은 '丁의 墓地'가 된다.

비록 丁은 자취를 감추었지만, 아주 사라진 것이 아니다. 辰月에는 천간으로 乙·癸·戊가 자리 잡고 있어, 각각의 상황이 다르다.

辰月 초순의 乙은 땅 위로 얼굴을 내민 새싹으로, 장차 잎과 줄기로 자랄 것이다. 중순의 癸는 하늘에서는 비가 되고, 땅 위에선 흐르는 물이 되어, 산천을 적셔준다. 하순의 戊는 봄의 훈훈한 근에서 여름의 무더운 戊로 탈바꿈한다.

제5장

戊土

1. 戊란?

1) 적천수의 戊土

原文

戊土固重 : 戊는 만물의 근본 바탕으로, 누구나 받아주고 포용
한다. 戊는 단단해서 깨지지 않고, 또 厚重하여 쉽
게 흔들리지 않는다.

旣中且正 : 戊는 중용을 갖추고 있어, 편파적이 아니라 중립을
지킨다. 또 올바르기 때문에 늘 정정당당하다.

靜翕動闢 : 戊는 만물이 움직이지 않고 가만히 있으면, 氣를 거

두어들인다. 만물이 활발히 움직이면, 氣를 열어주
어 삶을 북돋운다.

萬物司命 : 戊는 멈추면 生氣를 거두고, 움직이면 생기를 펴나
가게 다스린다.

水潤物生 : 水가 습기인 癸로 변해서, 戊土 속으로 스며들면 땅
이 윤택해져 만물이 살아간다.

火燥物病 : 火가 뜨거워 땅이 마르면, 수분이 사라져서 戊土에
서 생물이 病들고, 살 수 없다.

如在艮坤 : 만약 戊에 寅인 艮과 申인 坤이 함께 만나면, 둘이
충돌하여 분란을 일으키기 쉽다.

怕沖宜靜 : 戊는 艮[寅]과 坤[申]이 충돌하지 않고, 마땅히 조용
해지길 바란다.

原註

戊는 성벽이나 뚝방이 아니다. 己와 비교하면, 戊는 높고 두텁고
굳세고 건조하다. 또 戊는 己의 발원지이며, 중용의 기질이 있어
중립적이고 바르다.

봄과 여름에는 생기를 열어주어 만물을 회생시키고, 가을과 겨울

에는 생기를 거둬들여 만물을 갈무리함으로써, 만물을 사명한다.

그 生氣는 건조한 것을 싫어하고, 습한 것을 좋아한다. 寅 위에 앉으면 申을 두려워하고, 申 위에 앉으면 寅을 두려워한다. 둘이 충돌하면 戊土 속에 있는 뿌리가 뒤집어지니, 마땅히 가만히 있길 바란다.

2) 임철초의 戊土 해석

戊土는 陽土로서 그 氣가 단단하고 두껍다. 또 중앙에 자리를 잡고 있어 올바르다. 봄·여름에는 氣가 動하므로 만물이 생기고, 가을·겨울에는 氣가 靜하여 닫히므로, 만물을 수렴하여 축장(蓄藏)한다. 그러므로 만물의 命을 맡는 것이다.

戊의 기질은 고항(高亢)하고 후중(厚重)하여, 봄 여름에 태어나 火가 왕하면, 마땅히 水로써 축축하게 적셔주어야 戊에 만물이 자랄 수 있다. 건조하면 말라 죽는다.

가을·겨울에 태어나면, 마땅히 火로 따뜻하게 해주어야 만물이 化成한다. 戊가 습기에 질퍽하고 차가워지면 만물이 병든다.

艮은 寅이고, 坤은 申인데, 戊는 寅[木]과 申[金]이 충극하면 해롭다. 봄에 戊가 木의 극을 받아 戊의 氣가 흐트러지므로, 마땅히 靜

해야 한다. 가을엔 戊가 金의 설기로 힘이 빠지기 때문에 金의 沖을 두려워한다.

戊가 辰戌丑未, 즉 季月에 생하면, 金(庚申 辛酉)이 가장 좋은데, 이는 왕한 土를 金이 설기하기 때문에 좋다. 이때 水가 있어 金의 힘을 설기로 빼내주면 좋다. 己도 또한 이와 같다.

만약 원국에 木·火가 있거나, 대운에서 木·火를 만나면, 戊가 木에 깨지거나, 아니면 火로 말라 비틀어져 아무 쓸모가 없다.

2. 戊의 旺相休囚死

1) 戊의 胞·胎·養

⊙ 子月

子는 11월로 冬至와 小寒이 들어있다. 추위가 절정에 이르면, 더는 추워질 수 없어서 겨울이 끝난다. 낮이 점차 길어지니까, 비록 약한 햇볕이라도 한낮에는 눈이 녹는다.

빛의 양은 많아져도, 추위는 여전히 남아 있다. 땅 밖은 추위도 己 속에서는 눈 녹은 물기가 모여, 癸의 온기는 더 높아진다. 그래서 子月은 '戊의 胞地'가 된다.

아직은 겨울이라서 戊가 보이지 않지만, 곧 나타날 것이다. 왜 그런 가? 子月의 초순에는 壬이 와 있고, 하순에는 癸가 오고 있기 때문이다.

子月 초순의 壬은 눈과 얼음으로 겨울의 추위를 혹한으로 키운다. 하 순의 癸는 아직 눈이 녹지 않아서, 아직 물기가 보이지 않는다.

⊙ 丑月

丑은 12월로 大寒과 立春이 있다. 동장군이라는 큰 추위가 가고, 그 자리에 새봄이 온다. 酷寒의 己의 계절이 끝나고, 불볕의 戊의 계절이 닥친다는 뜻이다.

눈 녹아내리는 癸의 온기가 씨앗의 눈을 뜨게 하고, 봄의 戊가 나타 나기 시작한다. 그래서 丑月은 '戊의 胎地'가 된다.

앞으로 戊의 모습이 더 크게 등장할 것이다. 왜냐하면 丑月에 감추어 져 있는 천간인 癸·辛·己가 각각 다른 작용을 하기 때문이다.

丑月 초순의 癸는 눈 녹은 물기로 己의 땅속을 뒤집어 戊로 바꾼다. 중순의 辛은 땅속의 씨앗으로 봄기운을 느끼고, 뿌리를 움틔우려고 분 주하다. 하순의 己는 아직도 추우므로 겨울의 활동이 여전하다. 그러나 곧 戊로 변한다.

⊙ 寅月

寅은 1월로 雨水와 驚蟄이 들어있다. 겨울 추위가 풀리는 봄이다. 봄비가 내리면, 땅속의 미물들이 놀라, 잠에서 깨어나 움직이기 시작한다.

따뜻한 봄볕의 열기가 戊土를 데워주면, 그 열기가 땅속의 씨앗 껍질을 무르게 하여 깨준다. 그러면 甲 뿌리가 움터서 자라기 시작한다. 그래서 寅月은 '戊의 養地'가 된다.

이제부터 戊가 생물들의 생활터전으로 활용되기 시작한다. 더욱이나 寅月에는 천관으로 내장되어 있는 戊·丙·甲이 설치기 때문에 戊가 좋아진다.

寅月 초순의 戊는 봄을 만나서 활동의 기지개를 펴기 시작한다. 중순의 丙은 봄볕으로 땅을 뜨겁게 달궈서 戊의 기세를 높여준다. 하순의 甲은 땅속의 뿌리로서 새싹으로 움터서 돋아 나오려고 발버둥 친다.

2) 戊의 生·浴·帶

⊙ 卯月

卯는 2월로 春分과 靑明이 있고, 밤과 낮의 길이가 똑같은 봄으로 날씨가 화창하다. 봄볕을 받아 따뜻하고, 봄비로 흙이 촉촉한 戊土는 영양분이 많은 기름진 옥토가 됐다.

파릇파릇한 새싹이 戊土 위에서 활짝 피어나려고, 얼굴을 땅 위로 내밀고 있다. 그래서 卯月은 '戊의 生地'가 된다.

己는 물러가고, 봄의 戊가 등장한다. 더욱이나 卯月의 초순에는 甲이 들어와 있고, 하순에는 乙이 들어오므로 戊는 더 신난다.

卯月 초순의 甲은 뿌리에서 새순으로 변신하려고 안간힘을 쓴다. 하순의 乙은 봄을 맞아 새싹으로 움트려고 몸부림친다.

⊙ 辰月

辰은 3월로 穀雨와 立夏가 들어있다. 농사에 필요한 봄비가 내리는 늦은 봄에서, 무더운 여름으로 가는 환절기다. 들판에는 온갖 초목들이 봄비를 맞아서 푸르게 커가고 있다.

봄의 햇볕을 흠뻑 받은 戊土가 뭇 생물들이 옹기종기 모여 함께 살아갈 수 있도록 준비한다. 그러므로 우리는 辰月을 '戊의 浴地'라 한다.

이렇게 戊가 앞으로 닥칠 여름을 맞을 준비를 제대로 못하면 낭패가 난다. 왜냐하면 辰月에는 천간으로 乙·癸·戊가 숨겨져 있기 때문이다.

辰月 초순의 乙은 새싹으로 여름이 되면, 잎과 줄기로 무성하게 자랄 것이다. 중순의 癸는 흐르는 물과 빗물로 흙을 적셔주고 초목을 키워줄 것이다. 하순의 戊는 새 단장을 하고 여름을 맞을 준비를 끝낸다.

⊙ 巳月

巳는 4월로 小滿과 芒種이 있는 한여름이다. 나무의 줄기마다 작은 풋알갱이가 달려있고, 이때를 놓치지 않으려고 농사꾼이 씨를 부지런히 뿌린다.

작은 풋열매가 잎으로부터 영양분을 받고, 또 뜨거운 햇볕을 받아 무럭무럭 자란다. 그러므로 巳月은 '戊의 冠帶地'가 된다.

이렇게 戊가 여름의 활동무대가 되지 못하면 곤란하다. 왜냐하면 巳月의 天干 속에는 戊·庚·丙이 간직되어 있기 때문이다.

巳月 초순의 戊는 여름의 보금자리로 손색이 없을 정도로 모든 것을 갖추어야 한다. 중순의 庚은 갓 열린 풋열매로 먹음직한 큰 과일로 커야 한다. 하순의 丙은 여름의 불볕으로 폭염의 맹위를 떨친다.

3) 戊의 建·旺·衰

⊙ 午月

午는 5월로 夏至와 小暑가 들어있다. 낮이 가장 긴 폭염의 한여름이다. 이때는 戊가 최고로 왕성하여 더 이상 더울 수 없으니, 기온이 떨어질 수밖에 없다.

낮이 짧아지면 뜨거운 불볕의 기세가 수그러지고, 그 대신 밤이 길어지면 서늘한 丁의 기세가 활개를 친다. 午月은 戊의 기운이 왕성한

'建祿'이지만, 곧 己로 바뀐다.

午月의 초순에는 丙이 와서 戊와 함께 여름의 더위를 만끽한다. 그러나 하순에는 丁이 등장하여 더위가 한풀 꺾인다.

⊙ 未月

未는 6월로 大暑와 立秋가 있는 여름의 끝으로, 찌는 듯한 무더위가 절정을 이룬다. 그러나 서늘한 가을이 닥치면, 온 천지가 여름의 戊에서 가을의 己로 바뀐다.

그러나 아직은 불볕에 달구어진 戊가 행투를 부려서 己가 꼼짝 못한다. 그래서 未月은 '戊의 旺地'가 된다.

더욱이나 未月에는 천관으로 丁·乙·戊가 잠재되어 있기 때문에, 戊의 활동이 더 극성을 부린다.

未月 초순의 丁은 丙 불볕으로부터 전달된 열기로 땅속에서 활동을 시작한다. 중순의 乙은 잎과 줄기로 성장하여 초목의 위용을 자랑한다. 하순의 戊는 여름의 끝자락을 마무리하느라 남은 힘을 모두 쏟아낸다.

⊙ 申月

申은 7월로 處暑와 白露가 들어있다. 밤낮의 온도가 틀리고, 곳곳의 기온이 달라서 날씨가 들쭉날쭉한다. 무더운 여름의 戊는 가고, 추운 己가 온 것이다.

바깥 날씨가 싸늘해지면, 보기 좋은 큰 과일이라도 성장을 멈추고 곧 땅으로 떨어진다. 그래서 申月은 '戊의 衰地'가 된다.

물론 戊가 쇠퇴하여 물러가면 다시 己가 등장한다. 申月의 地藏干이 己·壬·庚이기 때문에, 더욱이나 己가 날뛰기 시작한다.

申月 초순의 己는 제철을 만났으므로 더 열심히 움직일 것이다. 중순의 壬은 가을 추위를 만나서 밤에는 이슬로 나타난다. 하순의 庚은 가을을 만나서 잘 익은 과일의 모습을 뽐낸다.

4) 戊의 病·死·墓

⊙ 酉月

酉는 8월로 秋分과 寒露가 있다. 밤낮의 길이가 똑같은 늦은 가을이다. 밤이 길어지면 추워져서, 밤에는 하얀 서리가 내린다. 들녘에는 풍성한 과일과 열매가 빨갛게 익어 탐스럽게 보이는 늦가을의 己가 됐다.

다 익은 열매가 땅에 떨어져서 깨지면 그 속에서 씨앗이 나온다. 다시 말해 열매의 戊의 시절은 가고, 씨앗의 己의 시절이 왔다. 그러므로 酉月은 '戊의 病地'가 된다

비록 戊가 쇠몰하더라도 모두가 끝나는 것은 아니다. 왜냐하면 酉月의 초순에는 庚이 오고, 하순에는 辛이 들어오기 때문이다.

酉月 초순의 庚은 잘 익은 과일로, 수확기를 만났으니 잘된 것이

다. 하순의 辛은 터진 과일 속에서 나온 씨앗으로, 뿌리가 될 준비를 한다.

⊙ 戌月

戌은 9월로 霜降과 立冬이 들어있는 늦가을로, 밤엔 이슬이 찬 서리로 변한다. 곧 겨울이 닥쳐오는 환절기다. 戌의 여름에 생존하는 것들은 모두 사라지고 없다.

오직 겨울 己의 땅속에서 살 수 있는 겨우살이만 남아있다. 그러므로 戌月은 '戌의 死地'가 된다.

비록 己가 처음에는 약해도 점차 힘이 세져서 결국 戌를 밀어낸다. 戌月에는 천간으로 辛·丁·己가 그 속에 감춰져 있기 때문에 己만 살아난다.

戌月 초순의 辛은 땅속의 씨앗으로, 뿌리가 움트도록 노력한다. 중순의 丁은 날씨가 추워져서 땅속의 생물들이 얼지 않도록 보온해 주어야 한다. 하순의 己는 이제는 겨울의 己로 만반의 준비를 끝내야 한다.

⊙ 亥月

亥는 10월로 小雪과 大雪이 있다. 첫눈이 내리고, 나중엔 눈이 쌓여, 천지가 하얗게 변한다. 땅 밖의 세상에는 찬바람이 불고, 얼음이 얼고 눈이 쌓이는 己土의 겨울이다.

밖은 추워도 땅속은 따뜻해서 甲 뿌리가 움터서 자라고 있는 己의 세상이다. 戊는 자취를 감추었다. 그러므로 亥月은 '戊의 墓地'가 된다.

비록 戊는 사라져도 己는 날로 성장한다. 더욱이나 亥月의 초순에 己가 오고, 중순에 甲이 오며, 하순에 壬이 찾아오면 己는 더 세진다.

亥月 초순의 己는 겨울의 己로 콧대가 기고만장하다. 중순의 甲은 땅속의 뿌리로서 새싹의 촉이 움틀 수 있도록 노력한다. 하순의 壬은 눈과 얼음으로 추위를 만났으니 혹한이 맹위를 떨친다.

제6장

己土

1. 己란?

1) 적천수의 己土

原文

己土卑濕 : 己土는 땅속처럼 낮고, 흙 밑으로 물기가 모여드므
로 습하다.

中正蓄藏 : 己도 戊와 같은 土로서, 치우치지 않고 꼿꼿하게 중
립을 지킨다.

不愁木盛 : 己는 습기가 있어 무른 땅속이기 때문에, 木이 쉽게
뚫고 들어와, 뿌리가 산다. 오히려 木과 己는 어울

릴 수 있어 근심하지 않는다.

不畏水狂 : 물이 넘치면 흙이 물에 허물어져 나쁘지만, 己는 낮
아서 水를 넘치지 않도록 모두 담아내기 때문에, 水
가 범람해도 두려워하지 않는다.

火少火晦 : 여기서 火는 丁火다. 丁은 陰火로 발광체인 丙의 빛
과 열을 받아서 축장하는 반사체다. 丙의 발광 빛이
약해지면, 따라서 丁의 반사가 줄어 더 어두워진다.

金多金光 : 여기서 金은 辛金이다. 己 습토는 辛을 생하므로 金
이 반짝거리며 빛난다. 그러므로 辛金이 많을수록
金이 더 반짝거린다.

若要物旺 : 만약 己에서 만물이 활발하게 살아가려면 주위의
여건이 좋아져야 한다.

宜助宜幇 : 주위의 좋은 여건이란, 己가 丁火의 열기를 받아 땅
속이 따뜻해야 하고, 癸水의 수분을 받아 己가 마르
지 않아야 한다.

己土는 비박(卑薄)하고 연습(軟濕)하다. 또 己는 戊의 지엽(枝葉)과
같은 土로, 중정한 가운데 만물을 살리는 능력을 축장하고 있다.

부드러운 己는 능히 木을 생하니, 木이 己를 극하지 않으므로, 비로소 木이 왕성해도 근심하지 않는다. 己土의 속은 깊다. 그러므로 水가 많아도 己가 모두 받아서 담을 수 있으니, 水가 많아도 두려워하지 않는다.

뿌리 없는 火는 힘 받을 곳이 없어서 습토(濕土)의 냉기(冷氣)를 없애지 못한다. 火의 열기가 약하면 냉기가 열기를 빼앗아 火가 더 어두워진다. 이는 마치 火가 흙에 묻혀 빛을 잃는 것과 같다.

그러나 습토(濕土)는 능히 金氣를 윤택하게 할 수 있으므로, 金이 많으면 金이 더욱 빛나니, 도리어 청영(淸瑩)함을 가히 볼 수 있다.

만약 만물이 己土에서 왕성해지려면 오로지 己土가 고중(固重)하고, 또한 火를 얻어 기후가 온난해져야 한다.

2) 임철초의 己土 해석

己土는 습기를 품은 陰土이나, 中正을 가지고 있으며, 己의 기세는 팔방에 통하고 사계절에 왕성하며, 만물을 끊임없이 살리고 기르는 묘함이 있다.

木이 왕성해도 근심하지 않는다는 것은 己의 性情이 유화하여 木이 己에 의존하여 자라니 木이 己를 극하지 않는다는 뜻이다.

水가 광분해도 두렵지 않다는 것은 己의 體가 바르고 엉기는 힘이 있어 水를 받아들여 모두 납장(納藏)하므로 水와 沖하지 않는다는 뜻이다.

火가 적으면 火가 어두워진다는 것은 丁火를 일컫는 것으로, 陰土는 냉기가 있어 능히 火氣를 渫하여 火를 약화시켜 빛이 어두워지는 것이다.

金이 많아도 金이 빛난다고 하는 것은 辛金을 일컬음이니, 己 습토는 능히 金을 생하고 윤택하게 한다.

四株에 土가 깊고 단단하며 丙火가 음습한 기운을 제거하면 족히 만물을 자생(滋生)하니 의조의방(宜助宜幇)이라 한다.

2. 己의 旺相休囚死

1) 己의 胞·胎·養

⊙ 午月

午는 5월로 夏至와 小暑가 들어있다. 낮이 가장 길고, 무더운 늦여름이다. 이후 점차 낮이 짧아지면 햇볕이 옅어져서 온도가 내려간다.

가마솥 같은 불볕더위가 수그러지면 그동안 설치던 戊가 꺾이고, 己가 꿈틀거린다. 그러므로 午月은 '己의 胞地'가 된다.

아직도 己는 더위가 남아있어 모습을 드러내지 못한다. 더군다나 午月의 초순에는 丙이 숨겨져 있고, 하순에는 丁이 기다리고 있어서 己가 머뭇거리고 있다.

午月 초순의 丙은 불볕으로 戊를 뜨거운 가마솥으로 만든다. 하순의 丁은 땅속에 엎드려 전달받은 불볕의 열기를 축열한다.

⊙ 未月

未는 6월로 大暑와 立秋가 있다. 찜통의 한여름이 끝나고 서늘한 가을이 시작하는 환절기다. 불볕으로 뜨겁게 달구어진 戊土로부터 丁은 서서히 그 열기를 빼앗아 축열한다.

다 자란 푸른 잎 乙은 丁의 열기로 단풍 들어 시들고, 丁한테 열기를 빼앗긴 戊는 己로 변한다. 그래서 未月은 '己의 胎地'가 된다.

갓 태어난 己는 비록 지금은 약하나 점차 세력이 커진다. 더욱이 未月에는 천관으로 丁·乙·戊가 숨겨져 있기 때문에 己한테는 나쁘지 않다.

未月 초순의 丁은 겨울 己의 땅속에서 온기를 베풀고, 중순의 乙 풀잎은 식어가는 여름의 戊에서 마지막 영양을 다 뽑아주고, 하순의 戊는 사라지는 여름 戊로서 남은 여력을 다 주고 간다.

⊙ 申月

申은 7월로 處暑와 白露가 들어있고, 아침과 저녁의 온도가 다르고, 또 장소에 따라 열기의 차이가 난다. 밤에는 낮은 온도로 습기가 이슬이 된다. 가을의 己가 된 것이다.

잘 익은 과실은 가을의 찬바람에 시들고 쪼그라든다. 戊의 때는 사라지고 己의 때가 등장한다. 그래서 申月은 '己의 養地'가 된다.

지금은 己가 연약하지만 날로 세력이 신장한다. 더욱이나 申月의 초순엔 己가 있고, 중순엔 壬이 있으며, 하순에 庚이 오면 己는 더 좋아진다.

申月 초순의 己는 가을의 己로 더욱 성장할 것이다. 중순의 壬은 앞으로 날씨가 추워지면 눈과 얼음으로 변할 것이다. 하순의 庚은 가을의 오곡백과로, 자기의 존재를 과시할 것이다.

2) 己의 生·浴·帶

⊙ 酉月

酉는 8월로 秋分과 寒露가 있다. 밤과 낮의 길이가 똑같은 늦가을이다. 이후 밤이 길어져 추워지고, 이슬이 살짝 얼어 하얀 서리[寒露]가 된다.

찬바람이 불기 시작하면, 빨갛게 익은 열매가 땅에 떨어져서 깨진다. 그러면 터진 열매 속에서 나온 씨앗을 잘 갈무리할 己土가 필요하다. 그래서 酉月은 '己의 生地'가 된다.

이를 다시 한 달을 나누어 보면 다르게 나타난다. 酉月에는 초순에 庚이 오고, 하순에는 辛이 오기 때문이다.

酉月 초순의 庚은 가을 열매로 보기 좋게 잘 익는다. 하순의 辛은 가을이 돼야 비로소 깨진 열매 속에서 씨앗으로 나온다.

⊙ 戌月

戌은 9월로 霜降과 立冬이 있는 늦은 가을로 밤엔 서리가 언다. 곧 겨울로 바뀌는 환절기다. 땅 위에 떨어진 씨앗은 낙엽과 함께 뒹굴면서 己土 속으로 들어간다.

丁의 열기가 씨앗이 얼지 않도록 보온해 준다. 己土는 월동준비에 바쁘다. 그러므로 戌月은 '己의 浴地'가 된다.

한 달 전체가 浴地가 아니고, 나누어 봐야한다. 戌月에는 천관으로 辛·丁·己가 잠재되어 있기 때문이다.

戌月 초순의 辛은 씨앗으로서, 겨울이 오면 뿌리를 움트게 한다. 중순의 丁은 땅속의 겨우살이가 얼지 않도록 열기로 보온해 주어야 한다. 하순의 己는 겨울의 보금자리로, 본래의 모습을 갖추어야 한다.

⊙ 亥月

亥는 10월로 小雪과 大雪이 있는 초겨울이다. 추위로 눈이 내려서 쌓이면 눈 천지가 된다. 겨울이 되어 눈이 오고 얼음이 얼면, 己土의 세상이 된다.

땅속에선 뿌리가 丁의 열기를 받아 움트고, 또 壬한테 수분과 영양을 공급받아 잘 산다. 그래서 亥月은 '己의 冠帶地'가 된다.

己가 비록 겨울을 만나 왕성해도, 한 달 내내 그런 것은 아니다. 왜냐하면 亥月의 초순에 己가 오고, 중순에 甲이 있으며, 하순에 壬이 오기 때문이다.

亥月 초순의 己는 겨울의 보금자리로 제철을 만나서 뽐낸다. 중순의 甲은 땅속의 뿌리로 새싹의 촉을 틔우면서 봄을 기다린다. 하순의 壬은 눈과 얼음으로 겨울을 만났으므로 금상첨화로 더욱 빛난다.

3) 己의 建·旺·衰

⊙ 子月

子는 11월로 冬至와 小寒이 들어있다. 밤이 가장 긴 한파의 겨울이다. 앞으로 낮이 길어져 햇볕의 양이 많아지면 낮의 지온(地溫)이 높아진다. 그러나 여전히 춥다.

비록 혹한이 맹위를 떨치지만 땅속에선 눈 녹아 내린 물기가 서서히 스며들며 봄을 알려준다. 바야흐로 己의 계절이 왔다. 그래서 子月은 '己의 建祿地'가 된다.

비록 己가 때를 만나 좋아졌지만 한 달 전체가 그런 것은 아니다. 子月의 초순엔 壬이 있고, 하순엔 癸가 오기 때문에 각각의 상황이 다르다.

子月 초순의 壬은 눈과 얼음으로, 특히 겨울에 기세가 더 왕성하다. 하순의 癸는 눈 녹아 내린 물기가 되어서 이제 겨우 봄을 알리기 시작한다.

◉ 丑月

丑은 12월로 大寒과 立春이 있다. 한파가 극심한 겨울이 끝나고 새 봄이 찾아오는 환절기다. 골짜기 개울의 얼음 밑으로 눈 녹은 물이 흐르기 시작한다.

땅속의 씨앗에서 뿌리가 움트고, 丁의 地熱이 辛 씨앗의 뿌리가 얼지 않도록 보온해 준다. 丑月에 己의 활동은 매우 왕성하다. 그래서 丑月은 '己의 旺地'가 된다.

또 丑月에는 천관으로 癸·辛·己가 숨겨져 있다. 그러므로 천간 각각의 기세가 같지 않으므로, 己의 旺地도 나누어 봐야 한다.

丑月 초순의 癸도 눈 녹아 내린 물기로, 봄이 오면 하나로 모여 흐르는 물이 될 것이다. 중순의 辛은 땅에 묻힌 씨앗으로, 곧 뿌리가 돌아나 흙을 뚫고 나올 것이다. 하순의 己는 추운 겨울철의 己가 되어, 힘자랑을 할 것이다.

⊙ 寅月

寅은 1월로 한 해의 첫출발이고, 雨水와 驚蟄이 들어있다. 아직 응달진 곳에 눈과 얼음이 남아있어 춥다.

그러나 이른 봄에 내리는 비는 농사에 필요한 비다. 땅속으로 스며든 빗물은 겨울잠을 자는 생물들을 깨운다. 바깥에는 봄볕이 戊를 따뜻하게 비춰주고, 땅속에선 甲 뿌리가 움터서 돋아나고 있다. 戊는 날이 갈수록 힘을 받는다. 그래서 寅月은 '己의 衰地'가 된다.

그리고 寅月의 餘氣엔 戊가 다스리고, 中氣엔 丙이 지배하며, 正氣에는 甲이 마무리 한다. 그러므로 寅月 한 달의 형세도 戊·丙·甲으로 나누어 봐야 한다.

寅月 餘氣의 戊는 여름의 활동무대인데, 아직은 제철이 아니라 좀 약하다. 中氣의 丙은 여름의 불볕으로 이제부터 힘이 생기기 시작한다. 正氣의 甲은 흙 속의 뿌리로, 땅 위로 새순을 내밀어 잎과 줄기를 자랑할 것이다.

4) 己의 病·死·墓

⊙ 卯月

卯는 2월로 春分과 靑明이 있다. 봄기운이 넘치는 늦은 봄철로 밤낮의 길이가 똑같다. 들판에는 새싹들이 파랗게 돋아나고, 하늘은 푸르고 화창하다.

땅속에서는 씨앗의 촉으로 움튼 뿌리가 떡잎으로 자란다. 이때 흙을 뚫고 얼굴을 내민 새순은 햇볕을 반가워하고 따뜻한 戊土를 찾는다. 그래서 卯月은 '己의 病地'가 된다.

비록 己가 병들어 약하지만, 卯月 전체의 것으로 보지 말고 나누어 봐야 한다. 왜냐하면 卯月의 餘氣는 甲이 다스리고, 正氣는 乙이 마무리하기 때문이다.

卯月 餘氣의 甲은 뿌리가 되는데, 이젠 새순의 촉을 움트게 하려고 최선을 다한다. 正氣의 乙은 봄을 맞아 새순으로 돋아나서 땅 위로 얼굴을 내민다.

⊙ 辰月

辰은 3월로 穀雨와 立夏가 들어있다. 봄비가 내리고, 날씨가 점차 더워져 들녘에는 초목이 푸르게 자라는 계절로 바뀐다. 己가 戊로 전환되는 환절기다.

들판의 초목에게는 많은 물이 필요하다. 또 땅에는 영양분도 많아야 한다. 어느 때보다 戊土가 필요하다. 그래서 辰月은 '己의 死地'가 된다.

비록 죽은 己라도, 한 달 내내 죽어있는 것은 아니다. 왜냐하면 辰月에는 천간으로 乙·癸·戊가 감추어져 있기 때문이다.

辰月 초순의 乙은 잎과 줄기의 새순으로 세상 밖으로 얼굴을 내민다. 중순의 癸는 눈 녹아 내린 물기로, 이젠 제법 모여 흘러가는 물이 된다.

하순의 戊는 여름철의 활동무대로 새 단장을 끝낸다.

⊙ 巳月

巳는 4월로 小滿과 芒種이 있는 초여름이다. 꽃 떨어진 자리에 작은 푸른 알갱이들이 매달려 자란다.

여름철의 芒種이 지난 후 씨를 뿌리면 속살이 채워지지 않아 헛열매가 되어 농사를 망친다. 그러므로 망종 다음 추운 겨울의 己는 사라지고 여름의 戊가 등장했다.

한여름의 戊는 작은 열매들에게 영양을 공급하고, 땡볕은 푸른 열매를 빨갛게 익게 한다. 그래서 巳月은 '己의 墓地'가 된다.

비록 己가 巳月에 쇠몰된다 해도 모두 묻히는 것은 아니다. 왜냐하면 巳月 속에는 戊·庚·丙이란 천간이 숨어있기 때문이다.

巳月 초순의 戊는 한여름의 보금자리로 더위를 만났으니 초목이 푸르게 우거진다. 중순의 庚은 덜 익은 푸른 열매로 가을이 와야 다 익는다. 하순의 丙은 여름을 만난 불볕으로, 폭염의 극성을 과시한다.

제7장

庚金

1. 庚이란?

1) 적천수의 庚金

原文

庚金帶煞 : 庚金은 단단하고 야문 무쇠로, 살아있는 생명을 죽
일 수 있는 총칼이 되므로, 숙살(肅殺)의 기질을 띠
고 있어 무섭다.

剛健爲最 : 단단하고 굳센 쇠붙이 중에서 부스러지지 않는 최
고의 강철이다.

得水而淸 : 거칠고 무딘 쇠뭉치인 庚金이 水를 만나면, 庚이 水

한테 설기를 당해 무딘 강철이 날카롭게 갈려서 맑고 푸르게 보인다.

得火而銳 : 火가 金을 녹여내듯이, 庚金은 火를 만나 더욱 단단하게 제련되어 칼날처럼 날카롭게 된다.

土潤則生 : 土가 윤택하면 水의 물기를 많이 머금고 있기 때문에 庚金이 水에 설기되어 더 가볍고 예리해진다.

土乾則脆 : 火氣가 강해서 土를 말려 딱딱하게 하면 庚金이 물러터지거나 부스러진다.

能嬴甲兄 : 비록 甲이 乙보다 강하여 甲庚沖하지만 庚이 충분히 甲을 이겨낸다.

輸於乙妹 : 비록 乙이 甲보다 약하지만 乙과 庚이 합이 되어 도리어 庚이 약해진다.

原註

庚金은 숙살(肅殺)의 기를 띠고 있으니 가장 강건하다. 水를 얻어 청하게 되고 火를 얻어 예리해진다. 土가 윤택하면 金이 生하고, 土가 건조하면 부스러진다. 乙木의 형인 甲木은 능히 庚을 이겨서 풀어헤칠 수 있지만, 庚은 甲의 동생인 乙에게는 정성을 다한다.

庚金은 하늘의 태백(太白; 금성)으로 殺을 띠고 있어 강건하다. 무쇠 같은 것이 水를 얻으면 氣가 유통되어, 무딘 쇠가 날카롭게 갈려서 푸르게 윤이 난다. 만약 庚金이 火를 얻으면 氣가 녹아 순수해져서 가볍고 날카로워진다.

물기를 머금은 土는 金을 생하나, 火를 품은 土는 金을 물러 터지게 한다. 甲木이 비록 강하나, 그 힘은 능히 庚金이 극할 수 있고, 乙木이 비록 부드러우나 庚과 합이 되어 도리어 庚이 약해진다.

2) 임철초의 庚金 해석

庚金은 가을의 숙살기(肅殺氣)로서, 강건함이 최고다. 물을 얻어야 淸하여진다는 것은 壬水를 말함이니, 壬水를 생하여 庚金의 강한 殺性을 인통(引通)하면, 곧 칼을 숫돌에 간 것처럼 수정같이 빛난다.

火를 얻어 날카로워진다는 것은 丁火를 일컫는 것이다. 丁火는 陰火로 유약하나, 庚을 敵으로 대하지 않고, 庚을 잘 녹여 검극(劍戟)을 이룬다. 庚은 홍로(洪爐)에 녹이고 모탕질하여, 때에 맞춰 쓰이게 한다.

庚이 봄 여름에 태어나면, 火가 庚의 氣를 꺾어버리기 때문에 습한 흙, 즉 丑辰土를 만나서 水의 도움을 받아야 한다. 만약 건조한 흙인 未戌土를 만나면 부스러지게 된다.

甲木은 비록 정적(正敵)이나, 庚이 힘으로 능히 칠 수 있지만, 乙木은 庚과 合이 되니 유정한 관계로 돌아간다.

乙木이 庚과 합을 한다 하여 모두가 庚의 강포(強暴)함을 돕는 것이 아니며, 庚 또한 乙과 合한다 하여 다 약해지는 것이 아니다.

2. 庚의 旺相休囚死

1) 庚의 胞·胎·養

⊙ 寅月

寅은 1월로 雨水와 驚蟄이 들어있다. 음달에는 아직 눈과 얼음이 남아있어 춥다. 이른 봄에 내리는 비는 농작물에 유익하다. 땅속에서 잠자는 생물들을 깨워서 움직이게 한다.

하늘에선 따가운 햇살이 비추고, 땅속에선 뿌리의 싹이 갓 돋아나는 봄이 됐다. 뿌리가 커서 잎과 줄기로 성장하고, 비로소 열매가 생겨 달린다. 그러므로 寅月은 '庚의 胞地'가 된다.

따라서 비록 庚이 胞의 때를 만나 약하나, 한 달 내내 그런 것은 아니다. 왜냐하면 寅月에는 천간으로 戊·丙·甲이 숨겨져 있기 때문이다.

寅月 초순의 戊는 아직은 초봄이라서 여름의 戊가 되려면 기다려야 한다. 중순의 丙은 초봄의 햇살로, 날씨가 더워야 비로소 여름의 강한 불볕이 된다. 하순의 甲은 흙 속의 뿌리로, 곧 새순으로 돌아날 만반의 채비를 한다.

⊙ 卯月

卯는 2월로 春分과 靑明이 있는 늦은 봄으로 밤낮의 길이가 똑같다. 己土 속에서 뿌리로 움터서 돌아난 떡잎이 곧 땅 위로 뚫고 나온다.

이 떡잎이 乙로 탈바꿈하여 잎과 줄기로 커서 열매나 과일을 열게 한다. 그 庚 열매에 영양을 공급하는 乙이 무성해지는 봄철이다. 그래서 卯月은 '庚의 胎地'가 된다.

비록 庚이 갓 태어나는 胎의 때를 만나도, 한 달 내내 그런 것은 아니다. 왜냐하면 卯月의 餘氣에는 甲이 있고, 正氣에는 乙이 들어오기 때문이다.

卯月 餘氣의 甲은 뿌리로서 잎과 줄기의 새순을 움트도록 최선을 다한다. 正氣의 乙은 뿌리에서 움튼 새싹으로서, 장차 잎과 줄기로 성장할 것이다.

⊙ 辰月

辰은 3월로 穀雨와 立夏가 들어있다. 농사에 필요한 봄비는 곡우라 하여 귀중하게 생각한다. 곧 이어서 더운 여름이 닥친다. 초목들은 무럭무럭 커간다.

또 물을 잔뜩 머금은 乙은 庚 열매가 필요한 물과 영양분을 공급해 준다. 그래서 辰月은 '庚의 養地'가 된다.

비록 庚이 더 성장해야 할 양육(養育)의 때를 만났어도, 한 달 내내 그런 것은 아니다. 왜냐하면 辰月에는 천간으로 乙·癸·戊가 감추어져 있기 때문이다.

辰月 초순의 乙은 여름철을 만났으므로 잎과 줄기가 무성하게 우거진다. 중순의 癸는 빗물로 떨어지고 냇물처럼 흘러서 초목을 살찌운다. 하순의 戊는 겨울의 떼를 씻어내고 여름의 戊로 새 단장한다.

2) 庚의 生·浴·帶

⊙ 巳月

巳는 4월로 小滿과 芒種이 있다. 기온이 높아져 뜨거운 초여름이 됐다. 곳곳에 작은 열매가 달린다. 씨 뿌릴 시기인 망종을 지나면 농사를 지을 수 없다.

여름의 戊土에서 잘 자란 乙한테서 영양분을 공급받는 열매는 여름의 땡볕을 받아서 더 잘 영글어진다. 그래서 巳月은 '庚의 生地'가 된다.

비록 庚이 巳月을 만나 생기가 넘친다 해도, 한 달 내내 그런 것은 아니다. 왜냐하면 巳月의 餘氣는 戊가 주관하고, 中氣는 庚이 관여하며, 正氣는 丙이 마무리하기 때문이다.

巳月 餘氣의 戊는 여름철의 보금자리로 무더위를 만났으니, 설상가상으로 더 덥다. 中氣의 庚은 작고 푸른 열매로, 앞으로 더 커서 빨갛게 익어야 한다. 正氣의 丙은 여름철의 불볕으로, 더위가 더욱 강렬해져서 폭염이 된다.

⊙ 午月

午는 5월로 夏至와 小暑가 들어있다. 낮이 가장 긴 여름의 끝이다. 그 후 점차 햇볕의 양은 줄어도 열기의 전달 속도가 느리기 때문에 더위는 더욱 심해진다.

불볕 같은 폭염이 계속되고, 그 복사의 열기를 받은 丁이 그 열을 축열하기 시작한다. 이때 열매 庚은 강렬한 햇볕으로 묵은 떼를 씻고 광택을 낸다. 그래서 午月은 '庚의 欲地'가 된다.

비록 庚이 午月을 만나서 새 단장을 해야 하지만, 한 달 내내 그런 것은 아니다. 왜냐하면 午月의 餘氣에는 丙이 오고, 正氣에는 丁이 오기 때문이다.

午月 餘氣의 丙은 여름철의 불볕으로, 더위를 만나서 세상이 폭염으로 불탄다. 正氣의 丁은 땡볕의 뜨거운 열기를 전도받은 丁이 그 열기의 축열을 시작한다.

⊙ 未月

未는 6월로 大暑와 立秋가 있다. 일 년 중 가장 더운 여름으로, 곧 차가운 겨울로 바뀐다. 물론 이는 뜨거운 戊가 추운 己로 둔갑한다.

비록 밤 기온은 서늘해도 낮 기온은 뜨거워져, 열매 庚이 맛도 들고 탐스럽게 영글어간다. 그래서 未月은 '庚의 冠帶地'가 된다.

비록 庚이 未月을 만나서 가을의 축복을 받지만, 한 달 내내 그런 것은 아니다. 왜냐하면 未月에는 천간으로 丁·乙·戊가 잠재되어 있기 때문이다.

未月 초순의 丁은 불볕의 열기를 전달 받아서 겨울에 써먹기 위해서 저장을 시작한다. 중순의 乙은 여름철을 만나서 잎과 줄기가 무성하게 자라 큰 초목이 된다. 하순의 戊는 뭇 생물들이 뛰고 노는 여름철의 활동무대가 되어 준다.

3) 庚의 建·旺·衰

⊙ 申月

申은 7월로 處暑와 白露가 들어있다. 밤낮과 위치에 따라 기온의 차가 심하다. 또 밤에는 풀잎에 이슬이 맺히기 시작한다.

가을이라 낮에는 햇볕에 과일 庚이 빨갛게 익고, 밤에는 이슬을 맞아서 맛이 든다. 그러므로 申月은 '庚의 建祿地'가 된다.

비록 庚이 申月을 만나 잘 익어간다고 해서, 한 달 내내 그런 것은 아니다. 왜냐하면 申月의 餘氣엔 己가 오고, 中氣에는 壬이 오고, 正氣엔 庚이 찾아오기 때문이다.

申月 餘氣의 己는 초가을을 만났으므로, 더 추워져야 비로소 가을의 己가 된다. 中氣의 壬은 겨울의 눈과 얼음인데 아직 서리는 내리지 않고, 다만 밤에 찬이슬이 맺힌다. 正氣의 庚은 가을의 과실이다. 때를 잘 만났으므로 곧 다 익을 것이다.

⊙ 酉月

酉는 8월로 秋分과 寒露가 있다. 낮과 밤의 길이가 똑같은 늦가을이다. 밤에는 추위도 낮에는 햇볕이 따갑기 때문에, 풍성한 과실이 마지막으로 익어가는 계절이다.

잘 익은 열매가 땅에 떨어져 깨지면 그 속에서 단단한 씨앗이 나온다. 열매나 과실이 튼튼하고 충실하면 씨앗도 싱싱하다. 그래서 酉月은 '庚의 旺地'가 된다.

비록 庚이 때를 잘 만나서 기세가 왕성해도, 한 달 내내 그렇지는 못하다. 왜냐하면 酉月의 餘氣에는 庚이 들어있고, 正氣에는 辛이 자리 잡고 있기 때문이다.

酉月 餘氣의 庚은 수확의 가을철을 만났다. 금상첨화다. 正氣의 辛은 씨앗에서 뿌리의 촉이 돋아나기 시작했다. 辛은 胎의 때를 만난 것이다.

⊙ 戌月

戌은 9월로 霜降과 立冬이 들어있는 늦가을로 첫서리가 하얗게 내린다. 곧 겨울 준비를 해야 한다. 앙상한 가지에 매달린 열매 庚은 곧 땅에 떨어져 깨진다.

己土의 밖은 춥고, 己의 속은 따뜻하다. 辛 씨앗은 흙 속에서 丁의 열기를 받아 얼지 않고 잘 지낸다. 그러므로 戌月은 '庚의 衰地'가 된다.

비록 庚이 쇠약하여 사라졌지만, 모두가 다 그런 것은 아니다. 왜냐하면 戌月에는 천간으로 辛·丁·己가 숨겨져 있기 때문이다.

戌月 초순의 辛은 땅속에 묻힌 씨앗으로, 이제부터 뿌리의 촉을 움트게 해야 한다. 중순의 丁은 제철을 만났으므로, 땅속의 겨우살이들을 살리는 데 정신없이 바쁘다. 하순의 己는 가을의 허물을 벗고 겨울의 己로 새 단장해야 한다.

4) 庚의 病·死·墓

⊙ 亥月

亥는 10월로 小雪과 大雪이 있다. 첫눈이 내린다. 한파가 닥쳐 온 들판이 흰눈으로 덮인다. 땅 밖은 눈과 얼음이 덮여 있어, 열매는 얼어 터지고, 땅에 떨어져 깨지고 묻힌다.

땅속은 씨앗에서 甲 뿌리가 움터서 돋아나고, 丁의 열기로 따뜻하게 자란다. 그래서 亥月은 '庚의 病地'가 된다.

비록 庚이 죽을 지경이지만, 한 달 내내 그런 것은 아니다. 왜냐하면 亥月은 餘氣가 己가 되고, 中氣가 甲이 되며, 正氣가 壬이 되기 때문이다.

亥月 餘氣의 己는 겨울철은 만났으므로, 의젓한 모습으로 큰소리친다. 中氣의 甲은 땅속의 뿌리다. 새순의 촉을 뿌리에서 움트게 해야 한다. 正氣의 壬은 눈과 얼음으로 영하의 추위를 만난 것과 같다. 힘을 과시한다.

⊙ 子月

子는 11월로 冬至와 小寒이 들어있다. 눈과 얼음이 들판을 덮고 있다. 낮이 길어지면서 햇볕이 강해져 눈이 녹아서 내린 물은 癸水로, 그 속에는 온기가 서려 있다.

壬에서 일양시생(一陽始生)으로 미지근한 癸 물기가 생긴다. 열매 庚은 모두 깨져 눈 속에 묻혔다. 그러므로 子月은 '庚의 死地'가 된다.

비록 庚이 죽었다고 해도, 모두가 그런 것은 아니다. 왜냐하면 子月의 餘氣에는 壬이 주관하고, 正氣에는 癸가 관여하기 때문이다.

子月 餘氣의 壬은 겨울의 물로서, 또 영하의 추위를 만나 눈과 얼음이 됐다. 正氣의 癸는 눈과 얼음이 녹아내린 물기인데, 이것이 모이면 흐르는 물이 될 것이다.

⊙ 丑月

丑은 12월로 大寒과 立春이 있다. 일 년이 끝나는 마지막 겨울이 새 봄으로 바뀌는 환절기다. 바깥 날씨는 아직도 춥다. 얼어 터진 열매는 사라지고 씨앗만 눈 속에 묻힌다.

눈 녹아내린 물기가 흙 속으로 스며들어 씨앗의 촉을 틔우면, 甲 뿌리가 움트게 된다. 그래서 丑月은 '庚의 墓地'가 된다.

비록 庚이 죽어 땅에 묻히더라도, 만나는 地支의 地藏干에 따라서 달라진다. 丑月에는 천간으로 癸·辛·己가 숨겨져 있어 각각의 상황이 다르다.

丑月 초순의 癸는 날씨가 풀려, 눈 녹아내리는 물기가 모이기 시작한다. 중순의 辛은 흙 속으로 스며든 물기와 丁의 열기로 뿌리가 돋아나 곧 새순이 된다. 하순의 己는 여름의 戊가 오기 전 마지막으로 전력을 다 바쳐야 한다.

제8장

辛金

1. 辛이란?

1) 적천수의 辛金

原文

辛金軟弱 : 辛金은 귀금속처럼 부드럽고 연약하다.

溫潤而清 : 辛金은 차갑지 않고 따스하며, 반질거리고 매끄러
워 맑게 보인다.

畏土之多 : 土가 두껍게 쌓여 그 속에 묻힐까 하고, 辛金이 두려
워한다.

樂水之盈 : 水가 金을 洩氣하여, 얇고 가냘프게 다듬고 갈아주

기 때문에, 辛金은 水, 즉 물을 매우 좋아한다.

能扶社稷 : 丙火의 신하가 辛金인데, 辛[신하]이 丙[임금]과 합하여 물[水]처럼 풀려서 어울리면, 마치 임금이 신하를 믿고 의지하는 것 같다. 사직(社稷)을 받드는 것이다.

能救生靈 : 辛金은 丙火의 백성인데, 丙火가 辛金을 녹여 해코지 할 때, 丙辛合으로 생긴 水가 丙火의 행패를 막아주는 것이다. 이는 마치 백성을 살리는 것과 같다.

熱則喜母 : 여름에 태어나 뜨거워지면 辛金이 견디기 어렵기 때문에, 己土에 물기가 들어 있으면 그 물기 水가 火氣를 식혀준다. 그래서 金의 어머니인 土가 기뻐한다.

寒則喜丁 : 겨울에 물기가 땅 밑으로 스며들어 모이고, 냉기로 고인 물이 얼어 버리면, 辛金이 꼼짝 못한다. 丁火의 열기가 냉기를 막아주므로 丁을 기뻐한다.

原註

辛金은 陰金이다. 주옥이라고 하지 않는다. 부드럽고 연약하며, 맑고 윤택이 나는 것을 辛金이라 말한다.

戊己 土가 많으면, 辛이 무거운 흙에 덮여 묻히게 되니 두렵다는 것이다. 또 壬癸 水가 많으면, 辛이 洩氣되어 아름답게 빼어나니

水를 좋아한다.

辛金은 丙火의 신하가 되는데, 辛이 丙과 合하여 水로 변화하면, 丙火로 하여금 새로 생긴 壬水에게 신복(臣服)케 하니, 이로써 사직(社稷)을 편안하게 받든다는 것이다.

辛金은 甲木의 군주가 되는데, 丙火와 合하여 水로 化하여, 丙으로 하여금 甲을 불태우지 못하게 하니, 甲 생령(生靈)을 구한다는 것이다.

여름에 태어나면 己土가 있어 뜨거운 火氣를 설기하여 빼내면 가히 존립할 수 있고, 한겨울에 태어나면 丁火가 있어 추위를 물리쳐 주면 生意가 생긴다.

만약 辛이 남자일 경우, 겨울에 태어나 丙을 만나면 丙辛合으로 丙에 辛의 발목이 잡혀서 貴하게 되지도 못하고 충성스럽지도 않다.

여자가 겨울에 丙을 보면 남편을 구박하거나, 아니면 불화로 헤어지기 쉽다. 그러나 丁을 보면 남녀 모두가 귀하게 되고, 또한 삶이 순탄해진다.

2) 임철초의 辛金 해석

辛金은 인간이 좋아하는 귀금속으로, 맑고 윤택함이 가히 볼 만하다. 土가 중첩됨을 두려워한다는 것은 戊土를 말하는 것으로, 太重하면 水를 마르게 하고 金을 덮어 묻어 버린다.

水를 즐기고 좋아한다는 것은 土 속에 많이 스며들어 모인 壬水가 金을 설기하여 귀금속으로 만들어 주기 때문에 좋아한다.

辛金은 甲木의 군주이다. 丙이 甲을 태울 때, 辛이 丙과 합하여 水로 바뀌면 그 물이 丙火를 꺼버리기 때문에 丙이 甲을 태우지 못할 뿐만 아니라, 도리어 水가 甲木을 도와준다.

辛金은 丙火의 신하이다. 丙火는 능히 戊土를 생하니, 丙은 戊를 생하느라 설기가 심해서 약해진다.

만약 辛과 丙이 合하여 水로 化하면, 丙으로 하여금 戊를 생하지 못하게 할 뿐 아니라, 설기로 힘빠지지 않도록 한다.

도리어 서로가 돕는 아름다움이 있으니, 어찌 사직(社稷)을 돕고, 또한 어진 백성을 구해내는 일이 아니겠는가?

여름에 태어나 火가 많으면 己土가 있어 火氣를 설기하고 金을 생하여야 한다. 만약 겨울에 태어나 물이 많을 때, 丁火가 나타나서 물이 얼지 않도록 따뜻하게 해주면 金이 생기를 잃지 않는다. 더우면 엄마 己土를 기뻐하고, 추우면 丁火를 기뻐한다.

2. 辛의 旺相休囚死

1) 辛의 胞·胎·養

⊙ 申月

申은 7월로 處暑와 白露가 들어있다. 밤은 서늘해서 이슬이 맺히는 초가을이다. 날씨의 기온은 때와 장소에 따라 달라져서 들쭉날쭉한다.

찬바람이 불고, 잎은 단풍 들어 떨어지고, 앙상한 가지에는 잘 익은 열매가 외롭게 달려 있다. 己의 때인 가을이 왔다. 앞으로 터진 열매 속에서 씨앗 辛이 나올 것이다. 그래서 申月은 '辛의 胞地'라 한다.

비록 辛 씨앗이 생겼다고는 하지만, 아직 보이지 않는 잉태의 상태다. 申月에는 천간으로 己·壬·庚이 포진하고 있어, 辛의 상태를 한마디로 말할 수 없다.

申月 초순의 己는 겨울인데, 가을철을 만났으니, 앞으로 클 양육(養育)의 때를 만난 것과 같다. 중순의 壬은 추운 겨울인데, 아직 서늘한 가을이라 일찍 나타난 것이다. 하순의 庚은 오곡백과다. 가을 곡식이 가을철을 만났으니 대성공이다.

⊙ 酉月

酉는 8월로 秋分과 寒露가 있는 늦가을이며, 밤낮의 길이가 똑같다. 밤에는 차가운 서리가 내리고, 찬바람에 잎은 떨어지며, 앙상한 가지에는 庚 열매만 달려있다.

곧 열매도 낙엽처럼 땅에 떨어져 깨진다. 그 터진 열매 속에는 辛 씨앗이 들어있다. 그래서 酉月은 '辛의 胎地'가 된다.

아직은 씨앗이 보이지 않고, 열매 속에 들어있는 胎의 상태다. 그런데 酉月의 餘氣에는 庚이 오고, 正氣에는 辛이 오면, 胎의 상태가 달라진다.

酉月 餘氣의 庚은 가을 열매인데, 또 가을철을 만났으니 신나는 일이다. 正氣의 辛은 땅속에 묻힌 씨앗인데, 봄이 오기 전에 미리 뿌리의 촉을 틔워야 한다.

⊙ 戌月

戌은 9월로 霜降과 立冬이 들어있다. 밤에 첫서리가 내리는 늦가을에서 한파의 추운 겨울로 바뀌는 환절기다. 땅 위는 추위로 아무것도 살 수 없는 세상이다. 땅속에는 따뜻한 丁의 열기가 있다.

땅에 묻힌 씨앗 辛은 丁의 열기를 받아서 얼지 않고 튼튼히 지내면서 봄에 태어날 뿌리를 위해서 미리 준비를 한다. 그래서 戌月은 '辛의 養地'가 된다.

비록 辛 씨앗이 잘 지내고 있어도, 늘 그렇지는 못하다. 왜냐하면 戌

月에는 천간으로 辛·丁·己가 잠재되어 있기 때문이다.

戌月 초순의 辛은 땅속의 씨앗으로, 봄에 태어날 뿌리의 촉을 움트게 해야 한다. 중순의 丁은 씨앗을 열기로 감싸서 뿌리가 움틀 수 있도록 도와주어야 한다. 하순의 己는 겨울철 己다. 이제부터 옛날 戊의 때를 씻어내고 새로 단장해야 한다.

2) 辛의 生·浴·帶

⊙ 亥月

亥는 10월로 小雪과 大雪이 있다. 첫눈이 내리는 겨울의 문턱으로, 눈이 쌓여서 천지가 하얗다. 겨울의 혹한을 피하려고 겨우살이들이 보금자리를 찾아 己의 땅속으로 파고든다.

씨앗에서 움터서 돋아난 甲 뿌리는 丁의 온기와 壬의 수분을 받아서 잘 자란다. 이렇게 辛에서 뿌리가 움터서 나오기 때문에, 亥月은 '辛의 生地'가 된다.

그러나 亥月이 씨앗이 태어날 때라 해도, 한 달 내내 그런 것은 아니다. 왜냐하면 亥月의 餘氣엔 己가 오고, 中氣엔 甲이 오며, 正氣에는 壬이 오기 때문이다.

亥月 餘氣의 己는 겨울의 흙으로, 혹한을 만났으니 경사가 아닐 수 없다. 中氣의 甲은 땅속의 뿌리로, 곧 닥칠 봄을 위해서 새싹을 움트게

해야 한다. 正氣의 壬은 눈과 얼음으로, 또 영하의 추위를 만났으니 동장군이 됐다.

⊙ 子月

子는 11월로 冬至와 小寒이 들어있다. 밤이 가장 긴 한겨울의 끝이다. 맹위를 떨치는 혹한이 일양시생(一陽始生)으로, 점점 기운을 잃어간다.

눈과 얼음이 녹아 물방울이 흘러내리면, 이는 추운 壬이 따뜻한 癸로 바뀐 것이다. 이때부터 辛은 씨앗의 묵은 탈을 벗고 甲 뿌리의 새 모습을 갖춘다. 그러므로 子月은 '辛의 浴地'가 된다.

비록 씨앗 辛이 子月을 만나 뿌리로 탈바꿈하지만, 한 달 내내 그렇지는 않다. 왜냐하면 子月의 餘氣에는 壬이 자리하고, 正氣에는 癸가 차지하고 있기 때문이다.

子月 餘氣의 壬은 겨울의 냉기인데, 또 한파를 만났으니 얼음의 천하가 된 것이다. 正氣의 癸는 햇볕의 열기가 점차 강해져 눈이 녹아내린 물기이다. 땅속의 온기다.

⊙ 丑月

丑은 12월로 大寒과 立春이 있다. 땅 밖은 추워도 땅속은 따뜻하다. 동장군 같은 큰 추위가 물러가고, 포근한 새봄이 찾아오는 변절기다.

눈 녹은 물기가 흙 속으로 스며들어 씨앗의 딱딱한 껍질을 물러 터지게 한다. 또 辛 씨앗의 눈을 틔워 甲 뿌리가 움트게 한다. 그래서 丑月은

'辛의 冠帶地'가 된다.

비록 씨앗이 丑月을 만나서 뿌리를 키울 만큼 힘이 강해졌지만, 늘 그런 것은 아니다. 왜냐하면 丑月에는 천간으로 癸·辛·己가 자리 잡고 있기 때문이다.

丑月 초순의 癸는 봄 따라 온 훈기가 눈을 녹여 생긴 물기다. 중순의 辛은 봄에 싹틀 새순을 위해서, 뿌리를 키우기 위해서 최선을 다한다. 하순의 己는 곧 닦아올 戊한테 자리를 내주기 전에 남은 여력을 모두 소진한다.

3) 辛의 建·旺·衰

⊙ 寅月

寅은 1월로 雨水와 驚蟄이 들어있다. 처음으로 따스한 비가 내리면서 봄을 재촉한다. 흙 속으로 스며든 봄비의 열기가 씨앗의 속을 틔워서 甲 뿌리가 드디어 돋아난다.

지금 막 씨앗 辛에서 움튼 甲 뿌리가 점점 자라서, 앞으로 땅을 뚫고 나올 채비를 하고 있다. 그래서 寅月은 '辛의 建祿地'가 된다.

비록 辛이 寅月을 만나서 실력을 과시하지만, 언제나 그런 것은 아니다. 왜냐하면 寅月의 餘氣엔 戊, 中氣엔 丙, 正氣에는 甲이 자리 잡고 있기 때문이다.

寅月 餘氣의 戊는 여름철의 戊로 일찍 봄철을 만나 앞으로 더 클 것이다. 中氣의 丙은 여름의 불볕으로 봄을 만났으므로 좀 더 기다려야 힘을 뿜낼 수 있다. 正氣의 甲은 봄이 왔으므로 뿌리가 새순을 활짝 피우면서 쑥쑥 자라야 한다.

⊙ 卯月

卯는 2월로 春分과 靑明이 있다. 낮과 밤의 길이가 똑같은 늦은 봄이다. 바깥 날씨가 따뜻하니까 씨앗에서 움튼 甲 뿌리가 땅 위로 새순을 내밀려고 봄을 기다린다.

젖 먹은 힘까지 다 써버린 씨앗에게는 남은 여력이 없다. 그래서 卯月은 '辛의 旺地'가 된다.

卯月을 만난 辛이 비록 힘은 왕성하지만, 한 달 내내 그런 것은 아니다. 왜냐하면 卯月에는 먼저 甲이 餘氣에 오고, 그 다음 乙이 正氣에 오기 때문이다.

卯月 餘氣의 甲은 꽃필 봄을 맞아서 잎과 줄기의 새순을 키울 만큼 힘이 세졌다. 正氣의 乙은 꽃봉오리를 맺게 할 풀잎인데, 아직 때가 아니라 꽃을 못 피우고 있다.

⊙ 辰月

辰은 3월로 穀雨와 立夏가 들어있다. 봄에 뿌린 씨앗에서 새파랗게 돋아 난 풀잎의 봄철은 끝나고 드디어 무더운 여름철로 바뀌는 환절기다.

파랗게 솟아 오른 풀잎들이 자주 내린 비로 흠뻑 젖어 싱싱하다. 씨앗과 뿌리는 보이지 않고, 다만 태양과 푸른 초목만 보인다. 그래서 辰月은 '辛의 衰地'가 된다.

비록 씨앗은 봄을 만나서 뿌리로 둔갑하여 사라졌지만, 그냥 없어진 것은 아니다. 왜냐하면 辰月에는 천간으로 乙·癸·戊가 감추어져 있기 때문이다.

辰月 초순의 乙은 연약한 새순에서 푸른 풀잎으로 성장한다. 중순의 癸는 봄비가 되어 땅을 적셔주고, 초목을 무성하게 자라게 한다. 하순의 戊는 여름의 戊인데, 아직은 봄이라 여름 준비에 바쁘다.

4) 辛의 病·死·墓

⊙ 巳月

巳는 4월로 小滿과 芒種이 있다. 여름의 따가운 불볕에 꽃은 시들고, 그 자리에 작은 씨알이 맺힌다.

뜨거운 불볕에 작은 열매들이 제법 굵어지고, 또 뜨겁게 달구어진 戊土에는 씨앗은 없다. 이젠 씨앗이나 뿌리는 볼 수 없다. 巳月은 '辛의 病地'가 된다.

辛이 巳月을 만나 씨앗이 풀잎으로 탈바꿈하여 허물어졌다. 그러나 모두가 다 그런 것은 아니다. 왜냐하면 巳月의 餘氣엔 戊가 있고, 中氣엔 庚이 있으며, 正氣엔 丙이 있기 때문이다.

巳月 餘氣의 戊는 제철인 여름을 만나 힘자랑하며 으스댄다. 中氣의 庚은 꽃 떨어진 자리에 작은 씨알이 생겨서 가을을 기다린다. 正氣의 丙은 찜통더위가 불볕을 받아서 폭염으로 변해서 날뛴다.

⊙ 午月

午는 5월로 夏至와 小暑가 들어있다. 낮 길이가 제일 길고 무더운 한여름이다. 폭염이 절정에 도달하면 이제부터는 열기가 식어간다.

불같은 태양의 열기가 수그러들면 丙의 복사열을 받은 丁이 활동을 시작한다. 푸른 잎을 단풍 들이고 파란 과일을 빨갛게 익도록 하는 것이 바로 丁이다. 그래서 午月은 '辛의 死地'가 된다.

비록 庚 열매는 살고 辛은 사라졌지만, 한 달 내내 그런 것은 아니다. 왜냐하면 午月에는 丙이 餘氣에 있고, 丁이 正氣에 있기 때문이다.

午月 餘氣의 丙은 한여름을 만나서 뜨거운 불볕의 위력을 발휘한다. 正氣의 丁은 겨울의 구세주로 겨우살이들을 살려낸다. 아직은 여름이라 더 기다려야 한다.

⊙ 未月

未는 6월로 大暑와 立秋가 있다. 일 년 중 가장 무더운 여름이 가고, 다시 서늘한 가을이 들어선다.

가을의 찬바람이 불면 푸른 초목이 단풍 들어 시들어진다. 찬란했던 辛의 시대는 끝나고 庚의 시대가 됐다. 未月은 '辛의 墓地'가 된다.

비록 씨앗이 사라졌다고 해서 다 끝난 것이 아니다. 왜냐하면 未月에는 천간으로 丁·乙·戊가 숨겨져 있기 때문이다.

未月 초순의 丁은 겨울의 천사인데, 아직은 여름이라서 힘을 키우면서 기다려야 한다. 중순의 乙은 여름철의 초목으로, 산과 들을 온통 푸른 숲으로 덮어버린다. 하순의 戊는 여름철의 더위가 폭염을 만났으니 찜통처럼 더워진다.

제9장

壬水

1. 壬이란?

1) 적천수의 壬水

原文

壬水通河 : 壬水는 물이 한곳에 모여 큰 江을 이루고, 그 강은
천하에 있는 모든 江과 연결되어 막힘없이 흐른다.

能洩金氣 : 金이 水를 생하기 때문에 壬水는 능히 金의 기세를
洩氣하여 다스린다.

剛中之德 : 하늘의 관문이 天關인데, 여기를 天河의 입구라 하
여, 申을 가리킨다. 壬水는 여기 申에서 長生하므로

성정이 剛한 가운데 德이 있다.

周流不滯 : 壬水의 剛中한 德이 金氣마저 허물어 가며 막히지 않고 거침없이 두루 흘러간다.

通根透癸 : 비나 이슬이 모이면 하천이 되듯이, 壬과 癸는 형상이 달라도 하나의 물이다. 그러므로 申子辰이 다 모여 있고, 또 癸水가 투출하면, 강물이 넘쳐흐른다.

沖天奔地 : 이렇게 壬과 癸가 한 덩어리로 뭉쳐 홍수를 이루면, 하늘이 텅 비고, 땅 위가 물로 가득 차는 물난리[水患]가 일어난다.

化則有情 : 壬水가 丁火와 合하여 木으로 化하면, 다시 그 木이 丁火를 생한다. 그러므로 이를 有情이라 한다. 만약 壬水가 丙火를 제압하여 丁의 사랑을 빼앗아 가지 못하게 막아주면, 바른 지아비가 되거나 어진 군주가 된다.

從則相濟 : 壬水가 여름에 태어나 巳午未를 만나면, 火와 土가 壬水를 증발시켜 우로(雨露)를 이룬다. 비록 壬水가 火와 土를 따라서 변신해도 이는 서로 돕는 상제(相濟)가 된다.

壬水는 癸水의 발원지로 곤륜(崑崙)의 水이다. 癸水는 壬水의 귀숙지(歸宿地)이고, 부상(扶桑)의 水이다. 壬水는 나누어지기도 하고, 합쳐지기도 하며 흐름이 끊이지 않는다.

이러하므로 모든 하천이 壬이고, 또 비나 이슬이 癸다. 하천과 우로도 모두 壬水가 된다. 그러므로 壬과 癸를 다른 물이라고 둘로 나누는 것은 불가하다.

申은 天關으로 天河, 즉 은하수의 입구이다. 壬水는 申에서 長生하며, 능히 서방의 金氣를 설기하여 두루 흐르는 성정은 점차로 나아가 막히지 않으니, 강한 가운데 덕이 이와 같다.

가령 申子辰이 다 있고, 또 癸水가 투출하면, 그 기세가 하늘을 비우고 땅 위를 휩쓸고 가는 재앙이 되어 막을 수 없다. 동해는 본래 천하에서 발원한 물이 끝나는 곳으로 수환(水患)을 이룬다. 만약 命에서 이러한 물을 만났을 때, 財[火]와 官[土]이 없다면 재앙이 어떠하겠는가?

壬水가 丁火와 합하여 木으로 化하여 다시 丁火를 생하니, 가히 有情하다. 만약 壬水가 丙火를 제압하여 丁의 사랑을 지킨다면, 바른 지아비이고 어진 군주가 된다.

여름에 태어나면 巳午未 중의 火土가 壬水를 증발하게 하여 우로

(雨露)를 이루게 하는 고로, 비록 火土에 從하여도 이는 서로 돕는 상제(相濟)를 이루는 것이다.

2) 임철초의 壬水 해석

壬은 陽水다. 통하(通河)라 함은, 즉 천하(天河)에 통한다는 뜻이다. 申에서 장생하며, 申은 천하의 입구로 곤방(坤方)에 위치한다. 壬水는 申에서 생하여 서방의 숙살지기(肅殺之氣)를 설기하는 까닭에 강한 가운데 덕이 있다는 것이다.

百川의 근원으로 두루 흘러 막힘이 없으니, 나아가기는 쉬워도 물러가기는 어렵다. 가령 申子辰이 있고, 또 癸水가 투출하면, 그 세가 범람하게 되니, 설령 戊己 土가 있다 하더라도 그 흐름을 막지 못한다.

만약 강제로 저지하면 도리어 왕신이 격노하니, 수환(水患)이 있게 된다. 반드시 木으로 壬을 설기하여 그 기세에 순응하여야 한다. 그러면 충분(沖奔)의 지경에 이르지 않는다.

壬水가 丁火와 合하여 木으로 化하면 다시 木은 火를 생하니, 끊이지 않고 생하는 묘함이 있어, 化하면 有情하다는 것이다.

巳午未에 생하여 원국에 火土가 모두 왕하고, 金水의 부조(扶助)가 달리 없을 때, 火가 왕하고 천간에 투출하면, 壬은 火에 從하고, 만약 土가 왕하고 천간에 투출하면, 壬이 土에 從한다. 어우러짐이 윤택하니 서로 돕는 相濟의 功이 있다.

2. 壬의 旺相休囚死

1) 壬의 胞·胎·養

⊙ 巳月

巳는 4월로 小滿과 芒種이 들어있다. 불볕에 농작물의 속살이 영글어지는 초여름이다. 또 4월은 파종기가 끝나므로, 때 맞춰서 씨를 뿌려야 한다.

뜨거운 햇볕과 풍부한 비로 기름진 戊土에서, 잘 자란 乙 풀잎과 줄기는 푸른 열매를 주렁주렁 달고 있다. 그러나 곧 추운 己土가 도래하고, 그 己 속에는 壬이 도사리고 있다. 그러므로 巳月은 '壬의 胞地'가 된다.

무더운 여름엔 차가운 壬이 살 수 없다. 그러나 가을의 己가 오니 壬이 살아난다. 또 巳月에는 천간으로 戊·庚·丙이 자리를 차지하고 있기 때문에 壬이 불리하다.

巳月 초순의 戊는 한여름의 戊로, 또 더위를 만났으니 폭염으로 변한다. 중순의 庚은 갓 열린 씨알로 태어나서 아직은 덜 익어서 파랗다. 하순의 丙은 여름의 불볕인데, 또 더위가 겹치니까 찜통처럼 덥다.

⊙ 午月

午는 5월로 夏至와 小暑가 있는 가장 무더운 여름이다. 더 이상 덥지 않기 때문에 폭염이 곧 꺾인다. 이를 옛말로 '일음시생(一陰始生)'이라 한다.

여름의 처음엔 낮이 길어져서 찌는 듯이 무덥다가, 나중엔 밤이 길어져 더위가 수그러진다. 뜨거운 丙이 물러서고, 서늘한 丁이 나타난 것이다. 午月은 '壬의 胎地'가 된다.

비록 午月이 아직은 무덥지만, 밤엔 서늘해져서 냉기(壬)가 돈다. 그러므로 午月의 餘氣엔 丙이 들어있어 덥고, 正氣엔 丁이 들어있어 서늘하다.

午月 餘氣의 丙은 더운 날씨에 불볕까지 내리쬐니 폭염이 된다. 正氣의 丁은 불볕의 열기를 전달받은 겨울의 전도사로 추위를 알려준다.

⊙ 未月

未는 6월로 大暑와 立秋가 있다. 일 년 중 가장 더운 한여름이 끝나고 서늘한 가을이 들어서는 환절기다. 불볕과 장마로 전성기를 만난 戊는

丁한테 열기를 빼앗겨 추운 己로 변한다.

무성하게 자란 풀숲이 丁과 壬의 출현으로 단풍 들고 시들어진다. 戊는 퇴장하고 추운 己가 등장한다. 따라서 壬도 살아난다. 그래서 未月은 '壬의 養地'가 된다.

비록 가을의 등장으로 壬, 즉 냉기가 살아나지만, 한 달 내내 그런 것은 아니다. 왜냐하면 未月에는 천간으로 丁·乙·戊가 잠재하고 있기 때문이다.

未月 초순의 丁은 겨울의 전도사로 추위를 대비하도록 알려준다. 중순의 乙은 가을의 열매가 잘 익도록 영양과 수분을 최대한 많이 공급한다. 하순의 戊는 아직 더위가 남아 있기 때문에 마지막으로 최선을 다한다.

2) 壬의 生·浴·帶

⊙ 申月

申은 7월로 處暑와 白露가 들어있다. 초가을로 아침저녁으로, 또 장소에 따라서 기온의 차이가 심하다. 밤에는 찬바람으로 서늘해져서 찬이슬이 맺히기 시작한다.

추운 겨울에 접어들면 나뭇가지에 달린 열매가 곧 가을의 추위로 얼거나 땅에 떨어진다. 壬의 냉기가 설치기 시작한다. 그러므로 申月은

'壬의 生地'가 된다.

壬이 申月을 만나서 생기가 돌고 힘이 생긴다. 더욱이나 申月의 餘氣엔 己가 오고, 中氣엔 壬이 오며, 正氣엔 庚이 오기 때문에, 壬은 즐겁다.

申月 餘氣의 己는 추운 겨울인데, 가을철을 만났으니 곧 추워질 것이다. 中氣의 壬은 겨울의 냉기인데, 가을바람을 만났으니 신명이 난다. 正氣의 庚은 가을의 과실로, 곧 빨갛게 익어 먹음직스럽게 보일 것이다.

⊙ 酉月

酉는 8월로 秋分과 寒露가 있다. 밤낮의 길이가 똑같은 때늦은 가을이다. 밤에는 추워져 하얀 서리가 내린다. 이제 가을은 물러가고 추운 겨울의 己가 등장한다.

날씨가 추워지니 탐스럽게 잘 익은 빨간 과실은 땅에 떨어져 깨진다. 그 속에서 씨앗이 나온다. 이때 壬의 冷氣가 살아나서 차가워진다. 그래서 酉月은 '壬의 浴地'가 된다.

이때 壬이 서늘한 냉기에서 차가운 서리로 탈바꿈하면, 酉月의 변화도 일정치 않다. 왜냐하면 酉月의 餘氣엔 庚이 들어있고, 正氣엔 辛이 들어있기 때문이다.

酉月 餘氣의 庚은 가을의 열매인데, 가을철을 만났으니 기세가 왕성하다. 正氣의 辛은 씨앗으로서, 다 익은 열매가 터져야 그 속에서 생겨

날 수 있다.

⊙ 戌月

戌은 9월로 霜降과 立冬이 있다. 첫 서리가 내리는 늦가을이 추운 겨울로 바뀌는 환절기다. 곧 겨울인 己가 온다.

추워져야 열매가 터져서 씨앗이 나온다. 추운 壬의 도움이 없으면 씨앗이 생길 수 없다. 그러므로 戌月은 '壬의 冠帶地'가 된다.

겨울로 접어드니 壬은 제철을 만나서 얼굴엔 웃음이 활짝 핀다. 특히 戌月에는 천간으로 辛·丁·己가 숨어 있기 때문이다.

戌月 초순의 辛은 깨진 열매 속에서 갓 태어난 씨앗인데, 앞으로 더 자라야 한다. 중순의 丁은 열기의 전도사로 잎과 열매를 단풍 들게 하며 겨울을 준비한다. 하순의 己는 겨울의 흙으로 가을을 만났으니, 곧바로 탈바꿈할 수 있다.

3) 壬의 建·旺·衰

⊙ 亥月

亥는 10월로 小雪과 大雪이 들어있는 초겨울이다. 첫눈이 오고, 눈이 쌓이면, 천지가 하얗게 된다. 추위가 시작되어 壬이 활개를 치며 날뛴다.

壬은 눈과 얼음으로 땅 위에서 설치고, 땅속에서는 씨앗에서 뿌리가 움트게 한다. 그러므로 亥月은 '壬의 建祿地'가 된다.

비록 壬이 제철을 만나서 왕성하지만, 한 달 내내 그런 것은 아니다. 왜냐하면 亥月에는 己·甲·壬이 천간으로 자리를 잡고 있기 때문이다.

亥月 초순의 己는 冬土로 한파를 만났으니 힘자랑할 만하다. 중순의 甲은 땅속의 뿌리로 씨앗에서 태어나서 봄을 기다리며 자라고 있다. 하순의 壬은 겨울의 눈과 얼음으로 한파를 만났으니 혹한으로 변한다.

⊙ 子月

子는 11월로 冬至와 小寒이 있다. 밤이 가장 긴 동장군의 겨울이다. 더 이상 춥지 않기 때문에 추위가 누그러진다.

꽁꽁 얼어붙는 추운 壬의 겨울이 고개를 숙이고, 눈과 얼음이 녹아내려 흐르는 癸의 봄이 온다는 조짐이 있다. 子月은 '壬의 旺地'가 된다.

아직은 춥다. 壬이 계속 설치지만 그렇지도 않다. 왜냐하면 子月의 餘氣엔 壬이 차지하고 있고, 正氣엔 癸가 들어오기 때문이다.

子月 餘氣의 壬은 겨울의 냉기로 酷寒을 만났으니, 엄동설한의 추위다. 正氣의 癸는 낮이 길어져 생긴 햇살의 온기로 눈이 녹아내린 물기다.

⊙ 丑月

丑은 12월로 大寒과 立春이 들어있다. 겨울의 마지막으로, 견디기 힘든 큰 추위다. 곧 새봄이 닥쳐오는 환절기다. 낮의 길이가 점차 길어져서 햇볕의 양이 증가하여 먼저 눈부터 녹아내린다.

壬이 설치고 丁이 큰소리치는 한파는 물러가고, 따뜻한 물기가 땅에 스며든다. 씨앗의 껍질은 물러 터지고, 그 속에서 촉이 돋아난다. 그래서 丑月은 '壬의 衰地'가 된다.

곧 봄이 온다고 해서 壬의 세력이 약해졌다고 하나, 한 달 내내 그런 것은 아니다. 왜냐하면 丑月에는 천간으로 癸·辛·己가 숨겨져 있기 때문이다.

丑月 초순의 癸는 눈 녹아내린 물기로 모여들면 흐르는 물이 된다.

중순의 辛은 땅속의 씨앗으로 본격적으로 뿌리가 움틀 수 있도록 노력한다. 하순의 己는 퇴장하는 겨울의 흙으로, 마지막 남은 힘을 모두 쏟아낸다.

4) 壬의 病·死·墓

⊙ 寅月

寅은 1월로 雨水와 驚蟄이 있다. 봄이 처음 찾아왔다. 봄비가 내리고 빗물이 흙 속으로 스며들어, 땅속에 잠들어있는 뭇 미물들을 깨운다.

눈부신 봄볕이 땅을 비추면, 드디어 따뜻한 봄의 戊가 된다. 壬의 눈과 얼음을 볼 수 없다. 그러므로 寅月은 '壬의 病地'가 된다.

비록 날씨가 더워져서 壬의 냉기는 일그러졌지만 다른 것은 괜찮다. 왜냐하면 寅月의 餘氣엔 戊가 오고, 中氣엔 丙이 오며, 正氣엔 甲이 오기 때문이다.

寅月 餘氣의 戊는 닥쳐올 여름의 흙으로, 봄철을 만났으니 기대가 크다. 中氣의 丙은 하절의 땡볕으로, 따뜻한 봄을 만났으니 살아날 일만 남았다. 正氣의 甲은 땅 밑의 뿌리로서, 앞으로 새순에서 풀잎으로 활짝 필 것이다.

⊙ 卯月

卯는 2월로 春分과 靑明이 들어있다. 밤낮의 길이가 똑같은 늦은 봄이다. 꽃이 만발하고 하늘은 푸르고 화창하다.

이제는 풀잎 乙이 자라는 봄의 戊가 됐다. 己가 물러가자 차가운 壬이 따뜻한 癸로 변해서 나타났다. 그러므로 卯月은 '壬의 死地'가 됐다.

비록 壬이 때가 지나서 죽을 지경이지만, 그렇지 않을 경우도 있다. 왜냐하면 卯月의 餘氣는 甲이 차지하고, 正氣는 乙이 맡기 때문이다.

卯月 餘氣의 甲은 뿌리인데, 봄철을 만나서 앞으로 풀잎으로 성장할 것이다. 正氣의 乙은 푸른 풀잎인데, 봄을 만나서 풀잎의 새순으로 돋아날 것이다.

⊙ 辰月

辰은 3월로 穀雨와 立夏가 있다. 농사에 필요한 봄비가 내리고, 그 다음 뜨거운 여름이 찾아온다.

癸가 흘러 개울이 되고, 癸가 증발하여 안개가 된다. 壬의 흔적은 사라졌다. 그러므로 辰月은 '壬의 墓地'가 된다.

비록 壬이 자취를 감추었다고 해도, 다 그런 것은 아니다. 왜냐하면 辰月에는 천간으로 乙·癸·戊가 감추어져 있기 때문이다.

辰月 초순의 乙은 뿌리에서 올라온 풀잎으로 활짝 피어나는 일만 남았다. 중순의 癸는 빗물과 흐르는 물로, 산천초목을 무성한 숲으로 키운다. 하순의 戊는 여름철의 흙으로, 더위를 만났으니 한여름의 모습으로 새로 단장해야 한다.

제10장

癸水

1. 癸란?

1) 적천수의 癸水

原文

癸水至弱 : 癸水는 순수한 陰水로 연약해서, 흩어져 증발하고 변화가 무쌍하다.

達於天津 : 癸水는 하늘 끝까지 높이 증발하여, 天氣를 따라 구름처럼 떠다닌다.

得龍而運 : 하늘 끝까지 올라간 癸水가 天氣를 타고 운행하는 것이, 마치 용(龍)이 구름과 비를 이루어 만물을 윤

택하게 하는 것과 같다.

功化斯神 : 세상의 만물을 윤택케 하는 癸의 功勞는 辰土를 만나는 데 있다.

不愁火土 : 비록 癸水는 연약하지만 木을 살릴 뿐만 아니라, 火를 극제하고 土를 윤택하게 한다. 그래서 火와 土가 많아도 두려워하지 않는다.

不論庚辛 : 癸水는 물보라처럼 약하기 때문에 강력한 金을 洩氣하여 힘을 뺄 수 없다. 그래서 庚辛은 癸의 洩氣를 걱정하지 않아도 된다.

合戊見火 : 무릇 戊와 癸가 합할 때, 천간에 丙丁이 투출하면, 癸의 衰旺이나 秋冬에 상관없이 火로 化한다.

化象斯眞 : 이렇게 火로 化한 象은 眞格이다.

原註

癸水는 純陰으로 지극히 약한 고로, 부상(扶桑; 동해의 해뜨는 곳)으로 사라지는 물이다. 天津에 達하여 天氣를 따라 운행하고, 龍이 있으면 구름과 비를 이루어 만물을 윤택하게 하니, 功은 化하는 神에 있는 것이다.

무릇 四株 중 甲乙 寅卯는 다 水氣로 운행되는 것이니, 癸水는 木을 생하고, 火를 극제하며, 土를 윤택하게 하고, 金을 자양하니, 貴格 이 확실하다.

비록 火土가 많아도 두려워하지 않으며, 庚에 이르러서도 생을 의 뢰하지 않으니 庚이 많아도 꺼리지 않는다.

오직 戊土와 합하여 火로 化하는 것은 무슨 까닭인가? 戊土는 寅 에서 長生하고, 癸水는 卯에서 생하니 모두 동방(寅卯辰)에 속하는 고로, 능히 火를 생한다고 본다.

땅은 동남쪽으로 기우니, 戊土의 취약지고 癸水의 死地이며 태양 이 뜨는 곳이다. 그러므로 木이 火로 化하는 것을 모르고 하는 말 이다.

무릇 戊와 癸가 합하고, 丙丁이 천간으로 투출하면, 衰旺과 秋冬을 막론하고 火로 化하니 眞格이 된다.

2) 임철초의 癸水 해석

癸水는 비나 이슬이 아니고, 純陰의 水이다. 발원이 비록 길어도 그 성정은 지극히 약하고, 형세는 가장 정적(靜的)이며, 능히 土를 윤택하게 하여 金을 생하게 하며 만물을 기른다.

龍運에는 변화를 헤아리기 어려운 것은, 이른바 龍을 만나면 化하기 때문이다. 龍은 곧 辰土를 이르는 것으로 실제로 龍이 조화를 부리는 것은 아니다.

辰土를 얻어 癸가 化한다는 것은 化한 원신이 천간에 나타난 것을 이르는 것이다. 무릇 10干은 辰을 만나야 반드시 化神이 천간에 투출하니, 이는 불변의 이치다.

火土를 근심하지 않는다는 것은 癸가 지극히 약한 본성으로 火土가 많이 나타나 있으면 從하여 化하기 때문이다.

庚辛을 논하지 않는다는 것은 약한 水가 金氣를 설하지 못하기 때문에 걱정하지 않는다는 뜻이다. 소위 金이 많으면 도리어 水가 탁해진다는 것은 癸水를 말한 것이다.

戊土와 합하였을 때 火를 보아야 한다는 것은, 陰이 극에 이르면 陽이 생하는 이치로, 戊土가 조열하고 후중한데 원국에 丙火가 투출하면 化神이 인출되어 眞格이 됨을 말한다.

만약 金水가 왕한 秋冬에 癸가 태어나면, 비록 지지에 辰土가 있고, 천간으로 丙丁이 있어도 從하기는 어렵다.

2. 癸의 旺相休囚死

1) 癸의 胞·胎·養

⊙ 亥月

亥는 10월로 小雪과 大雪이 들어있는 겨울이다. 첫눈이 내리고, 더 추워지면 눈과 얼음이 판을 치기 때문에 모두 땅속으로 숨는다.

보이는 것은 눈과 얼음뿐이다. 아무것도 나타나지 않는다. 아직 눈이 녹지 않아서 癸의 흔적을 찾아볼 수 없다. 곧 壬에서 癸의 낌새를 느낄 것이다. 그러므로 亥月은 '癸의 胞地'가 된다.

아직은 천하가 꽁꽁 얼어있어서 비록 癸의 형체가 보이지 않지만, 곧 나타날 것이다. 왜냐하면 亥月에는 천간으로 己·甲·壬이 잠재해 있기 때문이다.

亥月 초순의 己는 겨울 凍土로 한파를 만났으니 얼음판의 세상이 됐다. 중순의 甲은 땅속의 뿌리로 풀잎의 새싹을 낼 준비를 하고 있다. 하순의 壬은 겨울의 냉기로 한파를 만나서 꽁꽁 얼어버린 얼음의 세상이 될 것이다.

⊙ 子月

子는 11월로 冬至와 小寒이 있고, 밤이 가장 긴 한파의 겨울이다. 눈이 오고 얼음이 꽁꽁 얼지만, 그 속에서는 눈 녹은 물기가 쬐여들기 시작한다.

낮의 길이가 길어지면 그만큼 햇볕의 양이 늘어나기 때문에 추위가 꺾인다. 이렇게 햇볕이 강해지고 얼음이 녹기 시작하면 '일양시생(一陽始生)'이라 한다. 그러므로 子月은 '癸의 胎地'가 된다.

아무리 꽁꽁 언 얼음이라도, 봄볕을 받으면 녹아내린다. 子月의 餘氣엔 壬이 오고, 正氣엔 癸가 오기 때문에 어차피 癸가 나타난다.

子月 餘氣의 壬은 겨울의 눈과 얼음으로, 또 한파를 만났으니 냉동고처럼 춥다. 正氣의 癸는 따뜻한 물기와 습기로, 눈과 얼음이 녹지 않으면 찾아볼 수 없다.

⊙ 丑月

丑은 12월로 大寒과 立春이 들어있다. 동장군이 설치는 엄동설한의 끝자락이다. 그러나 바깥은 춥고 속은 따뜻한 새봄이 등장하는 환절기다. 낮이 길어지면 햇볕의 양이 많아져 따뜻해지고, 눈이 녹아내리기 시작한다.

눈 녹은 물기 癸가 흙 속으로 스며들면, 꽁꽁 언 己土 속을 癸水가 질퍽하게 만든다. 그러므로 丑月은 '癸의 養地'가 된다.

비록 봄 기운인 癸가 등장했어도 아직은 춥다. 왜냐하면 丑月에는 천간으로 癸·辛·己가 감추어져 있기 때문이다.

丑月 초순의 癸는 눈이 녹아내린 물기가 되고, 봄을 알리는 아지랑이가 된다. 중순의 辛은 씨앗인데, 봄을 맞아서 뿌리를 내고, 새싹을 움트게 한다. 하순의 己는 아직 추위가 남아있기 때문에 기세가 왕성하다.

2) 癸의 生·浴·帶

⊙ 寅月

寅은 1월로 雨水와 驚蟄이 들어있는 일 년의 출발이다. 봄비가 내리고, 그 비가 흙 속으로 스며 들어가, 겨울잠을 자는 생물들을 깨운다. 또 눈 녹아 내린 癸水가 겨울의 己를 퇴장시키고, 새봄의 戊土를 불러들인다.

따가운 햇볕에 열 받은 땅이 따뜻해져서 습기가 아지랑이가 되어 피어오른다. 그러므로 寅月은 '癸의 生地'가 된다.

비록 癸가 寅月을 만나서 새출발을 하지만 문제는 많다. 왜냐하면 寅月에는 戊가 餘氣에 오고, 丙이 中氣에 오며, 甲이 正氣에 오기 때문이다.

寅月 餘氣의 戊는 여름철의 흙으로, 봄을 만났으니 아직 더 기다려야 한다. 中氣의 丙은 여름날의 뜨거운 불볕인데, 아직은 봄이라서 자기의 역할을 못하고 있다. 正氣의 甲은 땅속의 뿌리로, 봄을 만나서 풀잎의

새싹으로 돋아난다.

⊙ 卯月

卯는 2월로 春分과 靑明이 들어있다. 밤낮의 길이가 똑같은 봄의 끝이다. 땅에는 꽃이 만발하고, 하늘은 푸르며 날씨는 화창하다.

봄의 땡볕에 얼음이 녹아 생긴 물기가 癸다. 뿌리는 癸의 도움을 받아 새싹을 땅 위로 내민다. 그래서 卯月은 '癸의 浴地'가 된다.

물론 癸가 卯月을 만나서 냉기의 壬에서 온기의 癸로 변신했지만, 문제는 있다. 왜 그런가 하면, 卯月의 餘氣엔 甲이 오고, 正氣에는 乙이 오기 때문이다.

卯月 餘氣의 甲은 흙 속의 뿌리로, 봄철을 만나서 새싹으로 크려면 힘이 있어야 한다. 正氣의 乙은 비록 새순으로 돋아났지만, 앞으로 풀잎과 줄기로 클 것이다.

⊙ 辰月

辰은 3월로 穀雨와 立夏가 있다. 새봄으로 밭에 뿌린 씨가 봄비로 잘 자란다. 곧 더운 여름이 닥쳐오는 환절기다. 壬의 냉기가 밀려가고 癸의 온기가 등장한다.

뜨거운 햇볕과 풍부한 빗물로 기름진 戊土는 산천초목의 보금자리가 된다. 그러므로 辰月은 '癸의 冠帶地'가 된다.

비록 癸가 봄철을 만나서 활개를 치지만, 한 달 내내 그런 것은 아니다. 왜냐하면 辰月에는 천간으로 乙·癸·戊가 감추어져 있기 때문이다.

辰月 초순의 乙은 여름의 풀잎인데, 먼저 봄을 만났으니 아직 어린 새싹이다. 중순의 癸는 습기와 봄비로 땅속에 스며들어 초목을 양육한다. 하순의 戊는 여름철의 흙으로, 생물들이 살아갈 수 있는 생활터전이 되어준다.

3) 癸의 建·旺·衰

⊙ 巳月

巳는 4월로 小滿과 芒種이 들어있는 무더운 여름의 세상이 됐다. 잎과 줄기가 자랄 만큼 컸다. 이제는 푸른 작은 열매가 알알이 맺혀 줄기에 달릴 차례다.

푸른 작은 열매가 큰 과일로 자라서 익으려면, 뜨거운 여름 햇살과 물[癸]이 필요하다. 그래야 과일이 빨갛게 익는다. 巳月은 '癸의 建祿地'가 된다.

물론 癸가 풀잎이나 열매의 중요한 수분이 되지만, 주위에서 도와주어야 한다. 왜냐하면 巳月의 餘氣엔 戊가 오고, 中氣엔 庚이 오며, 正氣에는 丙이 오기 때문이다.

巳月 餘氣의 戊는 여름 흙으로, 불볕을 만났으니 설상가상으로 더위는 맹위를 떨친다. 中氣의 庚은 여름철에 생기는 작은 푸른 열매로, 가

을이 돼야 익는다. 하순의 丙은 한여름의 불볕으로, 더위가 겹쳤으니 가마솥처럼 뜨겁다.

⊙ 午月

午는 5월로 夏至와 小暑가 있다. 낮의 길이가 가장 긴 폭염의 한여름이다. 더위를 식혀줄 물이 많이 필요하다. 더 이상 더울 수 없어, 장마가 와야 더위의 기세가 꺾일 수 있다.

찌는 듯한 더위는 소나기를 만나야 비로소 수그러들고, 땅속에선 丁의 복사열이 축열하기 시작한다. 午月은 '癸의 旺地'가 된다.

비록 癸가 구름도 되고 비로 떨어져 장마가 되어 좋을 것 같지만, 그렇지 못하다. 왜냐하면 午月에는 丙이 餘氣에 와있고, 丁이 正氣에 와있기 때문이다.

午月 餘氣의 丙은 뜨거운 불볕인데, 또 더위를 만났으니 엎친 데 덮친 격으로 무덥다. 正氣의 丁은 여름에 열기를 축열한 후, 겨울에 겨우 살이가 얼지 않도록 끄집어내어 쓴다.

⊙ 未月

未는 6월로 大暑와 立秋가 들어있다. 불가마같은 큰 더위가 끝나는 철이다. 뒤따라 서늘한 가을이 오는 계절의 교체기다.

여름의 戊土 속에 잔뜩 스며있는 癸水는 丁의 열기를 만나서 증발하거나 사라진다. 癸 없는 戊土는 겨울의 己土로 바뀐다. 未月은 '癸의 衰

地'가 된다.

날씨가 추워지면 흩어진 癸가 엉겨들어 壬으로 뭉친다. 未月에는 천간으로 丁·乙·戊가 숨겨져 있기 때문에 癸한테는 도움이 안 된다.

未月 초순의 丁은 겨울 땅속의 열기로, 가을이 왔으니 활동을 시작한다. 중순의 乙은 푸른 풀잎으로, 가을엔 단풍 들어 떨어진다. 그러기 전에 최선을 다 해야 한다. 하순의 戊는 여름의 흙인데, 가을이 왔으니 己土한테 자리를 물려주고 퇴장한다.

4) 癸의 病·死·墓

⊙ 申月

申은 7월로 處暑와 白露가 있는 초가을이다. 아침저녁으로 기온의 차이가 심하고, 또 밤에는 이슬이 맺힌다.

가을 추위로 생물들이 몸을 움츠리고 숨긴다. 가을의 서늘한 바람이 불면, 잘 익은 큰 열매는 곧 땅에 떨어질 것이다.

날씨가 추워지면, 흐르는 癸는 얼어서 눈이나 얼음이 된다. 그러므로 申은 '癸의 病地'가 된다.

비록 癸가 추위로 응고되어 壬으로 변했지만, 늘 그런 것은 아니다. 申月에는 己가 餘氣에 들어있고, 壬은 中氣에 앉아 있으며, 庚이 正氣에 있기 때문이다.

申月 餘氣의 己는 겨울인데, 가을이 왔으니 자기의 세상을 만난 것이다. 中氣의 壬은 눈과 얼음인데, 가을을 만났으니 아직 시기상조다. 正氣의 庚은 가을의 열매인데, 수확의 철을 만났으니 때가 맞는 것이다.

⊙ 酉月

酉는 8월로 秋分과 寒露가 들어있다. 밤낮의 길이가 똑같은 늦가을이다. 날씨가 차가워서 밤엔 서리가 내린다. 드디어 따뜻한 습기인 癸가 차가운 서리인 壬으로 바뀐다.

또 열매가 터지면 씨앗이 나온다. 그 씨앗에 묻은 수분을 햇볕이 말려주어야 썩지 않는다. 그래서 酉月은 '癸의 死地'가 된다.

비록 癸가 壬 속으로 뭉쳐서 사라졌지만, 또 풀어질 때가 있다. 酉月의 餘氣에는 庚이 차지하고, 正氣에는 辛이 차지하고 있기 때문이다.

酉月 餘氣의 庚은 잘 익은 과일로 수확할 때를 만났으니 아주 잘된 것이다. 正氣의 辛은 다 익은 열매가 깨져야 생기는 씨앗으로, 갓 태어난 것이다.

⊙ 戌月

戌은 9월로 霜降과 立冬이 있다. 초겨울이며 첫서리가 내린다. 뒤이어 혹한의 겨울이 닥치는 환절기다.

바깥은 눈이 오고 얼음이 어는 추운 壬의 때다. 땅속에서는 내년 봄을 기다리는 씨앗이 따뜻한 丁의 온기로 얼지 않고 잘 지낸다. 그래서 戌은 '癸의 墓地'가 된다.

비록 추위로 癸가 눈과 얼음으로 변해서 사라졌지만, 땅속에는 습기로 남아있다. 戌月에는 천간으로 辛·丁·己가 잠재되어 있기 때문이다.

戌月 초순의 辛은 열매가 터져서 생겨난 씨앗으로, 겨울 동안 뿌리로 움터야 한다. 중순의 丁은 겨울철 땅속의 열기로, 겨우살이가 얼어 죽지 않도록 보온해 주어야 한다. 하순의 己는 겨울철을 맞아서 본격적으로 겨울의 모습을 갖추어야 한다.

제3편

육신(六神)끼리의
상호작용

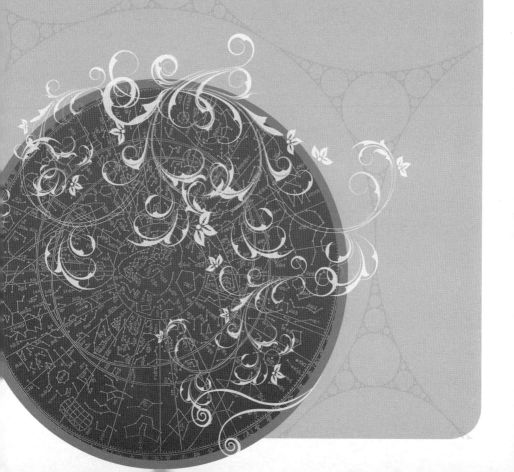

〈六神과 天干〉

日干六神 天干	甲	乙	丙	丁	戊	己	庚	辛	壬	癸
甲	비견 (比肩)	겁재 (劫財)	편인 (偏印)	정인 (正印)	편관 (偏官)	정관 (正官)	편재 (偏財)	정재 (正財)	식신 (食神)	상관 (傷官)
乙	겁재 (劫財)	비견 (比肩)	정인 (正印)	편인 (偏印)	정관 (正官)	편관 (偏官)	정재 (正財)	편재 (偏財)	상관 (傷官)	식신 (食神)
丙	식신 (食神)	상관 (傷官)	비견 (比肩)	겁재 (劫財)	편인 (偏印)	정인 (正印)	편관 (偏官)	정관 (正官)	편재 (偏財)	정재 (正財)
丁	상관 (傷官)	식신 (食神)	겁재 (劫財)	비견 (比肩)	정인 (正印)	편인 (偏印)	정관 (正官)	편관 (偏官)	정재 (正財)	편재 (偏財)
戊	편재 (偏財)	정재 (正財)	식신 (食神)	상관 (傷官)	비견 (比肩)	겁재 (劫財)	편인 (偏印)	정인 (正印)	편관 (偏官)	정관 (正官)
己	정재 (正財)	편재 (偏財)	상관 (傷官)	식신 (食神)	겁재 (劫財)	비견 (比肩)	정인 (正印)	편인 (偏印)	정관 (正官)	편관 (偏官)
庚	편관 (偏官)	정관 (正官)	편재 (偏財)	정재 (正財)	식신 (食神)	상관 (傷官)	비견 (比肩)	겁재 (劫財)	편인 (偏印)	정인 (正印)
辛	정관 (正官)	편관 (偏官)	정재 (正財)	편재 (偏財)	상관 (傷官)	식신 (食神)	겁재 (劫財)	비견 (比肩)	정인 (正印)	편인 (偏印)
壬	편인 (偏印)	정인 (正印)	편관 (偏官)	정관 (正官)	편재 (偏財)	정재 (正財)	식신 (食神)	상관 (傷官)	비견 (比肩)	겁재 (劫財)
癸	정인 (正印)	편인 (偏印)	정관 (正官)	편관 (偏官)	정재 (正財)	편재 (偏財)	상관 (傷官)	식신 (食神)	겁재 (劫財)	비견 (比肩)

제1장

甲과 육신

甲은 오행으로 木이요, 陽木이다.

甲은 죽은 나무가 아니라 살아있는 뿌리다.

또 甲은 하늘과 맞먹는 근본이며, 생명의 근원이다.

그래서 甲은 만물의 으뜸이며, 우두머리다.

또 초지일관하는 끈기와 굽히지 않는 왕고집에 뻔뻔한 기질로 정이
가지 않는다.

1. 甲甲 = 비견

甲이 甲 만나면 비견으로 힘이 세진다. 쌍둥이나 형제·자매가 만난 것처럼, 때론 도움 받고, 때론 경쟁하는 이율배반적인 관계다.

똑같은 것이 둘 만나면 한쪽으로 기력이 모아져 힘이 배로 세진다. 그러나 힘이 두 배로 강해지기 때문에, 이를 특히 '건록(建祿)'이니 복음'(伏吟)'이란 이름을 붙여 별도로 취급한다.

甲甲 비견 때, 庚이 나타나면 甲에겐 庚은 편관으로 甲庚沖되어 甲이 깨진다. 여기에 놀란 두 甲이 힘을 합쳐 庚과 맞서 싸우면 도움이 된다. 만약 서로 대립하면 庚 편관에게 깨진다. 이를 '뭉치면 살고 헤어지면 죽는다'고 한다.

甲甲 비견 때, 己가 오면 甲에게 己는 정재가 되고, 己는 甲과 甲己合되어 둘 다 유리하다. 그런데 甲이 둘이니 하나의 己 정재를 서로 나누어 가져야 한다. 이때 서로 더 많이 가지려고 甲끼리 싸운다. 보통 일간이 비견을 보면, 서로간의 작용

이 다르게 나타난다. 일간이 강하면 약한 비견을 도와주고, 비견이 강하면 일간과 다투게 된다. 아무튼 비견이 곁에 있으면 일간의 수입은 줄고, 그 대신 지출이 늘어나니 항상 쪼들리게 된다. 돈 복이 사라진다.

2. 甲乙 = 겁재

甲에게 乙은 겁재가 된다. 이복남매나 의형제나 삼촌도 겁재가 된다. 같은 형제·자매인데 음양이 틀려 겁재가 된다. 늘 서로 헐뜯고 빼앗으려고 싸운다.

그러나 약한 일간이 궁지에 몰리면, 겁재의 동정심이 발동하여 이땐 乙이 甲을 도와준다.

甲乙 겁재 때, 庚이 오면 甲한테는 庚이 편관이 되어 甲庚沖으로 甲에겐 나쁘다. 그러나 乙한테는 庚이 정관이 되어 乙庚합으로 보살펴주어 乙에 유리하다.

甲乙 겁재 때, 己가 오면 甲에겐 己가 정재가 되어 甲己合으로 돈을 보태주어 甲이 반가워한다. 그러나 乙에겐 己가 편재가 되어 헛돈 쓸 일만 생겨 乙이 싫어한다.

甲乙 겁재 때, 辛이 오면 甲에겐 辛이 정관이 되어 甲을 보살피고 지켜주어 甲이 고마워한다. 그러나 乙은 다르다. 乙에겐 辛이 사나운 편관이 되어 乙辛冲으로 乙이 辛에 망가져 좋지 않다.

3. 甲丙 = 식신

甲에게 丙은 식신으로 甲의 원동력이요 생존력이다. 일간의 생존력인 식신이 강해야, 식신생재(食神生財)로 기력이 왕성하고 생필품을 취득하며, 일간의 살림살이가 풍족해진다.

이때 일간이 쇠약하면, 따라서 식신의 기력도 허약해지고, 활동력이 떨어져 아무것도 할 수 없다.

甲丙 식신 때, 庚이 오면 甲에겐 庚이 편관이 되어 甲庚沖으로 甲을 괴롭혀서 해롭다. 丙에게도 庚이 편재가 되어 손해만 입히고 피해를 준다. 그러나 이때 甲의 丙 식신이 庚 편관을 보면, 丙 식신이 庚 편관을 극하여 막아주면, 甲이 살아난다. 이를 식신제살(食神制殺)이라 한다.

甲丙 식신 때, 己가 나타나면 甲에겐 己가 정재가 되어 甲己合으로 재물을 보태주어 甲은 좋다. 그러나 丙에게는 己가 상관이 되어 丙을 골탕 먹여 나쁘다.

甲丙 식신 때, 辛이 오면 甲에겐 辛이 정관이 되어 돌봐주기 때문에 甲은 괜찮다. 그러나 丙에겐 辛이 정재가 되어 丙辛合으로 문제를 일으킨다. 만약 丙 식신이 辛 정재를 만나서 식신생재하면 재물이 생겨 좋다. 한편 丙辛合으로 생긴 水[물]가 오히려 丙[火]의 발목을 잡아 방해하므로 나쁘다.

甲丙 식신 때, 壬이 오면 甲에겐 壬이 편인이 되어 甲을 괴롭혀 해롭다. 또 丙에겐 壬이 편관이 되어 丙壬沖으로 丙을

해코지해서 나쁘다. 아무튼 壬 때문에 甲이나 丙은 모두 괴롭다.

4. 甲丁 = 상관

甲에게 丁은 상관이다. 甲에서 生氣를 어렵게 빼내 그것으로 자라는 자식이 상관이다.

남녀가 처음 만나 서로 相剋하면 통정이 막혀서 자식이 어렵게 태어난다. 그 불량한 자식이 상관이다. 일간의 구박 속에서 자란다.

특히 상관은 태생의 불만을 만회하려고 과도한 욕망을 가진다. 폭리를 취하려고 억지로 꾸미고 가공하기 때문에 더 많은 노력과 비용이 들어간다.

또 상관은 도와주는 데 대한 그 대가를 상대에게 반드시 요구한다. 그래서 상관을 식신보다 더 싫어한다.

 甲丁 상관 때, 庚이 오면 甲에게 庚은 편관이 되어 甲庚沖으로 甲이 깨진다. 丁에게 庚은 정재가 되어 좋다. 돈줄의 역할을 하는 庚의 재정 지원으로 丁 상관의 기세가 한층 높아져

甲이 상관에 시달린다.

甲丁 상관 때, 己가 오면 甲에게 己는 정재가 되어 甲己合으로 재물을 보태주어 甲은 좋다. 丁에겐 己가 식신이 되어 먹거리가 풍족하고 건강해서 丁이 장수한다. 己는 모두에게 이롭다.

甲丁 상관 때, 壬이 오면 丁에게 壬은 정관이 되어 丁壬合으로 丁을 보살펴 주어 좋다. 그러나 甲에겐 壬이 편인이 되어 괴롭게 하므로 불편하다.

甲丁 상관 때, 癸가 오면 丁에게 癸는 편관이 되어 丁癸沖으로 丁에게 고통을 주기 때문에 나쁘다. 甲에게 癸는 정인이 되어 사랑으로 보듬어 주기 때문에 甲이 좋아한다.

5. 甲戊 = 편재

甲에게 戊는 편재다. 마음대로 쓸 수 없는 남의 재물이다. 내 돈이 아니므로 아낄 필요가 없어 주위 사람들에게 선심을 베풀어도 괜찮다.

나쁜 마음을 가지면, 편재가 투기나 도박에 빠져 신세를 망친다. 그러나 좋은 마음을 가지면, 편재도 돈을 융통하고 운용하는 재주가 뛰어나 사업을 크게 벌여 돈도 잘 번다.

 甲戊 편재 때, 庚이 오면 甲에겐 庚이 편관이 되어 甲庚沖으로 괴롭혀 甲이 힘들어 한다. 그러나 戊에겐 庚이 식신이 되어 도와주어 戊는 유복해진다. 그러면 庚은 甲에겐 편관으로 病주고, 戊에겐 식신으로 藥을 준다.

 甲戊 편재 때, 己가 오면 甲에겐 己가 정재가 되어 甲己合으로 甲이 힘을 받아 좋지만, 戊에겐 己가 겁재가 되어 戊를 괴롭힌다. 물론 甲이 편재 戊 때문에 허탕치고 있는데 己 정재가 오면, 다시 이득이 생겨서 甲이 덜 쪼들린다.

甲戊 편재 때, 癸가 오면 戊에겐 癸가 정재가 되어 戊癸합으로 戊의 힘이 더 세지고, 또 甲에게도 癸가 정인이 되어 도움을 준다. 특히 戊 편재가 戊癸합으로 날뛰게 되면, 甲은 비록 癸 정인을 만나 도움은 받지만 재정적으로 궁핍해진다.

6. 甲己 = 정재

甲에게 己는 정재다. 정재는 나의 개인 재산으로, 아끼고 알뜰히 쓰고 간직해야 한다. 그렇지 않으면 내 소유물이라도 절약하고 지키지 않으면 빼앗기거나 흩어진다. 또 너무 지나치게 욕심을 내다보면 남에게 인색하다는 욕도 얻어먹는다.

이런 정재 己가 甲과 찰떡궁합이 되어, 甲己합으로 뒷바라지를 받으면 甲이 풍요로워진다.

甲己 정재 때, 庚이 오면 甲에겐 庚이 편관이 되어 甲庚沖으로 甲을 괴롭힌다. 己에게도 庚은 상관이 되어 己를 못 살게 행패를 부린다. 그러므로 庚은 甲과 己 모두에게 해롭

기 때문에 甲에 대한 己의 정재 역할마저 방해를 받아 부
진하다.

 甲己 정재 때, 己가 오면 甲에게 己는 정재가 되고, 甲己合으
로 己 정재가 두 배로 커져서 甲이 유리하다. 己에게는 己가
비견이 되어 협력도 하고 경쟁도 한다. 己와 己가 협력하면
정재 己가 살아나고, 己끼리 경쟁하면 정재 己가 죽어서 甲이
가난해진다.

7. 甲庚 = 편관

甲에게 庚은 편관이다. 편관은 순리적으로 설득하지 않고, 명령이나
무력으로 척살하는 무서운 강제력이다. 편관은 殺性이 강해서 상대를
죽이고 살릴 수 있는 생사여탈권(生死與奪權)도 가지고 있다.

비록 살벌한 편관이라도 잘만 활용하면 나를 지켜주는 수호신도
된다. 그러나 좌우지간 편관을 만나면 힘겹게 고생한다. 甲은 庚 편관
의 핍박 속에서 기진맥진하여 허우적거리게 된다.

甲庚 편관 때, 庚이 오면 甲에겐 庚이 편관이 되어 甲庚沖으로 甲이 괴롭다. 특히 甲에겐 庚이 둘이나 되어 아주 위험하다. 그런데 庚에겐 庚이 비견이 되어 협력도 하고 경쟁도 한다. 庚 둘이 협력하면 甲은 庚 둘에 망가진다. 만약 庚 둘이 서로 반목하며 다투면, 편관[庚]의 힘이 떨어져 甲은 훨씬 편해진다.

甲庚 편관 때, 己가 오면 甲에겐 己가 정재가 되어 甲己合으로 甲은 재력의 뒷받침을 받아 좋다. 庚에게도 己가 정인이 되어 庚을 보듬어 준다. 비록 己가 와서 甲과 庚 모두에게 유리하나, 한편 庚 편관 때문에 甲은 괴롭다.

甲庚 편관 때, 乙이 오면 甲에겐 乙이 겁재가 되어 방해되고 불편하다. 그러나 庚에겐 乙이 정재가 되어 乙庚合으로 庚의 힘을 북돋아 준다. 乙에게 짜부라진 甲이, 또 설상가상으로 더 거세진 편관[庚]의 충격을 받으면, 甲은 더 깨지고 허물어진다.

8. 甲辛 = 정관

甲에게 辛은 정관이다. 정관은 공명정대하고 원리 원칙을 앞세우는 규범이다. 정관은 누구나 모두 따르고 지키는 법이요, 도덕이며 양심이다. 즉, 정관은 법이나 규범으로부터 관리하고 감독하는 권한을 부여받는다. 그래서 정관은 관직을 얻고 관리가 된다. 甲은 정관 辛을 만나 선비처럼 정도만 걸어가는 고지식한 관료가 된다.

甲辛 정관 때, 庚이 오면 甲에겐 庚이 편관이 되어 충격을 받으므로 甲이 깨진다. 辛에게도 庚이 겁재가 되어 거추장스럽다. 그래서 庚은 甲과 辛 모두에게 좋지 않다. 더욱이 甲은 庚과 辛이 함께 나타나서 官殺혼잡에 빠져 갈팡질팡한다.

甲辛 정관 때, 己가 오면 甲에게 己는 정재가 되어 甲己슴으로 甲의 재정형편이 좋아진다. 辛에게는 己가 편인이 되어 정관[辛]이 짜부라져 오히려 甲한테 방해만 된다.

丙 甲辛 정관 때, 丙이 오면 甲에겐 丙이 식신이 되어 甲의 식생활이 풍족해지고, 또 辛에겐 丙이 정관이 되어 丙辛合으로 辛이 官界로 나갈 수 있다. 甲이나 辛이나 모두에게 丙은 유익하다.

乙 甲辛 정관 때, 乙이 오면 甲에겐 乙이 겁재가 되어 甲은 불편하다. 그러나 辛에겐 乙이 편재가 되어 乙辛冲으로 乙 편재가 깨져 헛돈 쓸 일 없어 좋다. 乙이 오면 甲에겐 불편하고, 辛에게는 유익하다.

9. 甲壬 = 편인

甲에게 壬은 편인이다. 편인은 성격이 괴팍하고 비정상으로 남의 속을 아프게 한다. 또 편인은 허상에 빠져서 현실을 무시하고, 매사를 삐뚤어지게 잘못 본다.

편인은 빗나간 질투심이요, 건강을 해치는 질병이다. 누구나 편인에 잡히면, 일마다 꼬이고 뒤틀려 망가진다.

甲壬 편인 때, 庚이 오면 甲에게 庚은 편관이 되어 甲庚沖으로 甲이 깨져 싫고, 또 壬에게도 庚이 편인이 되어 壬을 괴롭혀 싫다. 그래서 庚은 甲과 壬 모두에게 해로운 존재다.

 甲壬 편인 때, 己가 오면 甲에게 己는 정재가 되어 甲己合으로 甲은 정신을 차려서 힘이 솟고, 또 壬에게 己는 정관이 되어 壬을 보살펴 주어 좋다. 그러므로 己는 甲과 壬 모두에게 좋다.

 甲壬 편인 때, 丁이 오면 甲에겐 丁이 상관이 되어 甲을 괴롭히지만, 壬에겐 丁이 정재가 되어 丁壬合으로 壬에게 재물이 풍족해진다. 그러면 甲은 짜부라지고, 그 대신 편인[壬]이 힘을 받아 설치게 되니 甲이 죽을 지경이다.

 甲壬 편인 때, 丙이 오면 甲에겐 丙이 식신이 되어 의식주가 풍족해져 甲은 좋다. 또 壬에겐 丙이 편재가 되어 丙壬沖으로 돈 쓸 일만 많아져 쪼들린다. 그래서 丙이 甲에겐 유리하고, 壬[편인]에게 방해가 된다. 甲이 훨씬 더 편해진다.

10. 甲癸 = 정인

甲에게 癸는 정인이다. 정인은 보살펴 주고 가르치며, 보듬어 주는 엄마의 사랑이다. 누구에게나 따뜻하게 감싸주고 베풀어 주는 人情이다.

甲이 癸 정인을 만나면, 품성이 바르고 인정이 많아 주위의 사랑을 받는다.

또 정인은 명예도 되며, 옳은 진리가 된다. 그리고 정인은 현실을 있는 그대로 받아들인다.

甲癸 정인 때, 庚이 오면 甲에게 庚은 편관이 되어 甲庚沖으로 깨져서 甲은 좋지 않지만, 癸에겐 庚이 정인이 되어 癸는 힘을 받아서 좋다. 비록 甲은 깨져도, 癸는 정인 庚의 도움을 받아 좋다.

甲癸 정인 때, 己가 오면 甲에게 己는 정재가 되고 甲己合으로 정재의 도움을 받아 甲은 재력이 넘친다. 癸에겐 己가 편관이 되어 癸를 고통스럽게 한다. 甲에게 己가 유익하지만,

癸에겐 己가 고통스럽다.

甲癸 정인 때, 丁이 오면 甲에겐 丁이 상관이 되어 甲은 해코지를 당한다. 癸에게도 丁이 편재가 되어 丁癸沖으로 손실만 입힌다. 丁이 오면 甲과 癸 모두에게 이롭지 않고, 특히 甲이 丁 때문에 정인 癸의 혜택을 받지 못해 불편해진다.

甲癸 정인 때, 戊가 오면 甲에겐 戊가 편재가 되어 甲에게 허탕만 치게 한다. 癸에겐 戊가 정관이 되어 戊癸合으로 정인[癸]의 힘이 강해진다. 그러므로 戊 편재 때문에 약해진 甲을 정인 癸가 더 큰 힘으로 도와준다.

제2장

乙과 육신

乙은 木으로 陰木이다.

乙은 나무지만 딱딱하지 않고, 부드러운 풀잎처럼 나긋나긋하다.

또 乙은 바람처럼 유연하다. 장애물이 나타나도 타고 넘어가 잘 피한다. 특히 乙은 유연해서 줄이고 부풀리기를 마음대로 하기 때문에 허풍이 심하다.

乙은 갈대처럼 휘어지고 흔들거려 신기루처럼 변화가 무쌍하다.

그 대신 乙은 몸도 유연해서 손과 발을 자유자재로 잘 활용할 수 있다. 그래서 乙은 만능의 재주꾼이다.

1. 乙乙 = 비견

乙에게 乙은 비견이다. 쌍둥이로서 형제·자매가 된다. 개인보다 무리나 단체를 앞세우고, 조직을 위해서 개인을 양보하는 희생정신도 강하다.

그런가 하면 밖에선 호인처럼 행동하지만, 집에 들어오면 식구를 무시하고, 강압하는 이중성격을 보이기도 한다. 그러므로 비견은 때론 협력하고, 때론 경쟁도 한다.

乙乙 비견 때, 庚이 오면 乙에겐 庚이 정관이 되어 乙은 보살핌을 받아 좋다. 그러나 乙이 둘이라 庚 정관을 서로 자기 쪽으로 끌어오기 위해서 다투게 된다.

乙乙 비견 때, 辛이 오면 乙에게 辛은 편관이 되어, 乙이 핍박을 당한다. 그러나 乙이 둘이라 힘을 합쳐서 辛 편관에 대항하면, 乙의 시달림이 줄어들어 乙이 한결 쉽게 편관의 강압에서 벗어날 수 있다.

乙乙 비견 때, 甲이 오면, 乙에게 甲은 겁재가 되어 乙 둘이 불편하다. 그러나 두 乙이 甲 하나를 상대하니 훨씬 쉽다. 물론 두 乙이 힘을 합쳐서, 하나의 甲을 물리치면 좋다. 한편 甲은 두 乙에 쫓겨서 빌빌거린다.

2. 乙丙 = 상관

乙에게 丙은 상관이다. 乙의 생기를 몸 밖으로 뽑아낸 발설지기(發泄之氣)가 상관이다.

상관은 남의 말을 귀담아 듣지 않고 자기 생각만 고집하며 말썽을 부린다. 그런데 상관은 식신처럼 설기가 자연스럽지 않고, 억지로 설기해야 한다.

원래 상관은 태생이 불우해서 늘 불만이 많고, 늘 부족하다. 그래서 그 부족을 만회하려고 폭리를 취하고, 꾸미고 위장하려 한다.

또 상관은 상대를 해치는 호전성 때문에 흉신으로 본다. 乙은 상관 丙한테 시달리고 있다.

乙丙 상관 때, 庚이 오면 乙에겐 庚이 정관이 되어 乙庚合으로 乙을 보살펴 준다. 그러나 丙에겐 庚이 편재가 되어 돈 쓸 일만 생겨 丙이 씁쓸하다. 乙은 살맛이 나는 데, 丙은 죽을 맛이다.

乙丙 상관 때, 辛이 오면 乙에겐 辛이 편관이 되어 乙辛沖으로 乙이 괴로움을 당한다. 丙에겐 辛이 정재가 되어 丙辛合으로 재물이 丙한테 들어온다. 힘이 커진 丙한테 압박을 받아 乙이 짜부라지고, 丙 상관의 행패가 더 심해진다.

乙丙 상관 때, 壬이 오면 乙에겐 壬이 정인이 되어 乙은 힘이 난다. 그러나 丙에겐 壬이 편관이 되어 丙이 핍박 속에서 고생한다. 괴롭히는 壬 편관한테 丙은 丙壬沖으로 깨지고, 반대로 壬 정인의 도움을 받은 乙은 되살아난다.

3. 乙丁 = 식신

乙에게 丁은 식신이며, 식신은 상대의 기력을 몸 밖으로 뽑아내는 발설지기다. 식신은 일간이 순리적으로 자연스럽게 빼내준 생명력이다.

식신은 자연으로부터 물려받은 생명력을 안전하게 지켜야 하고, 또 생존하기 위해서 부지런히 먹을 것을 찾아 일해야 한다.

특히 식신은 아무런 대가도 바라지 않고, 오직 살려주고 키워주는 선량한 행위다. 그러므로 운 좋게 식신을 만나면, 먹고 살 복을 타고 나서 건강하며 장수한다.

乙丁 식신 때, 庚이 오면 乙에겐 庚이 정관이 되어 乙庚合으로 乙이 정관의 보살핌을 받아 좋다. 丁에게도 庚이 정재가 되어 丁이 재물의 도움을 받아서 좋다. 그러므로 乙과 丁 모두에게 庚은 이롭다.

乙丁 식신 때, 辛이 오면 乙에겐 辛이 편관이 되어 乙辛沖으로 乙을 괴롭혀 나쁘다. 丁에게도 辛이 편재가 되어 돈 쓸 일

만 생겨 丁이 해롭다. 辛은 乙과 丁 모두에게 고통만 준다.

乙丁 식신 때, 壬이 오면 乙에겐 壬이 정인이 되어 乙이 사랑 속에서 행복하다. 丁에게도 壬이 정관이 되어 丁壬合으로 丁을 잘 돌봐준다. 乙과 丁 모두에게 壬이 도움이 되기 때문에 丁 식신의 활동이 한층 더 나아진다.

乙丁 식신 때, 癸가 오면 乙에겐 癸가 편인이 되어 乙이 시달림을 당한다. 丁에게도 癸가 편관이 되어 丁癸沖으로 丁이 괴로움을 받는다. 乙과 丁이 함께 癸한테 침해를 당하기 때문에 丁의 식신활동이 부진해진다.

4. 乙戊 = 정재

乙에게 戊는 정재다. 정재는 마음대로 쓸 수 있는 나의 재물이요, 편리하게 부려 먹을 수 있는 부하나 아내가 된다.

정재를 만난 乙은 재물 복이 터져서 부자처럼 산다. 乙은 戊 정재를 만나면서 재물욕심이 생겨나서 점차 인색해진다. 그러나 乙은 戊 정재 때문에 더 알뜰하고, 근검절약함으로써 재물을 모으고 지켜낸다.

庚 乙戊 정재 때, 庚이 오면 乙에겐 庚이 정관이 되어 乙庚合으로 乙이 관직을 얻는다. 戊에게도 庚이 식신이 되어 戊의 식생활이 풍족하다. 둘 모두에게 庚은 도움이 되고, 특히 乙은 戊 정재와 庚 정관의 도움으로 승진한다.

辛 乙戊 정재 때, 辛이 오면 乙에겐 辛이 편관이 되어 乙辛沖으로 乙이 辛 편관의 강압을 받아 싫다. 戊에게도 辛이 상관이 되어 戊가 골치가 아프다. 乙과 戊 모두 辛으로부터 방해를 받아서 마음이 편치 않고 불편하다.

乙 乙戊 정재 때, 癸가 오면 乙에겐 癸가 편인이 되어 乙이 속앓이로 괴로워한다. 戊에게는 癸가 정재가 되어 戊癸合으로 재물이 들어온다. 비록 乙은 癸 편인 때문에 속이 좀 상해서 좋지 않으나, 戊에겐 癸가 정재로 변하기 때문에 돈이 생겨 괜찮다.

乙戊 정재 때, 己가 오면 乙에겐 己는 편재가 되어 乙에게 손해만 입힌다. 戊에겐 己가 겁재가 되어 戊를 더욱 불편하게 한다. 己는 乙과 戊 모두에게 불리하게 작용한다.

5. 乙己 = 편재

乙에게 己는 편재다. 편재는 내 것이 아니고, 남의 재물로 아껴 써야 할 필요가 없다. 소유욕보다 돈을 벌고, 또 돈 쓰는 재미를 더 즐기는 것이 편재다.

己 편재를 만난 乙은 돈이 쓸데없이 빠져 나가 헛수고만 한다. 그러나 편재는 써야 할 곳과 쓸 필요가 없는 곳을 가릴 수 있는 능력이 뛰어나서 돈을 잘 번다. 그래서 편재는 자영업보다는 큰 대기업 쪽을 선호한다.

 乙己 편재 때, 庚이 오면 乙에겐 庚이 정관이 되어 乙庚合으로 乙을 후원해 준다. 己에게는 庚이 상관이 되어 말썽만 피워 己를 괴롭힌다. 비록 庚이 己에겐 상관으로 불리하지만, 乙에겐 정관으로 유익한 존재가 된다.

乙己 편재 때, 辛이 오면 乙에겐 辛이 편관이 되어 乙辛沖으로 乙이 고생한다. 己에게는 辛이 식신이 되어 己의 식생활이 풍족해져 좋다. 辛 때문에 己한테는 생활이 윤택해서 기쁘나, 乙은 죽을 고생을 한다.

乙己 편재 때, 甲이 오면 乙에겐 甲이 겁재가 되어 乙이 편치 않지만, 己에겐 甲이 정관이 되어 甲己合으로 甲의 지원을 받아 己가 승진까지 한다. 비록 乙한테는 甲이 불편해도, 己한테는 甲이 후원자가 되어 좋다.

6. 乙庚= 정관

乙에게 庚은 정관이다. 정관은 곧고 올바른 법과 규범으로, 원리 원칙에 어긋나는 것을 배격한다. 乙은 정관을 만나 조직을 관리하거나, 법규를 집행하는 관청 쪽으로 진출한다.

특히 乙이 庚 정관을 만나 乙庚合되면, 財가 官을 밀어주어 부귀를 함께 누리는 고관대작으로 출세한다.

乙庚 정관 때, 庚이 오면 乙에겐 庚이 정관이 되어 乙이 승진한다. 庚과 庚이 만나면, 비견이 되어 서로 돕기도 하고, 경쟁도 한다. 그러나 庚이 둘이나 겹쳐 정관이 태과하여 잘못하면 官의 횡포가 심해진다. 乙에겐 庚이 후원자라 좋지만, 庚에겐 庚 비견 때문에 힘만 든다.

乙庚 정관 때, 辛이 오면 乙에겐 辛이 편관이 되어 乙辛沖으로 乙이 탄압받는다. 庚에게도 辛은 겁재가 되어 서로 불편하다. 辛은 乙과 庚 모두에게 불리한 작용을 해서, 乙이 庚 정관의 혜택마저도 받을 수 없다.

乙庚 정관 때, 甲이 오면 乙에겐 甲이 겁재가 되어 乙이 편치가 않다. 庚에겐 甲이 편재가 되어 甲庚沖으로 庚에게 손재수만 생긴다. 乙과 庚한테 甲은 해로움만 끼치는 싫은 존재다.

7. 乙辛 = 편관

乙에게 辛은 편관이다. 편관은 상대를 억압하고 침탈하는 폭력배 같고, 무력으로 짓밟는 깡패 같다. 편재가 편관을 뒷바라지하면, 편관의 살성이 더욱 악랄해져 나쁘다.

편관이 식신을 만나면 편관의 살기가 무디어져서 좋다. 또 이럴 경우 편관은 사회를 위해 좋은 일도 한다.

乙이 辛 편관을 만나면 乙辛沖으로 받는 고통은 더 참기 어렵다.

乙辛 편관 때, 庚이 오면 乙에겐 庚이 정관이 되어 乙庚合으로 乙을 후원하여 승진시켜 준다. 그러나 辛에겐 庚이 겁재가 되어 서로의 사이가 벌어진다. 乙은 庚 정관을 만나 출세하고, 辛은 庚 겁재를 만나 방해 받는다.

乙辛 편관 때, 辛이 오면 乙에겐 辛이 편관이 되어 乙辛沖으로 辛이 둘로 겹쳐 乙의 고통이 더 심하다. 더욱이 辛에겐 辛이 비견으로 세력이 강화되어 辛의 횡포가 격심해진다. 특히

辛끼리 만나 협조도 하지만, 다투기도 하고, 나아가 乙까지 괴롭힌다.

乙辛 편관 때, 丙이 오면 乙에겐 丙이 상관되어 乙은 丙 상관의 말썽으로 괴롭다. 그러나 辛에겐 丙이 정관이 되어 丙辛 合의 지원을 받아서 辛이 관청 쪽에서 출세한다. 丙이 와서 乙에겐 고통을 주지만, 辛에겐 영달을 베푼다.

8. 乙壬 = 정인

乙에게 壬은 정인이다. 정인은 기르고 보듬고 가르쳐 주는 엄마의 사랑이며, 따뜻한 마음씨다. 정인은 명예도 되며, 권리증이나 자격증 및 학위도 된다. 배우고 익혀서 실력을 키우는 것도 정인의 할 일이다.

壬 정인의 포근한 사랑을 받으면, 乙은 편안히 잘 살 수 있다.

乙壬 정인 때, 庚이 오면 乙에겐 庚이 정관이 되어 乙庚合으로 乙이 관직생활을 잘 한다. 그러나 壬에겐 庚이 편인이 되

어 몸이 아프거나 일이 뒤틀린다. 庚이 나타나서 乙에겐 관
직을 베풀고, 壬에겐 불행한 일만 생기게 한다.

乙壬 정인 때, 辛이 오면 乙에겐 辛이 편관이 되어 乙辛沖으
로 乙이 침탈당한다. 壬에겐 辛이 정인이 되어 壬이 辛의 보
살핌 속에서 잘 지낸다. 辛이 와서 비록 乙을 괴롭히지만, 그
대신 壬에겐 많은 은덕을 베푼다.

乙壬 정인 때, 丁이 오면 乙에겐 丁이 식신이 되어 乙의 식생
활이 풍성해진다. 壬에겐 丁이 정재가 되어 丁壬合으로 재
물이 壬에게 많이 모인다. 丁이 乙과 壬 모두에게 풍요함을
가져다주어 좋다.

乙壬 정인 때, 丙이 오면 乙에겐 丙이 상관이 되어 말썽을 부
려 乙을 괴롭힌다. 壬에겐 丙이 편재가 되어 丙壬沖으로 壬에
게는 돈 쓸 일만 생긴다. 丙은 乙과 壬 모두를 해코지해서 불
행하게 만든다.

9. 乙癸 = 편인

乙에게 癸는 편인이다. 편인은 남의 자식을 키우는 계모처럼 형식적인 사랑만 준다. 겉으론 다정해 보이지만 속으론 아주 냉혹하다.

편인은 허상을 쫓기 때문에 현실을 도외시하고 무시한다. 또 삐뚤어지고 매몰찬 질투심 때문에 성깔이 괴팍해져서 사람들과 잘 사귀지 못한다. 癸 편인에 붙잡힌 乙은 하루도 편한 날이 없이 고생만 한다.

 乙癸 편인 때, 庚이 오면 乙에겐 庚이 정관이 되어 乙庚合으로 관청의 협조를 받아 乙이 번창한다. 癸에게도 庚은 정인이 되어 주위의 은덕을 받아 癸가 잘 산다. 庚이 와서 乙과 癸 모두를 잘 살도록 도와준다.

 乙癸 편인 때, 辛이 오면 乙에겐 辛이 편관이 되어 乙辛沖으로 乙이 고통을 받는다. 癸에게도 辛은 편인이 되어 癸를 못 살게 괴롭힌다. 아무튼 辛은 乙과 癸 모두를 하나같이 해코지 한다.

乙癸 편인 때, 丁이 오면 乙에겐 丁이 식신이 되어 乙은 의식주가 풍족해져 건강하고 장수한다. 그러나 癸에겐 丁이 편재가 되어 丁癸冲으로 투기나 도박으로 癸의 신세를 망친다. 丁이 와서 乙한테는 유복함을 주고, 癸한테는 헛돈만 쓰게 한다.

乙癸 편인 때, 戊가 오면 乙에겐 戊가 정재가 되어 乙에게 돈 생길 일만 기다리고 있다. 癸에게도 戊가 정관이 되어 戊癸合으로 癸가 관청 쪽으로 나가 출세한다. 아무튼 戊가 옴으로써 乙도 癸도 모두 좋은 일만 생겨 즐겁다.

제3장

丙과 육신

丙은 오행으로 火이요, 陽의 火다.

丙은 햇볕으로 온 천지를 비추고, 어둠을 사라지게 하는 광명의 힘이 있다.

丙은 세상에 하나밖에 없는 공명정대함이며, 왕자나 공주처럼 군림하려 한다. 혼자서 유아독존하며 뽐내고, 널리 알려지길 바란다.

태양으로 사방팔방으로 분산되고, 또 뻗어 나가는 확장 기질이 있다. 그리고 뜨거운 불꽃같이 하늘로 치솟아 오르는 강렬한 폭발력도 있다.

1. 丙甲 = 편인

丙에게 甲은 편인이다. 편인은 계모가 구박하는 서러움이고, 삐뚤어진 빗나간 질투심이다. 편인은 허상을 꿈꾸며 현실을 부정하고 무시하는 영혼의 신봉자다. 때로는 선각자 같고, 때로는 인간 말종 같다. 남들과는 차별되고, 색다른 별난 세상을 꿈꾸는 이단자다.

이러한 빗나간 세상에 영혼이 팔린 甲 편인 때문에 丙은 마음의 속앓이를 한다.

丙甲 편인 때, 辛이 오면 丙에게 辛이 정재가 되어 丙辛合으로 丙의 돈주머니가 두툼해진다. 甲에게도 辛은 정관이 되어 甲을 지도 편달해 준다. 그러므로 辛은 둘 다한테 이롭지만, 특히 丙을 괴롭히는 甲의 편인 기질이 辛 정재의 활동 때문에 다소 완화가 된다.

丙甲 편인 때, 壬이 오면 丙에게 壬이 편관이 되어 丙壬沖으로 丙을 구박한다. 甲에게도 壬이 편인이 되어 甲의 속을 썩

인다. 이때는 壬이 둘 다에게 해롭다. 특히 甲 편인과 壬 편인이 둘로 겹쳐서 날뜀으로써 丙은 편인의 횡포에 기진맥진한다.

丙甲 편인 때, 庚이 오면 丙에겐 庚이 편재가 되어 丙에게는 돈 쓸 일만 생긴다. 甲에게도 庚이 무시무시한 편관이 되어 甲庚沖으로 甲을 짓밟는다. 庚은 甲의 편인 기질을 잡아주어 丙에겐 유익하지만, 甲에겐 庚이 편관이 되어 불리하다.

丙甲 편인 때, 己가 오면 丙에겐 己가 상관이 되어 丙의 속을 뒤집어 놓는다. 그러나 甲에게는 己가 고마운 정재가 되어 甲己合으로 甲의 재정형편이 좋아진다. 丙은 甲 편인과 己 상관이 겹쳐서 죽을 맛이고, 甲은 己 정재의 돈 벼락을 맞아 좋다.

2. 丙乙 = 정인

丙에게 乙은 정인이다. 정인은 엄마 품속처럼 포근하고 안온하여 참 좋은 것이다. 정인은 丙에게 자신감을 갖도록 북돋아 주고, 어릴 땐 교육시켜서 실력을 쌓도록 보살펴 준다.

정인은 명예도 되고, 권리증이나 학위 같은 좋은 문서도 된다. 이런 乙 정인의 배려 속에서 丙은 잘 지내게 된다.

丙乙 정인 때, 辛이 오면 丙에겐 辛이 정재가 되어 丙辛合으로 丙의 재정이 풀려 풍성해진다. 그러나 乙에게는 辛이 사나운 편관이 되어 乙辛沖으로 협박한다. 丙은 사랑과 돈을 함께 받아 유복하고, 乙은 사나운 편관의 강압을 받아, 乙의 정인 기질이 꺾여서 풀이 죽는다.

丙乙 정인 때, 壬이 오면 丙에겐 壬은 겁나는 편관이 되어 丙壬沖으로 丙은 공격당한다. 乙에게는 壬이 정인이 되어 乙을 포근하게 감싸 준다. 그러나 이미 乙 정인이 있는데, 또 壬 정

인이 겹쳐, 두 정인이 더욱 강해져 丙은 괜찮다. 丙은 옛날보다 더 잘 산다.

丙乙 정인 때, 庚이 오면 丙에겐 庚은 편재가 되어 투기나 도박으로 丙의 재정이 파탄난다. 그러나 乙에게는 庚은 반가운 정관이 되어 乙庚合으로 乙은 官 쪽으로 풀려 승진한다. 乙이 庚 정관을 만나면 乙庚合되어 좋고, 또 丙은 편재로 고생한다.

3. 丙丙 = 비견

丙이 丙을 만나면 비견이다. 비견은 형제·자매로 겉으로는 다정다감하여 협조하는 것처럼 보인다. 그러나 속으론 이기적이고 자존심이 강해 다투기 쉽다. 비견은 주위의 여건에 따라 좋았다 나빠졌다 자주 변한다.

丙丙 비견 때, 辛이 오면 丙에겐 辛이 정재가 되어 누구나 탐내는 재물로 丙을 도와준다. 그러나 丙은 둘인데, 정재는 하

나쁜이라 모자란다. 서로 더 많이 차지하려고 치고 박고 싸운다.

 丙丙 비견 때, 壬이 오면 丙에겐 壬은 무서운 편관이 되어 丙 壬沖으로 丙을 공박한다. 이때는 丙 둘 모두 壬에게 공격을 받기 때문에, 丙 둘이 서로 힘을 모아 壬에게 함께 대항해야 살아남을 수 있다.

4. 丙丁 = 겁재

丙에게 丁은 겁재다. 겁재는 남의 재물을 빼앗고 겁박하는 나쁜 凶神이다. 그러나 겁재는 강자한테는 더 강해지고, 불쌍한 약자한테는 한없이 약해진다. 비록 겁재는 의협심이 많아서 좋지만, 아무튼 겁재는 고약한 본성을 버릴 수 없다. 丙은 丁 겁재를 만나면 불안하고 불편하다.

 丙丁 겁재 때, 壬이 오면 丙에겐 壬은 겁나는 편관이 되어 丙

壬沖으로 丙을 위협한다. 그러나 丁에게는 壬이 정관이 되어 보살펴 주고 지원해 준다. 壬은 丙에겐 편관으로 丁 겁재와 함께 丙을 더 괴롭혀 나쁘다. 또 丁에게는 壬이 정관이 되어 좋다.

丙丁 겁재 때, 辛이 오면 丙에겐 辛이 정재가 되어 丙辛合으로 丙에게 돈복이 터진다. 丁 겁재가 辛 정재를 만나 신나게 까먹으면 丙은 들어오는 재물도 놓친다. 그뿐만 아니라 丁도 辛을 만났는데, 그 辛이 편재가 되어 丁이 헛돈만 쓰게 된다.

丙丁 겁재 때, 癸가 오면 丙에겐 癸가 정관이 되어 丙을 이끌고 밀어준다. 그러나 丁에게는 癸가 위태로운 편관이 되어 丁癸沖으로 丁을 억압하고 위협한다. 이때 丁의 겁재 기질이 癸 정관한테 깨지면 丙이 되살아난다.

5. 丙戊 = 식신

丙에게 戊는 식신이다. 식신은 일간의 몸에서 태어난 친자식으로, 아무런 대가를 요구하지도 않고 잘 키워준다.

상관은 자연분만이 어려워 인공수정으로 실험실에서 낳아야 하므로 남의 자식 같지만, 식신은 자연이 베푼 천혜의 은덕이요, 순리적으로 저절로 태어난 순둥이다.

丙이 식신을 만나면 食福을 타고 나서 건강하고 장수하며, 활동력이 매우 강하다.

丙戊 식신 때, 辛이 오면 丙에겐 辛은 반가운 정재가 되어 丙辛合으로 丙의 재물이 불어난다. 그러나 戊에게는 辛이 몹쓸 상관이 되어 戊를 괴롭힌다. 비록 戊의 辛 상관이 丙을 귀찮게 하고, 괴롭혀도 큰 탈은 없다.

丙戊 식신 때, 壬이 오면 丙에겐 壬이 흉폭한 편관이 되어 丙壬沖으로 丙을 핍박한다. 戊에게도 壬이 편재가 되어 돈 쓸

일만 생겨 戊가 괴롭다. 壬이 나타남으로써 丙도 시달리고,
戊도 시달려서 모두가 불편하다.

丙戊 식신 때, 癸가 오면 丙에겐 癸가 정관이 되어 丙을 관리
하고 감독하는 일이 잘 풀려 丙이 승진한다. 戊에게는 癸가
정재가 되어 戊癸合으로 금전의 융통이 잘 되어 좋다. 아무
튼 癸가 와서 戊와 丙에게 다 좋은 일만 생긴다.

6. 丙己 = 상관

丙에게 己는 상관이다. 상관은 남의 자식처럼 태어나, 고아처럼 서
러움을 받고 자라서 불평불만이 많다.

또 상관은 늘 피해의식에 사로 잡혀 배타적이며 공격적이다. 己 상관
을 만난 丙은 말썽 속에서 고민하고 힘들게 산다.

丙己 상관 때, 辛이 오면 丙에겐 辛이 정재가 되어 丙辛合으로
丙에게 돈줄이 생긴다. 己에게도 辛은 식신이 되어 己의 식

생활이 풍족해지고 건강하다. 그러므로 辛은 丙에게도 己에게도 모두 유리하다.

丙己 상관 때, 壬이 오면 丙에겐 壬이 편관이 되어 丙壬沖으로 丙은 침탈당한다. 그러나 己에게는 壬이 정재가 되어 생각지도 않은 재물이 생겨 己는 좋다. 비록 丙이 壬 편관에게 깨져서 매우 나쁘지만, 己 상관이 壬 정재의 도움으로 재물을 생산하면 丙의 재정이 풀려서 좋다.

丙己 상관 때, 甲이 오면 丙에겐 甲이 몹쓸 편인이 되어 丙의 속을 뒤집어 놓는다. 그러나 己에게는 甲이 반가운 정관이 되어 甲己合으로 己의 관직이 높아진다. 己 상관의 콧대가 甲 편인 때문에 세져 좋다.

7. 丙庚 = 편재

丙에게 庚은 편재다. 편재는 주인 없는 재물로 아껴 쓸 필요가 없어, 낭비해도 괜찮다.

또 편재는 소유하기보다 운용하고 관리하는 데 중점을 두기 때문에 융통성이 많고 다재다능하여, 사업가의 기질이 농후하다.

丙이 편재를 만나면, 돈의 쓰임새가 크고 낭비가 심해서 늘 자금에 쪼들린다. 그 대신 자영업보다 큰 기업 쪽에 더 많이 관여한다.

丙庚 편재 때, 辛이 오면 丙에겐 辛이 정재가 되어 丙辛合으로 丙의 재정형편이 좋아진다. 또 그동안 庚 편재 때문에 낭비된 돈도 좀 건지게 되어 丙은 좋다. 그러나 庚에게는 辛이 겁재가 되어 서로 불편하다. 아무튼 辛 정재 때문에 庚의 편재 기질이 억제되어 丙에게 막힌 돈이 풀려 좋다.

丙庚 편재 때, 壬이 오면 丙에겐 壬이 편관이 되어 丙壬沖으로 丙이 고통을 당한다. 그러나 庚에게는 壬이 식신이 되어

庚의 식생할이 풍족하고 장수한다. 庚 편재가 壬 편관의 기세를 키워서 丙이 壬 편관의 등쌀에 시달린다.

丙庚 편재 때, 甲이 오면 丙에겐 甲이 편인이 되어 丙에게 속상할 일만 생긴다. 庚에게는 甲이 편재가 되어 쓸모없을 뿐만 아니라, 또 甲庚沖으로 甲이 庚한테 깨져 소용없다. 그러므로 甲이 오면 丙이나 庚이나 모두 피해만 입는다.

丙庚 편재 때, 乙이 오면 丙에겐 乙이 정인이 되어 丙의 능력이 향상된다. 庚에게도 乙이 정재가 되어 乙庚合으로 庚에게 재물이 들어온다. 그러므로 丙에겐 乙이 정인으로 유익하고, 庚에겐 乙이 정재로서 도움이 된다.

8. 丙辛 = 정재

丙에게 辛은 정재다. 정재는 누구나 부담 없이 마음 놓고 쓰고, 부릴 수 있는 재물이고 일꾼이다.

정재를 만난 丙은 재정이 안정되어 아끼고 저축하며 알뜰히 산다. 이처럼 丙과 辛이 만나서 丙辛合되어 좋은 일만 생기지만, 다른 한편 나쁜 일도 생긴다.

丙辛合으로 생겨난 물[水] 때문에 丙[火]에겐 官[水]의 압박이 되어, 도와주는 것이 아니라, 水가 발목을 잡는 꼴이다.

丙辛 정재 때, 辛이 오면 丙에겐 辛은 정재가 되어 丙辛合으로 丙에게 재물이 들어온다. 그러나 辛에게는 辛이 비견이 되어 서로 협력하면 좋지만, 서로 반목하면 해롭다. 만약 丙에겐 辛이 둘이 되어 즉 정재끼리의 협력으로 財力이 커지면 좋은 일이다.

丙辛 정재 때, 壬이 오면 丙에겐 壬이 나쁜 편관이 되어 丙壬

沖으로 丙을 침탈한다. 辛에게는 壬이 상관이 되어 불평불
만으로 말썽만 피워 辛을 괴롭힌다. 아무튼 丙한테는 물론
이고 辛한테도 壬이 해로운 존재다.

丙辛 정재 때, 乙이 오면 丙에겐 乙이 정인이 되어 丙이 생기
를 받아 丙의 활기가 넘친다. 그러나 辛에게는 乙이 편재가
되어 乙辛沖으로 돈 쓸 일만 생겨 나쁘다. 아무튼 丙에게는
乙이 유익하지만, 辛에겐 해롭다.

9. 丙壬 = 편관

丙에게 壬은 편관이다. 편관은 상대를 강제적으로 굴복시키고, 짓밟
는 공포의 대상이다.

편관을 잘 활용하면, 자기를 지켜주는 수호신도 되지만, 잘못하여
이겨내지 못하면 죽는다.

특히 壬 편관이 丙壬沖으로 丙이 충극당하면, 丙은 편관에 짓눌리고,
침해를 받아 빌빌거린다. 아무튼 편관은 상종하기 어려운 흉신이다.

丙壬 편관 때, 辛이 오면 丙에겐 辛이 정재가 되어 丙辛合으로 丙의 재정형편이 좋아진다. 壬에게는 辛이 정인이 되어 보살핌을 주어서 壬의 생기가 살아난다. 아무튼 辛은 모두에게 좋은 존재다.

丙壬 편관 때, 壬이 오면 丙에겐 壬이 편관이 되어 丙壬沖으로 丙이 고생한다. 壬에게는 壬이 비견이 되어 壬 편관과 서로 협력하면 丙이 깨진다. 좌우지간 壬은 丙에게나, 또 壬에게나 해로움만 끼쳐서 나쁘다.

丙壬 편관 때, 丁이 오면 丙에겐 丁이 겁재가 되어 丁과 丙은 이해득실로 서로 다툰다. 그러나 壬에게는 丁이 정재가 되어 丁壬合으로 재물이 불어나 壬의 형편이 좋아진다. 丁 겁재 때문에 壬 편관의 세력이 더욱 강해지면 丙이 고생한다.

10. 丙癸 = 정관

丙에게 癸는 정관이다. 정관은 나라엔 국법이요, 사회엔 질서가 되며, 가정에선 어른이다. 정관이 바로 서지 않으면, 위계질서가 무너져 사회가 혼란에 빠진다.

정관을 만난 丙은 원리원칙을 고수하고, 법규를 준수하며, 행실이 곧고 타의 모범이 된다. 또 丙이 癸 정관의 후원을 받으면 승진하거나 출세한다.

 丙癸 정관 때, 辛이 오면 丙에겐 辛이 정재가 되고, 丙辛合으로 丙의 수입이 많아져 생활 형편이 나아진다. 癸에게는 辛이 편인이 되어 癸의 속이 상해 괴롭다. 丙은 癸 정관과 辛 정재가 재생관(財生官)되어서 유리한데, 癸는 辛 편인 때문에 속앓이한다.

 丙癸 정관 때, 壬이 오면 丙에겐 壬이 편관이 되어 丙壬沖으로 丙의 고충이 크다. 癸에게는 壬이 겁재가 되어 癸가 불편

하다. 그러므로 壬은 모두에게 이롭지 않다.

丙癸 정관 때, 丁이 오면 丙에겐 丁이 겁재가 되어 서로 반목
하며 불쾌하다. 癸에게는 丁이 편재가 되어 丁癸沖으로 손
실만 가져다주어 癸가 괴롭다. 丁이 오면 丙과 癸 모두에게
좋지 않다.

丙癸 정관 때, 戊가 오면 丙에겐 戊가 식신이 되어 丙의 식
생활이 풍족해진다. 癸에게는 戊가 정관이 되어 戊癸合으로
癸의 명예와 관록이 함께 창성한다. 아무튼 戊가 오면 모두
에게 도움을 주어 괜찮다.

제4장

丁과 육신

丁은 火인데 陰의 火다.

丁은 등불이요 열기다.

또 丁은 이해득실을 따지므로 실속을 챙기지만, 실천이 약해 우유부단하다.

칼처럼 성격이 날카롭고, 매정하다. 그러면서도 온후하고 유순해서, 겨울이 되면 따뜻한 온열로 지하에 묻힌 생물에게 생기를 부여한다.

1. 丁甲 = 정인

丁에게 甲은 정인이다. 정인은 한없이 넓고 큰 사랑이다. 어머니 같은 모정이며, 삶의 의욕을 살려주는 生氣다. 키우고 가르치고 보살펴 주는 것이 모두 정인의 할 일이다.

丁은 보살펴 주고 또 가르치는 크나 큰 정인의 사랑 속에서 잘 산다. 甲 정인을 만난 丁은 활기가 넘치고 자신감에 차있다.

 丁甲 정인 때, 壬이 오면 丁에겐 壬이 정관이 되어 丁壬合으로 丁이 관리 쪽으로 진출한다. 甲에게는 壬이 편인이 되어 甲의 속을 긁어 놓아 괴롭힌다. 결국 壬 때문에 丁은 관인상생(官印相生)으로 승진하고, 반대로 甲은 壬 편인 때문에 편치 않다.

 丁甲 정인 때, 癸가 오면 丁에겐 癸는 편관이 되어 丁癸沖으로 丁은 고통 받는다. 甲에게 癸가 정인이 되어 생기를 얻은 甲은 더욱 활발해진다. 癸가 비록 丁한테는 편관으로 해코

지해도, 甲한테는 사랑을 더 많이 보태줘서 좋다.

 丁甲 정인 때, 己가 오면 丁에겐 己가 식신이 되어 丁의 식생활이 풍요롭고, 또 건강하다. 甲에게는 己가 정재가 되어 甲己合으로 甲의 돈주머니가 빵빵해진다. 그러므로 己는 모두에게 도움을 준다.

 丁甲 정인 때, 庚이 오면 丁에겐 庚이 정재가 되고, 그 정재가 丁에게 재물을 풍성하게 해준다. 甲에게는 庚이 몹쓸 편관이 되어 甲庚沖으로 甲을 협박한다. 아무튼 庚 때문에 丁에겐 돈이 생기고, 甲은 침탈되고 깨져 나쁘다.

2. 丁乙 = 편인

丁에게 乙은 편인이다. 편인도 정인처럼 분명 사랑인데, 누구든지 좋아하는 참사랑은 아니다. 계모처럼 편향된 모정으로 싸늘하고 매정하다.

한쪽으로 편향되어 삐뚤어지고 변태적이라, 남을 해코지하는 질병과 같다. 참사랑에 굶주려 질투심이 많고, 또 계모의 구박을 받아 늘 원망에 찬 乙 편인은 흉신이다. 乙 편인을 만난 丁은 늘 속앓이를 하고, 불만에 쌓여 되는 일이 없다.

 丁乙 편인 때, 壬이 오면 丁에겐 壬이 정관이 되어 丁壬合으로 丁이 관청 쪽으로 출세한다. 乙에게는 壬이 정인이 되어 정신력이 강한 사람이 된다. 壬 때문에 丁은 관직을 얻고, 乙은 사랑을 얻는다.

 丁乙 편인 때, 癸가 오면 丁에겐 癸가 편관이 되어 丁癸沖으로 丁이 편관, 즉 칠살에 깨진다. 乙에게는 癸가 편인이 되어 乙을 못 살게 마음을 괴롭힌다. 癸 편인이 또 생겨 乙 편인이 더욱 고약해져, 乙도 丁도 모두 편인의 등쌀에 못 견딘다.

 丁乙 편인 때, 辛이 오면 丁에겐 辛이 편재가 되어 돈 쓸 일만 생긴다. 乙에게는 辛이 위험한 편관이 되어 乙辛沖으로 乙을 거침없이 구박한다. 辛은 모두에게 몹쓸 짓만 한다.

庚 丁乙 편인 때, 庚이 오면 丁에겐 庚이 정재가 되어 丁의 주머니 사정이 좋아진다. 乙에게는 庚이 정관이 되어 乙庚合으로 마치 후원자를 만난 것처럼 乙을 반갑게 지켜준다. 庚은 모두에게 이롭다.

3. 丁丁 = 비견

丁에게 丁은 비견이다. 비견은 형제·자매로 서로 협력도 하고, 경쟁도 한다. 단체나 조직을 앞세울 때는 협력하고, 자존심을 내세울 땐 다투게 된다.

여럿이 함께 모이면 돈 쓸 일이 많아지고, 따라서 비견에겐 지출이 많아진다. 丁 비견을 만나 식구가 많아지면, 丁은 맨날 돈에 쪼들려 비실거린다.

壬 丁丁 비견 때, 壬이 오면 丁에겐 壬이 정관이 되어 丁壬合으로 丁은 든든한 후원자를 만난 것 같다. 또 丁이 둘이라서 문제다. 아무튼 壬 정관을 사이에 놓고, 두 丁이 경쟁하면 좋

지 않다. 그러나 서로 협력하면 정관의 혜택을 함께 누릴 수 있다.

 丁丁 비견 때, 癸가 오면 丁에겐 癸가 편관이 되어 丁癸沖으로 丁은 깡패를 만난 것처럼 고달프다. 그런데 丁이 둘이라서 상황이 좀 다르다. 비록 癸 편관이 강해도 丁은 혼자가 아니고, 둘이라서 힘을 합쳐 저항하면, 함께 편관의 침탈에 견딜 수 있다.

4. 丁戊 = 상관

丁에게 戊는 상관이다. 상관은 말썽꾸러기로 官에게 상처를 입히기 때문에 傷官이란 나쁜 명칭이 붙는다.

상관은 태생 자체가 고아처럼 불우하기 때문에, 불평불만이 많아서 행패를 부린다. 그래서 누구든 가리지 않고, 비판하고 욕하며 공격한다.

또 상관은 창의력이 많고, 임기응변이 뛰어나서 상술이 좋다. 戊 상관을 만난 丁은 戊의 말썽 속에서 시달린다.

丁戊 상관 때, 癸가 오면 丁에겐 癸가 반갑지 않은 편관이 되어 丁癸沖으로 丁은 고전을 면치 못한다. 戊에게는 癸가 만만한 정재가 되어 戊癸合으로 戊의 재정이 풍족해진다. 癸 편관 때문에 丁의 콧대가 납작해지고, 반면 戊의 콧대는 癸 정재로 높아진다.

丁戊 상관 때, 壬이 오면 丁에겐 壬이 정관이 되어 丁壬合으로 후원을 받아 丁이 승진한다. 戊에게는 壬이 편재가 되어 戊가 실속 없이 헛돈만 쓴다. 壬이 와서 丁은 官 쪽의 얼굴이 활짝 펴지고, 戊는 壬 편재로 우거지상이 된다.

5. 丁己 = 식신

丁에게 己는 식신이다. 식신은 자연스런 임신으로 쉽게 태어난 혈육이요, 생존력의 힘이다. 남의 생기를 조건 없이 이어받아 태어난 식신은 태생적으로 온순하고 봉사정신이 강하다. 또 먹여주고 키워주며, 가르쳐 주는 生育활동을 잘 하는 길신이다.

식욕이 왕성하고 건강하여 정력이 넘쳐나, 늘 활동하지 않으면 좀이

쑤신다.

　근 식신을 만난 丁은 부지런히 일하고, 남까지 보살펴 주는 여유가
있다.

 丁근 식신 때, 壬이 오면 丁에겐 壬이 정관이 되어 丁壬合으
로 후원자처럼 丁을 보살펴준다. 근에게도 壬은 정재가 되
어 손발처럼 근의 일을 처리해 준다. 아무튼 壬은 모두에게
쓸모가 있다.

 丁근 식신 때, 癸가 오면 丁에겐 癸가 편관이 되어 丁癸沖으
로 丁을 윽박지르기만 한다. 근에게도 癸가 편재가 되어 그
림의 떡처럼 쓸모가 없다. 아무튼 癸는 丁과 근에게 몹쓸 짓
만 한다.

 丁근 식신 때, 甲이 오면 丁에겐 甲이 정인이 되어 엄마처럼
丁을 보살펴준다. 근한테도 甲이 정관이 되어 甲근合으로 마
치 아버지처럼 근의 뒤를 돌봐준다. 甲이 오면 모두를 부모
처럼 보살펴 준다.

6. 丁庚 = 정재

丁에게 庚은 정재다. 정재는 내 것이기 때문에 마음대로 처리해도 괜찮다. 또 나의 소유물로서 늘 모으고 아끼며 잘 지켜야 한다.

정재는 내 돈이고 내 자산이기 때문에 쓰기가 아까워 그냥 움켜쥐고 있으려고만 한다. 그래서 큰 사업을 못하고 기껏해야 자영업 정도만 한다.

庚 정재를 만난 丁은 아내의 사랑을 받고, 또 丁의 재정형편도 풍족해진다.

 丁庚 정재 때, 壬이 오면 丁에겐 壬이 정관이 되어 丁壬合으로 丁을 후원해 준다. 庚에게도 壬이 식신이 되어 庚의 식록이 풍족하다. 丁에게나 庚에게나 壬은 이래저래 다 필요한 존재다.

 丁庚 정재 때, 癸가 오면 丁에겐 癸가 편관이 되어 丁癸沖으로 丁을 억압한다. 또 庚에게 癸는 상관이 되어 庚의 속을 뒤집어 놓는다. 이러나저러나 癸는 丁이나 庚이나 하나같이 괴

롭힌다.

 丁庚 정재 때, 甲이 오면 丁에겐 甲이 정인이 되어 엄마처럼
丁을 감싸준다. 庚에게 甲은 편재가 되어 甲庚沖으로 庚은
실속 없는 일에 허탕만 친다. 甲은 비록 丁에게 실속은 없어
도 도움을 주지만, 庚에겐 헛꿈만 꾸게 한다.

 丁庚 정재 때, 乙이 오면 丁에겐 乙이 편인이 되어 丁의 속만
썩인다. 庚에게는 乙이 정재가 되어 乙庚合으로 庚이 살림
을 알뜰히 한다. 乙은 비록 丁에게 불편해도, 庚에게는 경제
적 도움을 준다.

7. 丁辛 = 편재

丁에게 辛은 편재다. 편재는 만인의 재물로 누구든지 먼저 차지하면
임자다. 경쟁에서 이기려면, 편재 같은 날고 기는 재주가 필요하다. 그
래서 편재는 다재다능하다. 하나를 둘로 쪼개서 쓰기도 하고, 여럿을

하나로 뭉쳐서 응용하기도 한다.

辛 편재를 만난 丁은 허욕만 커지고, 또 돈 쓸 일만 생겨 쪼들린다. 그러나 편재는 큰 사업을 경영할 수 있는 기업가의 자질을 갖고 있다.

丁辛 편재 때, 壬이 오면 丁에겐 壬은 정관이 되어 丁을 보살펴 주어 좋으나, 辛에겐 壬이 상관이 되어 말썽만 피워 나쁘다. 壬이 丁에게 정관이 되어 후원해 주고, 辛에게는 돈 벌수 있는 일꺼리를 만들어 준다.

丁辛 편재 때, 癸가 오면 丁에게 癸는 편관이 되어 丁에게 고통을 주어 나쁘다. 그러나 辛에게는 癸가 식신이 되어 먹고 사는 것은 걱정 없다. 癸는 丁에게 비록 불편하지만, 辛에게는 고마운 존재다.

丁辛 편재 때, 丙이 오면 丁에겐 丙은 겁재가 되어 서로 반목하여 불안하다. 辛에게 丙은 정관이 되어 丙辛合으로 辛을 후원해준다. 丙은 丁에게 겁재가 되어서 도움이 안 되지만, 辛에겐 정관으로 꼭 필요하다.

丁辛 편재 때, 乙이 오면 丁에겐 乙이 편인이 되어 丁의 마음을 아프게 한다. 辛에게는 乙이 편재가 되어 乙辛沖으로 경비지출이 많아, 辛이 쪼들린다. 아무튼 乙은 丁을 괴롭히고, 또 辛을 쪼들리게 하여 반갑지 않다.

8. 丁壬 = 정관

丁에게 壬은 정관이다. 정관은 국가와 사회의 법이며, 가정의 도덕이다.

법과 질서를 지키고 유지하려면 권력이 필요하고, 정관이 그 권력을 행사한다. 그러므로 정관은 법도 되고 권력도 된다.

정관을 만난 丁은 권위를 가지고, 또 남을 관리 감독하는 권한도 위임받는다.

 丁壬 정관 때, 壬이 오면 丁에게 壬은 정관이 되어 丁壬合으로 丁을 후원하여 승진시킨다. 壬에게 壬은 비견이 되어 때론 협력도 하고, 때론 경쟁도 한다. 丁에게 壬 정관이 둘이 되

어 丁이 큰 도움을 받지만, 壬에게는 비견으로 시원치 않다.

丁壬 정관 때, 癸가 오면 丁에겐 癸가 편관이 되어 丁을 침탈한다. 壬에게는 癸가 겁재가 되어 서로 반목하여 불안하다. 癸는 丁에게나 壬에게나 불리한 작용만 한다.

丁壬 정관 때, 丙이 오면 丁에겐 丙이 겁재가 되어 서로 불편하다. 壬에게 丙은 편재가 되어 丙壬沖으로 소문난 잔치먹을 것 없듯이, 壬은 실속 없다. 결국 丙은 모두에게 불편하다.

9. 丁癸 = 편관

丁에게 癸는 편관이다. 편관은 강제로 억압하고 위협하는 폭력배처럼 흉신이다.

그런가 하면, 또 편관은 앞뒤가 맞지 않고 어긋나면 바로 잡기 위해서 공권력을 동원하여 조정한다. 즉, 조사, 검사, 감독 등 수사기관의 조정 역할을 맡는다.

丁이 癸 편관을 만나면, 고난 속에서 힘겹게 살아가야 한다.

 丁癸 편관 때, 壬이 오면 丁에겐 壬이 정관이 되어 丁壬合으로 丁의 직장생활이 순탄하다. 癸에게는 壬이 겁재가 되어 서로 반목한다. 壬 때문에 丁은 순탄하지만, 癸는 순탄치 못하다.

 丁癸 편관 때, 癸가 오면 丁에겐 癸가 편관이 되어 丁은 짓밟힌다. 癸에겐 癸가 비견이 되어 때론 협조도 하고, 때론 반목도 한다. 아무튼 癸가 오면, 丁은 편관을 만나 시달리고, 癸는 비견을 만나 신통치 않다.

 丁癸 편관 때, 戊가 오면 丁에겐 戊가 상관이 되어 丁에게 억지만 부린다. 그러나 癸에게는 戊가 정관이 되어 戊癸合으로 癸가 승진하거나, 명예를 얻는다. 비록 戊가 丁을 귀찮게 하지만, 癸에겐 출세의 기회를 준다.

제5장

戊와 육신

戊는 오행으로 土이며, 陽의 土다.

戊는 겉흙으로 마르고 딱딱하며, 중후하고 中正하다.

戊는 세상의 근본 바탕으로 어느 한 쪽으로 치우치지 않고 公平하다.

또 戊는 오직 中立을 지키고, 성질이 中性이라 누구나 좋아한다.

戊는 만물의 중심으로 옥석을 가려주고, 옳고 그름을 판결할 수 있다.

또 戊는 누구든지 가리지 않고, 모두 받아 주는 넓은 포용심도 있다.

1. 戊甲 = 편관

戊에게 甲은 편관이다. 편관은 법을 지키고 질서를 유지하기 위해서, 무력을 행사할 수 있는 공권력을 가진다. 경찰이나 군대와 같은 총칼로 국가의 안위을 수호하는 국방 및 사법기관이다.

甲 편관의 지배를 받는 戊는 고달프다. 특히 殺氣가 강한 편관을 七殺이란 별도의 이름을 붙여 주고 있다. 사람을 살리고 죽이는 무시무시한 편관을 마치 운명처럼 순응하며 견뎌내야지, 만약 편관을 거슬려 거역하면 오히려 더 망가진다.

 戊甲 편관 때, 癸가 오면 戊에겐 癸가 정재가 되어 戊癸合으로 戊의 씀씀이가 알뜰해져서 재정형편이 넉넉해진다. 甲에게는 癸가 정인이 되어 힘을 보태줌으로 편관 甲의 힘이 더 강해진다. 그래서 戊가 甲 편관 때문에 더욱 곤혹스럽다. 그러나 癸 정재의 뒷바라지 받은 戊는 재정이 넉넉해져, 甲 편관의 고통을 충분히 감내한다.

戊甲 편관 때, 己가 오면 戊에겐 己가 겁재가 되어 편치 않
다. 甲 편관에 시달리고 있는 戊는 己 겁재까지 겹쳐 힘들다.
甲에게 己는 정재가 되어 甲己合으로 甲 편관이 더 강력해
져, 戊가 甲에 붙잡혀 꼼짝달싹 못한다.

戊甲 편관 때, 庚이 오면 戊에겐 庚은 식신이 되어 戊의 식생
활이 풍족해진다. 한편 甲이 또 庚 편관을 만나면 甲庚沖되
어 甲은 庚 편관에게 깨져 더 괴롭다. 甲 자신이 戊의 편관인
데, 또 庚 편관을 만나 편관이 겹쳐 고통이 심하다. 戊가 비
록 식신을 만나 형편이 좀 나아져도, 결국 두 편관의 등쌀을
견디지 못한다.

2. 戊乙 = 정관

戊에게 乙은 정관이다. 정관은 바른 길을 똑바로 나아가는 정도다.
여럿이 함께 모여서 사는 국가나 사회엔 반드시 질서가 세워져야 하고,
그 질서를 지키도록 감독하고 지도하는 것이 정관이다. 정관은 부하 직
원을 지도하고 후원하며, 공평 무사하게 관리한다.

乙 정관을 만난 戊는 부여받은 권한을 가지고, 사람을 관리하고 감독한다.

戊乙 정관 때, 癸가 오면 戊에겐 癸가 정재가 되고, 또 戊가 편하게 쓸 수 있는 재물이 된다. 乙에게 癸는 편인으로 乙의 속을 아프게 한다. 비록 戊는 돈이 생겨 좋으나, 癸 편인 때문에 乙 정관이 손상을 입어 권위가 깨져, 정관의 혜택을 받기 어렵다.

戊乙 정관 때, 庚이 오면 戊에겐 庚은 식신이 되어 戊의 식생활이 풍족해져 마음 놓고 살 수 있다. 또 乙에게도 庚이 정관이 되어 乙庚合으로 乙의 정관 활동이 더 활발해진다. 乙 정관이 또 庚 정관을 만나서, 정관이 둘로 겹친다. 결국 乙이 정관의 혜택을 많이 받으므로 관청 쪽에서 출세한다.

辛

戊乙 정관 때, 辛이 오면 戊에겐 辛이 상관이 되어 戊의 속을 상하게 하고 괴롭힌다. 乙에게도 辛은 편관이 되어 乙辛沖으로 乙이 깨진다. 辛은 戊에겐 상관이 되어 애를 먹이고, 乙에

게는 편관이 되어 짓밟는다. 그러므로 戊와 乙은 모두 辛을 만나 망가진다.

3. 戊丙 = 편인

戊에게 丙은 편인이다. 편인은 삐뚤어진 성격 때문에 원기나 생기를 보면 비틀어 쓸모없도록 만드는 흉신이다.

또 편인은 헛된 꿈에 사로잡혀 현실을 부정하고 무시하며, 홀로 영혼을 숭배한다. 또 병들어 앓아 눕게 하는 질병이요, 별난 영혼을 희구하는 정신적인 변태다.

丙 편인을 만난 戊는 겉은 멀쩡한데 속은 시커멓게 타들어가 속앓이를 하고 있다.

戊丙 편인 때, 癸가 오면 戊에겐 癸가 정재가 되어 戊癸습으로 戊의 재정이 넉넉해진다. 또 癸는 丙에게는 정관이 되어 丙을 후원하여, 官 쪽에서 일한다. 癸는 모두에게 유익하다. 좌우지간 戊는 癸 정재의 도움으로 발전한다.

戊丙 편인 때, 辛이 오면 戊에겐 辛이 상관이 되어 戊의 속을 긁어놓는다. 丙에게는 辛이 정재가 되어 丙辛合으로 丙을 뒷바라지 해준다. 辛은 戊에겐 상관 역할을 하고, 丙에겐 정재 역할을 하여, 결국 상관생재(傷官生財)로 戊를 돕는다.

戊丙 편인 때, 壬이 오면 戊에겐 壬이 편재가 되어 戊는 경비의 지출이 많아 쪼들린다. 丙에게도 壬이 편관이 되어 丙壬沖으로 丙을 괴롭힌다. 그러므로 壬은 모두에게 해롭다. 특히 壬은 편재로써 丙 편인을 꺾어 戊가 좋고, 壬이 편관으로서 丙 편인을 도와주면, 丙 편인의 기세가 날뛰어 戊가 시달려 나쁘다.

4. 戊丁 = 정인

戊에게 丁은 정인이다. 정인은 눈에 보이지 않은 은덕으로서, 학문이요 교육이며 사랑이다.

정인을 만난 戊는 인성이 후덕한 사람으로 온순하다. 엄마 같은 마음으로 모든 사람을 품어 주고 보듬어 준다.

정인은 자식을 낳아 기르는 모정으로 태어난 목숨까지 양육하고 보살펴 준다.

생명 존중의 사상이 바로 정인이다.

 戊丁 정인 때, 癸가 오면 戊에겐 癸가 정재가 되어 戊의 살림살이가 부유해진다. 그러나 丁에겐 癸가 편관이 되어 丁癸沖으로 丁이 깨진다. 癸 때문에 丁 정인이 깨져 戊의 인품이 떨어지지만, 癸 정재의 힘을 받은 戊는 별 탈 없다.

 戊丁 정인 때, 壬이 오면 戊에겐 壬이 편재가 되어 돈이 마음대로 융통되지 않아 戊가 골치 아프다. 그러나 丁에게는 壬이 정관이 되어 丁壬合으로 관인상생(官印相生)되어 丁이 승진한다. 특히 丁 정인과 壬 정관이 힘을 합치면, 戊도 살고 丁도 산다.

5. 戊戊 = 비견

戊에게 戊는 비견이다. 비견은 쌍둥이처럼 똑같아, 둘이 만나면 힘이 두 배로 강해 좋다. 그래서 이를 建祿이라 하여 별도로 취급한다.

戊가 비견을 만나면 좋을 때도 있고 나쁠 때도 있다. 둘의 힘이 비슷하면 다투지만, 어느 한쪽이 약하면 강한 비견이 약한 쪽을 도와주어 좋다.

 戊戊 비견 때, 癸가 오면 戊에겐 癸가 정재가 되어 戊의 재정이 좋아진다. 그런데 戊가 둘이라서 하나의 정재를 두고 서로 많이 가지려고 다투게 되면 둘에게 이롭지 않다.

 戊戊 비견 때, 己가 오면 戊에겐 己가 겁재가 되어 서로 다툰다. 그런데 戊 둘과 己 하나가 만나면, 己 겁재는 戊 둘한테 밀리고 터져 戊는 괜찮다. 戊의 콧대가 높아져 고집불통이 되어 일을 어렵게 할 수도 있다.

6. 戊庚 = 식신

戊에게 庚은 식신이다. 식신은 사람에겐 목숨과 같고, 반드시 챙겨야 하는 음식이나 식량이다.

戊가 식신을 만나면, 식생활이 풍족해져 정력이 넘치고 오래 산다. 정력이 솟구치면 힘이 세지고, 힘이 솟아나면 최선을 다해서 일한다. 열심히 일하면 부지런해지고, 또 건강해진다.

戊庚 식신 때, 癸가 오면 戊에겐 癸가 정재가 되어 戊癸合으로 戊의 재정형편이 좋아진다. 그러나 庚에게는 癸가 상관이 되어 庚의 속을 뒤집어 놓아 나쁘다. 아무튼 癸가 와서 庚에겐 상관이 되어 나쁘지만, 戊에겐 癸가 정재가 되어 좋다.

戊庚 식신 때, 甲이 오면 戊에겐 甲이 편관이 되어 戊를 고통스럽게 만든다. 또 甲은 庚에게 편재로 甲庚沖 되어 실속 없이 庚에게 손해만 입힌다. 甲 때문에 戊도 편관으로 고생하고, 또 庚도 편재로 손해를 당해 모두 고통스럽다.

戊庚 식신 때, 乙이 오면 戊에겐 乙이 정관이 되어 마치 후원자를 만난 것처럼 戊의 일이 잘 풀린다. 庚에게도 乙이 정재가 되어 乙庚合으로 庚의 재정이 풀려 돈이 잘 돌아간다. 乙은 戊와 庚에게 재물도 주고 명예도 준다.

7. 戊辛 = 상관

戊에게 辛은 상관이다. 상관은 말썽을 부리고, 말을 잘 듣지 않고, 또 법까지 무시하기 때문에 정관이 가장 싫어한다.

辛 상관을 만난 戊는 속이 상해도 어쩔 수 없이 참는다.

그러나 상관의 창의력과 아이디어는 특출하기 때문에, 특수 분야에서 실력을 발휘한다.

 戊辛 상관 때, 癸가 오면 戊에겐 癸가 정재가 되어 戊癸合으로 戊의 살림이 윤택해져 좋다. 辛에게도 癸가 식신이 되어 辛의 식생활이 풍족해져 즐겁다. 癸가 戊에겐 정재로 辛에겐 식신으로 도움을 준다. 특히 癸가 식신과 정재로 만나 식

신생재(食神生財)하면 재물이 만들어진다. 결국 戊와 辛 모두가 부유해진다.

◇ **丙**

戊辛 상관 때, 丙이 오면 戊에겐 丙이 편인이 되어 戊의 마음을 아프게 한다. 그러나 辛에게는 丙이 정관이 되어 丙辛합으로 辛을 뒤에서 지원해 준다. 丙 편인 때문에 戊가 좀 괴로워도, 丙 정관의 도움으로 辛이 도움을 받아 좋다. 다만 辛 상관의 횡포가 丙 정관을 해코지하면, 직장에 문제가 생겨 나쁘다.

◇ **乙**

戊辛 상관 때, 乙이 오면 戊에겐 乙이 정관이 되어 戊를 후원해 준다. 그러나 辛에겐 乙이 편재가 되어 乙辛沖으로 헛돈만 쓰게 되어 辛이 불만이다. 戊가 辛의 乙 편재 때문에 헛돈도 쓰지만, 乙 정관의 도움도 받는다.

8. 戊壬 = 편재

戊에게 壬은 편재다. 편재는 내 것이 아닌 남의 재물로, 절약하거나 저축할 필요가 없어 낭비가 심하다.

편재는 돈은 돌고 도는 것이라 내 것이 될 수 없다는 개방된 사고방식을 가지고 있다. 그래서 돈의 소유욕보다 돈의 위력을 과시하는 욕망이 더 강하다.

壬 편재를 만난 戊는 투기나 도박에 빠지기 쉽다. 그러나 편재는 기업가의 자질을 지니고 있기 때문에 큰 사업도 경영한다.

戊壬 편재 때, 癸가 오면 戊에겐 癸가 정재가 되어 자기 돈이 생겨 戊는 좋다. 壬에겐 癸가 겁재가 되어 서로 반목하며 다투어 나쁘다. 아무튼 癸 때문에 戊에겐 돈이 생겨 좋으나, 壬에겐 癸가 겁재가 되어 사이가 나빠진다.

戊壬 편재 때, 丁이 오면 戊에겐 丁이 정인이 되어 戊가 사랑을 받는다. 壬에게도 丁은 정재가 되어 丁壬合으로 壬의 재

정 사정이 좋아진다. 丁은 戊에게나 壬에게나 모두에게 유익한 존재다.

戊壬 편재 때, 丙이 오면 戊에겐 丙은 편인이 되어 戊의 마음을 괴롭힌다. 壬에겐 丙이 편재가 되어 丙壬沖으로 낭비 때문에 壬이 쪼들리고 있다. 아무튼 丙은 戊도 괴롭히고, 壬도 쪼들리게 한다.

9. 戊癸 = 정재

戊에게 癸는 정재다. 정재는 아끼고 알뜰히 모은 내 소유물로, 오래 간직하려 한다. 내 마음대로 쓸 수 있는 재물이기 때문에 만만하다.

癸 정재를 만난 戊는 돈 줄이 막히지 않아 마음이 넉넉해져 편안하다. 특히 戊와 癸가 戊癸合되면 알부자가 된다.

癸 戊癸 정재 때, 癸가 오면 戊에겐 癸가 정재가 되어 戊가 돈을 마음 놓고 쓸 수 있어 좋다. 그러나 癸에게는 癸가 비견이 되

어 癸 정재가 겹쳐서 협조할 때는 돈이나 재물이 풍성해져 戊가 괜찮다. 만약 비견이 서로 어긋나면, 다투게 되어 돈이 쪼개져 빠진다. 癸는 戊癸合으로 戊에겐 좋고, 癸에겐 癸가 비견이 되어 좋기도 하고 나쁘기도 하다.

戊癸 정재 때, 丁이 오면 戊에겐 丁이 정인이 되어 戊가 사랑을 받아 좋다. 그러나 癸에게는 丁이 편재가 되어 丁癸冲으로 빛 좋은 개살구가 되어 癸에겐 별로다. 癸가 헛물만 켠다. 戊는 丁을 만나 사랑을 받고, 癸는 丁을 만나 돈 쓸 일만 생긴다.

제6장

己와 육신

己는 土다.

그냥 흙[土]이 아니라 陰의 土인 속흙이다. 그러므로 己는 낮고 습하여, 수줍어하는 성격이다.

또 기억력이 좋고, 수집광이다.

그리고 악어 같은 기질이 있어, 한번 물면 놓치지 않는 악착같은 끈질김이 있다. 물론 욕심도 많다.

1. 己甲 = 정관

己에게 甲은 정관이다. 정관은 원리와 원칙을 정해 놓은 법이며 규범이다. 사회의 질서를 지키도록 강요하는 권력이 바로 法에서 나온다. 또 권력을 집행하는 곳이 정관이다.

甲 정관을 만난 己는 권위를 세워가며 주위를 규제하고 관리할 수 있다. 특히 甲에게 己는 정재가 된다.

그래서 甲은 정관으로, 己는 정재로 둘이 만나면 甲己合이 되고, 또 財生官이 되어 甲이 승진 출세한다. 왜냐하면 정재 己가 정관 甲을 뒷바라지해 주기 때문이다.

 甲己 정관 때, 甲이 오면 己에겐 甲이 정관이 되어 甲己合으로 주위를 지도하고 감독할 힘이 己에게 있어 좋다. 그리고 甲에게는 甲이 비견이 되어 도움도 주고 방해도 한다. 그러므로 甲은 甲보다 己한테 더 유리하다.

 甲己 정관 때, 庚이 오면 己에겐 庚이 상관이 되어 말썽을 피

워 己에게 피해만 준다. 또 甲에게도 庚이 몹쓸 편관이 되어 甲庚沖으로 甲에게 고통을 준다. 이래저래 庚은 모두에게 말썽을 피우고 괴롭힌다.

2. 己乙 = 편관

己에게 乙은 편관이다. 편관은 한쪽으로 기울어지고 삐뚤어진 횡포로, 그 성깔이 잔인하고 매섭다.

편관은 양날의 칼날처럼 잘 쓰면 자기를 지켜주고, 잘못 쓰면 칼에 찔린다.

乙 편관을 만난 己는 옴싹달싹 못하고 쥐 죽은 듯이 엎드려 있어야 한다. 특히 편관은 생과 사를 가르는 殺性을 품고 있어 두렵고 무섭다.

 己乙 편관 때, 甲이 오면 己에겐 甲이 정관이 되어 甲己合으로 己를 지도하고 도와준다. 乙에게 甲은 겁재로 서로 불편한 사이다. 己는 甲한테서 정관의 혜택을 받지만, 乙은 甲으로부터 편관 기질과 겁재 기질을 한꺼번에 받아서 더 괴롭다.

己乙 편관 때, 庚이 오면 己에겐 庚은 상관이 되어 己에겐 귀찮은 존재다. 그러나 乙에겐 庚이 정관이 되어 乙庚合으로 후원자처럼 乙을 도와준다. 庚이 己에겐 귀찮게 해도 乙에겐 정관으로 괜찮다. 그러나 乙 편관 기질과 庚 정관 기질의 혼잡으로 己가 혼란에 빠져 머뭇거리게 되어 아무것도 못한다.

己乙 편관 때, 辛이 오면 己에겐 辛이 식신이 되어 己의 식생활이 풍요롭다. 乙에게는 辛이 편관이 되어 乙辛沖으로 乙에게 횡포를 부린다. 乙 편관을 辛 식신이 식신제살(食神制殺)로 막아주기 때문에 己가 살아난다. 乙의 편관 세력이 또 辛 편관을 만나서 두 배로 커져 己와 乙이 편관에 깨져 나쁘다.

3. 己丙 = 정인

己에게 丙은 정인이다. 정인은 엄마처럼 포근한 사랑으로 키우고 가르치고 보듬어 주는 길신이다.

따뜻한 丙 정인을 만난 己는 사랑을 받아 생기가 돌고 힘이 솟는다. 또 丙 정인을 만난 己는 꾸준한 학습으로 능력을 개발하여 인격을 도야

하고 늘 올곧게 산다.

 己丙 정인 때, 甲이 오면 己에겐 甲이 정관이 되어 己를 끌어 주고 지원해 준다. 丙에게 甲은 편인이 되어 속앓이로 丙을 아프게 한다. 甲이 己한테는 정관이 되어 甲己合으로 도움 이 되나, 丙한테는 甲이 편인이 되어 괴롭힌다.

 己丙 정인 때, 辛이 오면 己에겐 辛이 식신이 되어 己의 식생 활이 유복하다. 丙한테는 辛이 정재가 되어 丙辛合으로 돈 줄이 풀려 丙의 재정형편이 좋아진다. 辛이 와서 모두가 좋 아진다.

 己丙 정인 때, 壬이 오면 己에겐 壬이 정재가 되어 己의 생 계자금이 불어나 형편이 좋아진다. 丙에겐 壬이 편관이 되 어 丙壬沖으로 丙에게 고통을 준다. 壬은 편관으로 丙을 해 코지하여 좋지 않으나, 己에겐 壬이 정재가 되어 돈이 생겨 좋다.

4. 己丁 = 편인

己에게 丁은 편인이다. 편인은 편향되고 삐뚤어져 하는 일마다 어그러진다.

또 편인은 질병처럼 상대의 마음을 아프게 한다.

丁 편인에 발목 잡힌 己는 질병과 고뇌 속에 빠져 헤어나지 못하고 허우적거린다.

또 편인은 망상에 빠져 현실을 부정하고 무시한다.

편인도 모정을 지니고 있지만, 생모의 참사랑이 아니다.

 己丁 편인 때, 甲이 오면 己에겐 甲이 정관이 되어 甲己合으로 己를 올바르게 이끌어 준다. 丁에게 甲은 정인이 되어 참사랑으로 丁을 바르게 보살펴 준다. 甲은 己와 丁에게 좋은 역할을 한다.

 己丁 편인 때, 癸가 오면 己에겐 癸가 편재가 되어 己에게 손해만 가져다준다. 丁에게 癸는 편관이 되어 丁癸沖으로 丁에

게 고통을 준다. 그러므로 癸는 모두에게 해로움만 준다.

 己丁 편인 때, 壬이 오면 己에겐 壬이 정재가 되어 돈이 풀려 己의 일이 잘 돌아간다. 丁에게 壬은 정관이 되어 丁壬合으로 丁은 후원자를 만나 좋다. 壬은 모두에게 유리한 존재다.

5. 己己 = 비견

己에게 己는 비견이다. 비견은 형제·자매처럼 똑같은 것이 만난 것이다. 둘 사이가 좋기도 하고 나쁘기도 하다.

己 둘이 만나면 힘이 두 배로 늘어 좋다. 만약 둘 사이가 어긋나면, 다투게 되어 둘 다 망가진다.

 己己 비견 때, 甲이 오면 己에겐 甲이 정관이 되어 己가 후원자를 만나 좋다. 그러나 己가 둘이라 서로 협력하면 괜찮으나, 만약 둘이 하나의 정관을 사이에 놓고 서로 대립하며 싸우게 되면 모두가 깨진다.

己己 비견 때, 戊가 오면 己에겐 戊가 겁재가 되어 서로 반목하며 헐뜯는다. 그러나 己가 둘인데 戊 혼자 오면, 己 둘을 戊가 못 이긴다. 그러므로 戊 겁재가 와도 己는 괜찮다.

6. 己庚 = 상관

己에게 庚은 상관이다. 傷官은 官에 상처를 입힌다는 뜻으로 붙인 불미스런 이름이다.

상관은 남의 자식처럼 태어나 서러움을 받으며 자랐기 때문에, 사랑에 굶주려 늘 불평불만이 많고, 성질이 고약하다.

庚 상관에 붙잡힌 己는 말썽 때문에 방해를 받아, 되는 일이 없다.

 己庚 상관 때, 甲이 오면 己에겐 甲이 정관이 되어 己에게 후원자 역할을 한다. 庚에겐 甲이 편재가 되어 甲庚冲으로 庚이 실속 없이 허탕만 치게 한다. 甲의 편재 기질을 庚의 상관 기질이 잘 타일러서 재물생산 쪽으로 유도하면, 己가 상관의 덕을 보게 된다.

己庚 상관 때, 乙이 오면 己에겐 乙이 편관이 되어 깡패처럼 己한테 애를 먹인다. 庚에겐 乙이 정재가 되어 乙庚合으로 庚에게 돈줄이 생겨서 생활이 풍요롭다. 己에겐 乙이 편관이 되어 庚 상관의 못된 기질을 乙庚合으로 더욱 약화시킨다. 또 庚 상관에겐 乙이 정재가 되어 상관생재(傷官生財)로 재물을 일구어 내어 己를 돕는다.

7. 己辛 = 식신

己에게 辛은 식신이다. 식신은 일간의 몸에서 태어난 친자식이며, 생명을 이어가려는 생존 욕구다. 엄마 품에서 곱게 자란 식신은 치마폭을 놓지 않는 철없는 개구쟁이다.

辛 식신을 만난 己는 식생활이 풍족하고, 또 건강하고 늘 정력이 넘친다. 그러므로 식신은 가만있지 못하고 쉬지 않고 계속 움직여야 한다. 식신은 부지런하고, 특히 생명의 안전에 대하여 만전을 다한다.

 己辛 식신 때, 甲이 오면 己에겐 甲은 정관이 되어 甲己合으

로 己가 관청 쪽으로 진출한다. 辛에겐 甲이 정재가 되어 주머니의 돈처럼 마음대로 꺼내 쓸 수 있어 辛은 좋다. 아무튼 甲은 己와 辛 모두 에게 고마운 존재다.

 己辛 식신 때, 丙이 오면 己에겐 丙이 정인이 되어 己를 잘 보듬어 준다. 辛에게 丙은 정관이 되어 丙辛合으로 辛의 후원자 역할을 한다. 丙은 己와 辛에게 도움을 주는 존재다.

 己辛 식신 때, 乙이 오면 己에겐 乙은 편관이 되어 己에게 고통을 준다. 辛에게 乙은 편재가 되어 乙辛沖으로 돈은 돈인데 그림의 떡처럼, 아무 쓸모가 없다. 그러므로 乙은 己와 辛에게 해로운 존재다.

8. 己壬= 정재

己에게 壬은 정재다. 정재는 내 소유물이다. 그러므로 절약하고 저축하며 알뜰히 챙기지 않으면, 내 것으로 남지 않는다.

정재는 마음속 깊이 욕심이 잠재되어 있어서 남한테 인색하다. 아무 튼 壬 정재와 함께 있는 己는 가정생활이 풍족하고 여유가 있다.

 己壬 정재 때, 甲이 오면 己에겐 甲이 정관이 되어 己는 官의 후원을 받는다. 壬에게 甲은 식신이 되어 壬은 식록이 풍족해 져 건강하고 정력이 넘친다. 甲은 己한테 정관이 되고, 壬한 테는 식신이 되어 도움을 준다. 결국 己는 甲 정관을 돕고, 또 甲 식신의 밑천이 되는 壬 정재의 덕을 본다.

 己壬 정재 때, 丁이 오면 己에겐 丁은 편인이 되어 己의 속을 뒤집어 놓는다. 그러나 壬에게 丁은 정재로 丁壬合되어 돈 이 풀려 壬의 생활이 넉넉해진다. 丁이 와서 비록 壬의 생활 은 넉넉해져 좋으나, 己는 그렇지 않다.

 己壬 정재 때, 丙이 오면 己에겐 丙이 정인이 되어 己의 생기 가 넘친다. 壬에게는 丙이 편재가 되어 丙壬沖으로 돈 쓸 일만 생긴다. 丙 때문에 壬에게 지출이 많아져 쪼들리지만, 己는 살아난다. 또 丙 정인과 壬 정재가 만나 丙壬沖되어 己는 재

물을 합리적으로 활용한다.

9. 己癸 = 편재

己에게 癸는 편재다. 편재는 나의 재물이 아니기 때문에, 아껴 쓰지 않고 낭비해도 괜찮다.

편재는 돈을 소유하는 것보다 돈의 위력을 과시하는 것을 더 좋아한다.

癸 편재에 붙들린 己는 하는 일마다 허탕만 치고 실속이 없다. 그러나 편재는 통이 크고 포용력이 넓어, 사업을 경영할 수 있는 재주꾼이다.

 己癸 편재 때, 甲이 오면 己에겐 甲이 정관이 되어 己가 官 쪽으로 발전한다. 癸에게 甲은 상관이 되어 癸를 속상하게 한다. 己의 癸 편재가 甲 정관을 키워서 己가 승진하고, 癸의 甲 상관이 癸 편재를 생하여 돈벌이가 된다.

 己癸 편재 때, 丁이 오면 己에겐 丁이 편인이 되어 己를 괴롭

힌다. 癸에게 丁은 편재가 되어 丁癸冲으로 편재의 굴레에서 벗어나지 못해, 쪼들리면서 고생한다. 癸 편재가 편인 기질을 丁癸冲으로 다스려 己가 알뜰해진다. 또 癸 편재와 丁 편재가 겹쳐서 헛돈만 더 쓰게 한다.

戊

己癸 편재 때, 戊가 오면 己에겐 戊가 겁재가 되어 己에게 훼방을 놓는다. 癸에게 戊는 정관이 되어 戊癸合으로 癸가 정관의 지원을 받아 관직 생활을 잘 한다. 己에게 戊는 겁재로 서로 불편하지만, 癸에게는 戊가 와서 戊癸合으로 관청 쪽에서 승진하여서 좋다.

제7장

庚과 육신

庚은 쇠붙이 金이요, 강한 무쇠인 陽의 金이다.

庚은 쇠로 만든 총칼이 되며, 나무로 보면 가을에 결실하는 열매가
된다.

庚은 남자한텐 멋쟁이나 건달이 되고, 여자에겐 미인이 된다.

특히 庚은 자기만 생각하는 이기주의자며, 가을에 익어가는 과일처
럼 횡재가 되고 재수가 좋아진다.

1. 庚甲 = 편재

庚에게 甲은 편재다. 원래 편재는 남의 재물로 아낄 필요가 없어 마음대로 낭비해도 괜찮다.

편재는 돈의 소유보다 돈의 과시를 더 중요하게 생각한다. 그래서 편재는 다재다능하고 융통성이 많아 사업의 재주꾼이다.

특히 庚은 甲 편재에 잘못 걸리면 투기와 도박에 빠지기 쉽고, 또 낭비나 지출 과다로 甲庚沖되어 파산할 수 있어 아주 위험하다.

 庚甲 편재 때, 甲이 오면 庚에겐 甲은 편재가 되어 甲庚沖으로 庚은 지출 과다로 쪼들린다. 甲에게 甲은 비견으로 甲 편재의 힘이 두 배가 되어 낭비나 투기가 심해진다. 또 甲 비견은 서로 반목하면 재물이 분산된다. 그러므로 甲은 庚에게는 물론 甲에게도 나쁘다.

 庚甲 편재 때, 乙이 오면 庚에겐 乙은 정재가 되어 乙庚合으로 庚에게 돈이 풀려 庚의 재정이 좋아진다. 甲에게 乙은 겁

재가 되어 서로 다투면 재물이 깨진다. 乙이 오면 甲에게는 겁재로 좀 불편해도, 庚에겐 정재로 유익하다.

庚甲 편재 때, 己가 오면 庚에겐 己가 정인이 되어 庚의 자질이 향상된다. 마찬가지로 甲에게도 己는 정재가 되어 甲己 合으로 돈이 풀려 甲의 재정이 넉넉해진다. 그러므로 己는 庚과 甲에게 도움을 주는 필요한 존재가 된다.

2. 庚乙 = 정재

庚에게 乙은 정재다. 오직 내 것인 정재는 사유 재산이다. 남의 명의가 아닌, 집, 전답, 월급, 생계비 등은 모두 정재가 된다.

乙 정재와 함께하는 庚은 나의 돈과 나의 재물이 풍족해져 유복하다.

또 庚은 내 재물이 남한테 빼앗길까 늘 걱정을 하고 불안해한다. 그러므로 庚은 재물 욕심에 사로잡혀서 남에게 인색하다.

庚乙 정재 때, 甲이 오면 庚에겐 甲은 편재가 되어 甲庚沖으

로 돈 쓸 일만 생겨 庚이 쪼들린다. 乙에게 甲은 겁재가 되어 서로 다투면 재물만 깨진다. 그러므로 甲이 나타나면, 庚도 쪼들리고, 乙도 깨져서 모두가 불편하다.

庚乙 정재 때, 乙이 오면 庚에겐 乙이 정재가 되어 乙庚合으로 돈 복이 터져 庚의 형편이 풀린다. 그런데 乙에게 乙은 비견이 되어 겹치므로, 정재의 힘이 두 배로 커져 좋고, 서로 반목하면 돈이 분산되어 망한다.

庚乙 정재 때, 辛이 오면 庚에겐 辛이 겁재가 되어 서로 어긋나서 庚에게 辛은 불편하다. 乙에겐 辛이 편관이 되어 乙辛沖으로 짓밟혀 乙이 일어나기 어렵다. 그러므로 辛은 모두에게 해롭다.

3. 庚丙 = 편관

庚에게 丙은 편관이다. 원래 편관은 무력과 강압으로 통제하고 위협하는 무서운 공권력이다.

편관은 잔인하고 빗나간 두려운 殺性을 품고 있기 때문에, 七殺이라고도 한다.

丙 편관에 가로 막힌 庚은 공포와 핍박 속에서 시달리고 움츠려 있다.

甲　庚丙 편관 때, 甲이 오면 庚에겐 甲은 편재가 되어 庚이 헛돈만 쓰게 되어 쪼들린다. 그러나 丙 편관은 甲 편재의 도움을 받아 더욱 거세진다. 결국 庚은 甲 편재와 丙 편관 때문에 헛고생만 한다. 丙에게도 甲은 편인이 되어 속앓이를 시켜 나쁘다. 아무튼 甲은 庚과 甲 모두에게 도움이 안 된다.

乙　庚丙 편관 때, 乙이 오면 庚에겐 乙이 정재가 되어 乙庚合으로 비록 丙 편관이 방해를 해도 庚의 생활이 넉넉해져 잘 산다. 丙에게 乙은 정인이 되어 丙의 생기가 발산한다. 이때 乙은

庚과 丙에게 다 같이 도움이 된다.

庚丙 편관 때, 辛이 오면 庚에겐 辛이 겁재가 되어 서로 다툰다. 丙에게 辛은 정재로 丙辛合되어 재물이 들어와서 丙의 형편이 좋아진다. 그러므로 辛이 오면 丙 편관의 기세를 높여 주어 좋지만, 庚에겐 해롭다.

庚丙 편관 때, 壬이 오면 庚에겐 壬이 식신이 되어서 庚이 먹고 사는 데는 걱정 없다. 그러나 丙에게 壬은 편관으로 丙壬沖되어 살벌한 통제 속에서 丙이 떨고 있다. 식신 壬이 편관 丙을 丙壬沖으로 식신제살(食神制殺)하면, 丙 편관이 깨지므로 庚이 다시 살아난다.

4. 庚丁 = 정관

庚에게 丁은 정관이다. 원래 정관은 원리 원칙의 규범에서 나온 권력이다. 합리적으로 규제하고 옳은 길로 이끌어주는 권위와 도덕이다.

국가나 사회질서가 지켜지도록 정관은 법과 규범으로부터 통솔하는 권력을 부여받는다. 그리고 정관은 대중을 감독하고 지도한다.

　　丁 정관과 함께하는 庚은 올곧은 고지식한 선비처럼 모든 사람들의 모범이 되어야 한다.

庚丁 정관 때, 甲이 오면 庚에겐 甲은 편재로 甲庚沖되어 庚이 실속 없이 허탕만 친다. 그러나 丁 정관은 甲 편재의 뒷바라지로 승진도 할 수 있다. 그리고 丁에게 甲은 정인이 되어 용기를 주어 丁은 씩씩해진다. 그러므로 庚은 甲 때문에 비록 경비는 좀 깨져도 승진하고, 丁은 甲 정인의 힘을 받아 실력이 늘어난다.

庚丁 정관 때, 乙이 오면 庚에겐 乙은 정재로 乙庚合되어 庚에게 돈과 명예가 함께 생겨 생활이 넉넉해진다. 丁에게는 乙이 편인이 되어 丁을 힘들게 괴롭힌다. 이렇게 乙은 庚에게 돈이 되어 약을 주고, 또 丁에게는 속앓이를 시켜서 병을 준다.

癸
庚丁 정관 때, 癸가 오면 庚에겐 癸가 상관이 되어 庚의 속을

뒤집어 놓는다. 丁에게 癸는 편관이 되어 丁癸沖으로 丁이 탄압을 받아 떨고 있다. 좌우지간 癸는 庚이나 丁에게 모두 해코지만 한다.

 庚丁 정관 때, 壬이 오면 庚에겐 壬은 식신이 되어 庚의 식생활이 풍성하여 건강하다. 丁에게 壬은 정관이 되어 丁壬合으로, 마치 아버지처럼 丁을 지원해 준다. 아무튼 壬은 庚과 丁에게 환영을 받는다.

5. 庚戊 = 편인

庚에게 戊는 편인이다. 빗나간 모정인 편인은 앓는 이[齒]처럼 누구나 고통스럽고 견디기 힘든 아픔이 된다.

戊 편인에 발목 잡힌 庚은 속앓이로 고생한다.

편인은 건강도 망치고, 마음도 아프게 하는 흉신이다.

 庚戊 편인 때, 甲이 오면 庚에겐 甲은 편재가 되어 庚에겐 돈

이 생겨도 헛돈이라 빛 좋은 개살구다. 戊에게 甲은 편관이 되어 호랑이처럼 사납게 戊를 해친다. 이때 甲은 庚과 戊에게 다 함께 해롭다.

庚戊 편인 때, 乙이 오면 庚에게 乙은 정재가 되어 살림 밑천으로 庚의 형편이 풀린다. 戊에게 乙은 정관이 되어 후원자처럼 戊를 지켜준다. 乙은 庚과 戊에게 財와 官이 되어 유익하다.

庚戊 편인 때, 癸가 오면 庚에게 癸는 상관이 되어 庚에게 말썽만 일으킨다. 戊에게 癸는 정재로 戊癸合되어 戊의 생활자금이 넉넉해진다. 비록 癸가 오면 庚에게 상관으로 불편해도, 戊에게는 재물을 보태주어 좋다.

6. 庚己 = 정인

庚에게 己는 정인이다. 세상에 정인만큼 소중한 것이 없다.

정인은 엄마의 품속 같아 포근하고 따뜻하다. 베풀 줄만 알고, 받으려고 하지 않는 엄마의 사랑처럼 넉넉하고 인자하다.

원래 정인이란 키울 땐 양육이 되고, 가르칠 땐 교육이 된다.

庚己 정인 때, 甲이 오면 庚에겐 甲은 편재가 되어 빈 양철통처럼 시끄럽기만 하고 실속이 없다. 己에게 甲은 정관이 되어 己를 후원해 준다. 甲은 己의 관직 생활을 보장해 주지만, 庚한테는 별로다.

庚己 정인 때, 乙이 오면 庚에겐 乙이 정재로 乙庚合되어 庚에게 재물이 들어온다. 그러나 己 정인 때문에 乙 정재가 제대로 쓰이지 않는다. 특히 己에게 乙은 편관이 되어 己를 매몰차게 구박하여 나쁘다. 乙 때문에 庚은 재물이 생겨 좋으나, 乙 정재가 己 정인을 財剋印으로 깨트려 안절부절한다. 만

약 乙 편관 때문에 己 정인이 살아난다면 己는 좋다.

7. 庚庚 = 비견

庚에게 庚은 비견이다. 비견은 형제·자매로 사이가 좋고, 뭉치면 힘이 배로 커진다. 그러나 반목하면 함께 망한다.

또 비견은 여럿이 모이기 때문에, 자연히 지출이 많아져 돈이 빠져나간다.

庚이 비견을 만나면, 약할 땐 협력하고 강할 땐 경쟁한다.

庚庚 비견 때, 甲이 오면 庚에게 甲은 편재로, 庚에겐 반갑지 않은 헛돈이다. 그러나 庚이 둘이라, 하나의 甲 편재가 와도 둘로 비견의 힘이 분산되기 때문에 돈 쓸 일이 분산되고 줄어져 좋다.

庚庚 비견 때, 乙이 오면 庚에겐 乙은 정재로 乙庚合되어 庚에게 재물과 돈이 불어나 좋다. 그러나 庚이 둘이라, 재물을 서

로 더 많이 차지하려고 다툰다. 돈 때문에 형제끼리 싸우게 되어 나쁘다.

8. 庚辛 = 겁재

庚에게 辛은 겁재다. 겁재는 같은 부모의 자식이라도, 음과 양이 달라, 늘 뺏고 빼앗기는 이복형제나 배다른 오누이가 된다. 서로 헐뜯고 싸우기 쉽다.

겁재의 본성은 강탈이다. 그러므로 辛 겁재를 만난 庚은 늘 빼앗길까 불안하다.

 庚辛 겁재 때, 甲이 오면 庚에겐 甲은 편재가 되어 庚에게 허탕만 치게 한다. 辛에게 甲은 정재가 되어 재물이 풍족해져 辛의 형편이 좋아진다. 甲이 편재도 되고, 정재도 되어 오락가락하므로 庚이 헷갈려 더 괴롭다.

 庚辛 겁재 때, 乙이 오면 庚에겐 乙은 정재가 되어 乙庚合으

로 庚의 살림 밑천이 되어 좋다. 그러나 辛에겐 乙이 편재가 되어 乙辛沖으로 실속 없이 辛의 지출만 많아진다. 아무튼 庚은 乙 때문에 돈을 벌지만, 辛은 乙 때문에 손해만 본다.

丙

庚辛 겁재 때, 丙이 오면 庚에겐 丙이 편관이 되어 庚에게 고통만 주어 해롭다. 그러나 辛에겐 丙이 정관이 되어 丙辛合으로 辛에게 후원자 역할을 한다. 庚은 丙 때문에 고통을 받아 나쁘지만, 辛은 丙 정관의 후원을 받아 좋다.

9. 庚壬 = 식신

庚에게 壬은 식신이다. 식신은 남의 피와 살을 떼내어 받고서 태어났기 때문에 잃는 것이 하나도 없어 좋다.

그러므로 식신은 기력이 모여서, 정력도 넘치고 힘도 강해, 부지런하고 씩씩하다.

壬 식신과 함께하는 庚은 식록이 많아 건강하고 장수한다.

또 식신은 생명을 지키고, 이어 가려고 유비무환의 준비 태세를 갖추고 있다.

庚壬 식신 때, 甲이 오면 庚에겐 甲이 편재로 甲庚沖되어 그림의 떡으로 庚은 실속이 없다. 그러나 庚은 壬 식신과 甲 편재를 만나 식신생재(食神生財)로, 비록 남의 재물이라도 만들 수 있어 좋다. 壬에게 甲은 식신이 되어 壬이 활력이 넘치고, 기능이 뛰어나 기술이 향상된다.

 庚壬 식신 때, 乙이 오면 庚에겐 乙은 정재가 되어 乙庚合으로, 재물이 생겨 庚에게 돈이 들어온다. 그러나 壬에게 乙은 상관이 되어 말썽만 부려서 壬의 속이 상한다. 똑같은 乙이라도 庚에겐 정재가 되어 유리하고, 壬에겐 상관이 되어 방해만 한다.

 庚壬 식신 때, 丁이 오면 庚에겐 丁이 정관이 되어 후원자처럼 庚을 돌봐준다. 壬에게 丁은 정재로 丁壬合되어 壬의 살림살이에 보탬이 된다. 아무튼 丁은 庚과 壬에게 도움을 준다.

 庚壬 식신 때, 丙이 오면 庚에겐 丙은 편관이 되어 庚을 못살게 통제한다. 壬에게 丙은 편재가 되어 丙壬沖으로 실속 없

이 丙에게 헛돈만 쓰게 한다. 좌우지간 丙은 庚에게 편관으로 해롭지만, 壬 식신한테는 식신생재로 별 문제 없다.

10. 庚癸 = 상관

庚에게 癸는 상관이다. 상관은 남의 자식처럼 태어나, 따뜻한 사랑을 받지 못하고 천덕꾸러기로 자랐기 때문에, 피해의식에 빠져 공격적이다.

상관의 불만을 해소하려면, 어떤 식이든 만족을 찾아야 한다. 어떤 일이든 억지로 보기좋게 꾸미고, 최고급으로 위장하는 포장술이 필요하다.

상관은 자연스럽지 못하고 인공적으로 가공해야 하므로 경비가 많이 들고, 또 힘들다.

癸 상관에 발목 잡힌 庚은 법을 무시하고 상식에 벗어난 행동을 한다.

庚癸 상관 때, 甲이 오면 庚에겐 甲은 편재로 甲庚沖되어 비록 돈도 낭비되지만, 庚의 융통성이 뛰어나 큰 사업도 한다. 癸에게는 甲이 상관이 되어 엉뚱한 짓으로 말썽만 피워 癸를

괴롭힌다. 甲은 庚에겐 편재로 상관생재(傷官生財)하여 돈을 벌어 주지만, 癸에겐 상관이 겹쳐 해롭다.

庚癸 상관 때, 乙이 오면 庚에게 乙이 정재가 되어 乙庚合으로 庚의 돈주머니가 불어난다. 癸에게 乙은 식신이 되어 癸의 식생활이 풍족해지고 건강하다. 아무튼 乙은 庚과 癸 모두에게 좋다.

庚癸 상관 때, 丁이 오면 庚에겐 丁이 정관이 되어 庚을 잘 돌봐주고 지켜준다. 그러나 丁 정관은 癸 상관에 깨져, 관청 쪽의 일이 장애를 받아 불리하다. 癸에게 丁은 편재가 되어 丁癸沖으로 투기나 도박으로 癸의 재정이 파탄한다. 丁의 태도가 정관이 됐다가, 또 편재로 변하는 등 오락가락해서 庚이 갈피를 못 잡는다.

庚癸 상관 때, 戊가 오면 庚에겐 戊가 편인이 되어 庚을 속앓이로 괴롭힌다. 癸에게 戊는 정관이 되어 戊癸合으로 癸에게 후원자 노릇을 한다. 戊 때문에 庚은 편인에 시달리고, 癸는 정관의 후원으로 승진한다.

제8장

辛과 육신

辛은 金인데 가벼운 귀금속이며, 陰의 金이다.

辛은 단단한 껍질 속에 들어있는 씨앗이며, 칼날처럼 계산이 정확하다.

또 씨앗처럼 한꺼번에 새끼를 많이 번식하므로 多産이다.

또 자식을 많이 낳듯이 재산도 늘리고 불리는 돈버는 재주가 있다.

재물이나 돈을 관리하는 정확한 계산능력이 辛에는 있다.

그리고 辛은 새로운 것을 의미하며, 신맛을 내는 것으로 본다.

1. 辛甲 = 정재

辛에게 甲은 정재다. 정재는 마음대로 쓸 수 있는 나의 재물이며, 내 손발처럼 따라 주는 나의 부하 직원이다. 또 아내와 같다.

甲 정재와 함께 하는 辛은 개인 소유물이 많아 부유하다.

또 알뜰하고, 근검절약하며, 소박하게 산다.

그러나 개인 욕심이 너무 많으면, 남에게 구두쇠처럼 인색하다.

辛甲 정재 때, 丙이 오면 辛에겐 丙은 정관으로 丙辛合되어 辛의 관직이 높아진다. 甲에게 丙은 식신이 되어 甲은 식록이 풍성하고 건강하며 장수한다. 辛한테 丙이 오면 정관이 되고, 또 甲에게 丙이 오면 식신도 되어 모두 유리하다.

辛甲 정재 때, 乙이 오면 辛에겐 乙은 편재가 되어 乙辛沖으로 辛의 지출이 많아 쪼들린다. 甲에게 乙은 겁재로 서로 반목하여 손해만 본다. 辛에게 乙은 편재가 되고, 甲에게 乙은 겁재가 되어 모두 해롭다.

辛甲 정재 때, 庚이 오면 辛에겐 庚은 겁재가 되어 서로 다투게 되어 辛은 불안하다. 甲에게 庚은 편관으로 甲庚沖되어 甲을 통제하기만 한다. 辛에게 庚은 겁재도 되고, 甲에게는 庚이 편관도 되어 나쁘다.

 辛甲 정재 때, 己가 오면 辛에겐 己는 편인이 되어 辛의 속을 썩인다. 甲에게 己는 정재로 甲己合되어 재물이 들어와 甲의 살림이 흥청망청 좋다. 辛에게 己는 편인으로 애도 먹이지만, 甲에게 돈 복도 가져다 줘서 무난하다.

2. 辛乙 = 편재

辛에게 乙은 편재다. 원래 편재는 주인 없는 남의 재물이다. 땀 흘려 벌어도 내 것이 안 되고, 쓸데없이 낭비해도 괜찮은 만인의 재물이다.

乙 편재를 손에 쥔 辛은 마치 모래를 쥔 것처럼 얻는 것이 아무것도 없다. 편재가 손가락 사이로 빠져나가 아무것도 남지 않는 것과 같다. 그러나 편재는 돈버는 재주가 있어, 자영업보다 대기업 쪽을 선호한다.

辛乙 편재 때, 丙이 오면 辛에겐 丙은 정관으로 丙辛合되어 辛을 지켜주고 이끌어준다. 乙에겐 丙이 상관이 되어 乙의 속을 뒤집어 놓는다. 그러나 乙 편재 기질이 丙 상관 기질과 손잡으면 상관생재(傷官生財)로 재물을 번다. 물론 丙은 정관도 되고, 상관도 되어 서로 만나면 상충되므로, 정관이 깨져 나쁘다.

 辛乙 편재 때, 乙이 오면 辛에겐 乙은 편재로 乙辛沖되어 편재 기질이 세져서 辛이 헛돈만 쓴다. 乙에겐 乙이 비견이 되어 때론 돕고 때론 갈라서는 이중성이 있다. 乙은 모두에게 도움이 안 된다.

辛乙 편재 때, 庚이 오면 辛에겐 庚이 겁재가 되어 서로 반목하므로 辛이 庚에 밀려 깨져서 나쁘다. 乙에겐 庚이 정관으로 乙庚合되어 乙이 정관의 지원을 받아 乙이 승진한다. 庚은 겁재도 되고, 정관도 되지만, 결국 겁재가 정관한테 깨져서 辛은 괜찮다.

3. 辛丙 = 정관

辛에게 丙은 정관이다. 법을 지키고 질서를 유지하도록 정관에 권력을 부여한 것이다. 또 예의와 양심을 고양시키는 도덕도, 또한 정관이다.

丙 정관과 함께하는 辛은 丙辛合으로, 국가에 충성하고, 부모에 효도한다. 그리고 솔선수범하며 청렴결백한 공직자가 된다.

그러나 잘못하면 丙辛合으로 생긴 水가 丙의 발목 잡아 꼼짝 못하게 할 수도 있다.

 辛丙 정관 때, 丙이 오면 辛에겐 丙은 정관이 되어 丙이 둘로 겹친다. 丙 정관의 세력이 두 배로 커져서, 辛이 관직생활을 잘 한다. 丙에겐 丙이 비견되어 협력도 하고 경쟁도 한다. 이 때 丙이 겹쳐 정관세력이 지나치게 강하면, 오히려 辛이 丙에 까무러져 나쁘다.

 辛丙 정관 때, 乙이 오면 辛에겐 乙은 편재로 乙辛沖되어 辛이 헛돈만 쓴다. 丙에겐 乙이 정인이 되어 丙에게 용기를 주고

자질을 높여준다. 乙은 辛에겐 편재가 됐다가, 또 乙에겐 정
인도 되어 병 주고 약 준다. 그러므로 辛은 괜찮다.

 辛丙 정관 때, 壬이 오면 辛에겐 壬이 상관이 되어 말썽만 피
워 辛을 괴롭힌다. 丙에겐 壬이 편관으로 丙壬冲되어 고통만
주어 丙은 괴롭다. 그러므로 壬이 오면 모두에게 해롭다.

4. 辛丁 = 편관

辛에게 丁은 편관이다. 편관은 무력이나 힘으로 강압하고, 괴롭히는
몹쓸 공권력이다.

편관에 붙잡힌 辛은 무자비한 통제를 견뎌내야 한다. 편관의 고통과
위협을 이겨내면, 특출한 사람이 되어 사회이익을 위해 공헌한다.

마치 편관을 운명처럼 받아들여서 순응하고 살면 좋다. 만약 丁 편관
에 辛이 무모하게 대들면 오히려 더 많이 두들겨 맞는다.

 辛丁 편관 때, 丙이 오면 辛에겐 丙은 정관이 되어 권위를 앞

세우는 관료 쪽으로 辛이 진출한다. 그러나 丙 正官과 丁 편관이 혼잡되면 辛이 헷갈린다. 그리고 丁한테 丙이 오면 겁재가 되어 서로 다투며 헐뜯는다. 丙은 辛에겐 정관이 되고, 丁에겐 겁재가 되어도, 둘 다 도움이 안 된다.

乙 辛丁 편관 때, 乙이 오면 辛에겐 乙은 편재로 乙辛沖되어 辛이 헛돈만 쓴다. 辛한테는 乙이 편재로 도움이 안 되지만, 丁 편관에겐 乙 편재가 재생살(財生煞)의 도움이 되어 丁 편관이 날뛴다. 그리고 丁에게 乙이 편인이 되어 삐뚤어진 사랑으로 丁을 괴롭힌다. 그러므로 乙은 모두에게 불편한 존재다.

壬 辛丁 편관 때, 壬이 오면 辛에겐 壬은 상관이 되어 말썽을 피워 辛한테 애를 먹인다. 丁에게 壬은 정관으로 丁壬合되어 丁은 권위와 명예를 얻는다. 壬 상관이 丁 편관을 도와주면, 丁 편관의 기세가 강해져 辛이 더욱 괴로워진다.

癸 辛丁 편관 때, 癸가 오면 辛에겐 癸는 식신이 되어 辛은 식록이 풍족해져 정력이 넘치고 실력이 좋아 베풀 줄 안다. 丁에겐 癸가 편관으로 丁癸沖되어 丁은 고통을 받는다. 특히 癸

식신 때문에 丁 편관이 식신제살(食神制殺)로 깨지면, 辛은 덜 시달린다.

5. 辛戊 = 정인

辛에게 戊는 정인이다. 정인은 엄마의 품속처럼 따뜻하고 포근한 사랑이며, 힘을 쏟게 하는 생기요 용기다.

戊 정인을 부여받은 辛은 의지와 기개가 강하다.

정인은 재물을 천하다고 비하하고, 그 대신 명예를 존중한다.

또 정인은 배우고 학습하며, 자신의 능력을 배양한다.

정인의 품성이 고매하여 좋으나, 너무 나약하여 때론 아무 도움도 안 된다.

辛戊 정인 때, 丙이 오면 辛에겐 丙은 정관으로 丙辛合되어 辛의 관직이 높아진다. 戊 정인과 丙 정관이 만나 관인상생(官印相生)되면 辛은 더욱 출세한다. 戊에겐 丙이 편인이 되어 戊의 마음을 아프게 한다.

辛戌 정인 때, 乙이 오면 辛에겐 乙은 편재로 乙辛沖되어 辛에게 돈 쓸 일이 많아진다. 戌에겐 乙이 정관이 되어 더 높은 자리로 戌를 승진시켜 준다. 乙 정관이 戌 정인을 만나면, 관인상생(官印相生)되어 戌가 영달한다.

 辛戌 정인 때, 癸가 오면 辛에겐 癸가 식신이 되어 식생활이 풍족해져 辛이 건강하고 장수한다. 戌에게 癸는 정재로 戌癸合되어 재물이 많아져 戌가 잘 산다. 아무튼 癸는 모두에게 유익하다.

6. 辛己 = 편인

辛에게 己는 편인이다. 편인은 마음이 속앓이처럼 아프고 괴롭다. 또 일이 삐뚤어지고 꼬여서 잘 풀리지 않아 고민한다.

己 편인에 잘못 걸린 辛은 얽힌 고뇌에서 벗어나지 못해서 헤맨다. 그러므로 편인은 질병도 되고, 질투도 되어 사람의 영혼을 병들게 한다.

辛己 편인 때, 丙이 오면 辛에겐 丙은 정관이 되어 辛이 관직을 얻거나 승진한다. 만약 丙 정관이 己 편인에 설기되면 辛은 나쁘다. 그리고 己에게 丙은 정인이 되어 己에게 용기를 북돋아 준다. 丙이 오면 모두에게 도움을 준다.

 辛己 편인 때, 乙이 오면 辛에겐 乙이 편재가 되어 지출이 많아 辛이 쪼들린다. 己에게 乙은 편관이 되어 己는 가혹한 통제로 시달린다. 乙은 모두에게 피해만 준다. 그러나 辛한테는 乙 편재가 己 편인을 달래주어서 좀 편하다.

 辛己 편인 때, 甲이 오면 辛에겐 甲이 정재가 되어 돈이 많아져 辛이 부유하다. 己에게 甲은 정관으로 甲己合되어 己가 높은 관직을 차지한다. 그러므로 甲은 모두에게 유리하다. 그중에서도 辛의 甲 정재가 己 편인의 방해를 받으면, 돈은 있는데 쪼들린다.

7. 辛辛 = 비견

辛에게 辛은 비견이다. 비견은 형제·자매로 성격이 이중적이다. 협력해도 비견이요 경쟁해도 비견이다. 겉으론 형제의 단합을 외치고, 속으론 개인의 자존심을 고집한다.

비견과 함께하는 辛은 힘이 두 배로 강해져 좋으나, 그 대신 식구가 늘어 지출이 많아져, 돈이 모이지 않는다.

 辛辛 비견 때, 丙이 오면 辛에겐 丙이 정관이 되어 직장생활로 辛이 번창한다. 그런데 辛이 둘이면, 서로 정관을 차지하려고 다투게 된다. 잘못하면 모두가 직장을 놓치게 된다.

 辛辛 비견 때, 乙이 오면 辛에겐 乙이 편재가 되어 乙辛沖으로 실속 없이 辛이 헛돈만 쓴다. 그러나 辛이 둘이라, 乙 편재가 그만큼 쪼개져 분산되므로, 따라서 辛의 지출도 줄어져 괜찮다.

8. 辛壬 = 상관

辛에게 壬은 상관이다. 상관은 말썽만 피우고 자기 멋대로 설치기 때문에 누구나 싫어하는 흉신이다.

그러나 상관이 財를 보면 오직 돈을 벌려고 수단과 방법을 가리지 않고 달려든다.

壬 상관에 발목 잡힌 辛은 손대는 일마다 문제가 생겨, 깨지고 막혀 괴롭다.

그러나 상관엔 창의력이 많고, 또 임기응변이 뛰어나 특수 분야에서 두각을 나타낸다.

 辛壬 상관 때, 丙이 오면 辛에겐 丙이 정관이 되어 후원자처럼 辛을 지원한다. 그러나 丙 정관이 壬 상관한테 깨지면 辛은 난처해진다. 壬에게는 丙이 편재로 丙壬沖되어 壬에게 돈 쓸 일만 생긴다. 만약 丙 정관이 강해서 壬 상관한테 깨지지 않으면 辛이 편해진다.

辛壬 상관 때, 乙이 오면 辛에겐 乙이 편재가 되어 지출만 늘어 辛이 쪼들린다. 그러나 壬 상관이 乙 편재를 만나 상관생재(傷官生財)하면, 또 辛에게 돈이 생겨서 괜찮다. 한편 壬에게 乙은 상관이 되어 壬에게 말썽만 피운다. 乙이 오면 壬은 상관 때문에 시달리고, 辛은 편재로 쪼들린다.

辛壬 상관 때, 丁이 오면 辛에겐 丁이 편관이 되어 辛이 고난 속에서 힘겹게 산다. 특히 壬 상관과 丁 편관이 丁壬合되면, 비록 힘이야 들지만, 辛은 괜찮다. 그리고 壬에게도 丁이 정재가 되므로 丁壬合되어 또 재물이 생겨 壬도 부자처럼 산다.

9. 辛癸 = 식신

辛에게 癸는 식신이다. 식신은 아무런 대가도 바라지 않고, 내 것을 양보하고, 남에게 그냥 베풀어 주는 선량한 행위다.

癸 식신의 혜택을 받고 있는 辛은 정력이 넘치고 기능이 뛰어나 전문 기술자로 번창한다.

식신은 양육도 하지만, 늘 생명의 안전을 걱정하기 때문에 성격이 소심해도 치밀하다.

辛癸 식신 때, 丙이 오면 辛에겐 丙은 정관이 되어 辛에게 관료 쪽의 일이 잘 된다. 癸에게 丙은 정재로 살림 밑천이 되어 癸의 삶이 풍성해진다. 丙이 오면 辛에게는 정관으로, 癸에게는 정재로, 모두에게 도움을 준다.

辛癸 식신 때, 乙이 오면 辛에겐 乙이 편재로 乙辛沖되어 辛이 헛돈만 쓴다. 그러나 癸 식신이 乙 편재를 만나면, 식신생재(食神生財)로 돈을 벌어서 좋다. 또 癸에게 乙은 식신이 되어 癸의 식생활이 풍족해져 건강하고 장수한다. 乙이 오면 辛과 癸 모두 잘 산다.

辛癸 식신 때, 丁이 오면 辛에겐 丁이 편관이 되어 빗나간 공권력에 辛이 시달린다. 그러나 癸 식신이 丁 편관을 식신제살(食神制殺)로 잘 다스리면, 辛의 어려운 일이 잘 풀린다. 癸에게 丁은 편재로 丁癸沖되어 癸에겐 지출만 많고 실속이 없다. 丁은 모두에게 불편한 존재지만, 그중 辛은 괜찮다.

辛癸 식신 때, 戊가 오면 辛에겐 戊가 정인이 되어 辛의 인품과 능력이 높아진다. 특히 癸 식신과 戊 정인이 만나 戊癸 합되면 능력이 한층 더 개발되어 辛이 빛난다. 癸에게 戊는 정관으로 戊癸합되어 官界에서 출세한다. 이렇게 戊는 모두에게 도움을 준다.

제9장

壬과 육신

壬은 오행으로 水다. 물이라도 陽의 물(水)이다.

水(물)는 壬처럼 한곳에 고여 있고, 뭉쳐있는 연못이나 강물이다. 아니면 癸처럼 수증기나 안개로 공중으로 증발하여 날아가는 것도 있다.

壬에는 뭉치는 응집력이 있어 각양각색의 개인을 큰 무리로 합쳐버린다. 산이나 들로 흐르는 크고 작은 여러 갈래의 강물이 모두 거대한 바다로 모여든다. 각 지역마다 색다른 강물이 짠 바닷물 하나로 섞여 통일된다. 이것이 壬이다.

壬은 무엇이든 받아주고 섞어 혼합하여 하나로 만들어 내는 용해력력이 크다.

또 욕심도 많아 받기를 좋아하고 주는 것은 싫어한다.

1. 壬甲 = 식신

壬에게 甲은 식신이다. 식신은 일간이 자기 것을 떼내어 낳아준 자식이다.

식신은 대가를 바라지 않는 순수한 희생정신이다. 또 먹여주고 베풀어주며 양육하는 생육정신이다.

甲 식신의 혜택을 받는 壬은 식생활이 풍족해서 걱정할 일이 없다. 그러므로 태평스럽고 건강하며 장수한다,

 壬甲 식신 때, 丙이 오면 壬에겐 丙은 편재로 丙壬沖되어 지출이 많아 壬이 쪼들린다. 甲에게 丙은 식신으로, 甲의 식생활이 풍족해져 걱정이 없다. 丙이 오면, 壬에게는 丙이 편재가 되어 좀 불편해도, 그 대신 甲을 먹여주기 때문에 甲은 괜찮다.

 壬甲 식신 때, 丁이 오면 壬에겐 丁은 정재로 丁壬合되어 돈이 많아 壬은 생활을 걱정할 필요 없다. 甲에게 丁은 상관이 되

어 甲의 속만 썩인다. 丁은 甲에겐 상관으로 불편해도, 壬에
겐 정재로 필요하다.

壬甲 식신 때, 庚이 오면 壬에겐 庚은 편인이 되어 壬이 속앓
이로 고생한다. 甲에게도 庚이 편관으로 甲庚沖되어 몹쓸 통
제로 甲이 고생한다. 그러므로 庚은 모두에게 해롭다.

壬甲 식신 때, 己가 오면 壬에겐 己가 정관이 되어 후원자로
壬을 지원해 준다. 甲에게 己는 정재로 甲己合되어 재물이
들어와 甲의 살림이 풍성하다. 己는 甲은 물론 壬에게도 필
요한 존재다.

2. 壬乙 = 상관

壬에게 乙은 상관이다. 상관은 태어날 때부터 어려움 속에서 고생했
기 때문에, 피해의식에 사로잡혀 늘 불평불만이 많다.
또 강제로 간섭하는 官의 통제를 싫어하여, 앙갚음하고 행패를 부려

서 손상을 입히고 제멋대로 설치는 흉신이다.

상관에 붙들린 壬은 행패를 당해 속이 상해도 어쩔 수 없이 끌려다녀야 한다.

 壬乙 상관 때, 丙이 오면 壬에겐 丙은 편재로 丙壬沖되어 돈만 날리고, 壬은 헛고생만 한다. 乙에게 丙은 상관이 되어 말썽만 피워 甲을 괴롭힌다. 丙은 이래저래 모두에게 이롭지 않다.

 壬乙 상관 때, 丁이 오면 壬에겐 丁은 정재로 丁壬合되어 재물 복이 터져 壬은 재수가 좋다. 乙에게 壬은 식신이 되어 생기가 살아나 乙의 활동력이 향상된다. 이때 丁은 모두에게 필요한 존재가 된다.

 壬乙 상관 때, 庚이 오면 壬에겐 庚은 편인이 되어 속앓이로 壬을 병들게 한다. 乙에게 庚은 정관으로 乙庚合되어 乙한테 후원자 노릇을 한다. 결국 乙 상관이 庚 정관을 방해하고 해코지 하면 직장생활이 어려워진다.

辛

壬乙 상관 때, 辛이 오면 壬에겐 辛은 정인이 되어 壬이 생기를 받아서 인품이 높아진다. 또 乙 상관을 辛 정인이 잡아주어서 壬은 주위의 은덕을 받는다. 乙에게 辛은 편관으로 乙辛冲되어 고난 속에서 乙은 고생한다. 辛이 정인이든 편인이든 관계없이 乙 상관이 辛으로부터 제지를 당하므로 壬이 상관의 방해 없이 살아난다.

3. 壬丙 = 편재

壬에게 丙은 편재다. 편재는 주인 없는 만인의 자산으로 금융자본이며, 또 사업에 필요한 공장이나 기계 시설 등 산업 자본이다.

편재와 함께하는 壬은 개인의 소유욕보다 공명심이 더 강하다.

그러므로 편재는 돈의 위력을 과시하고 뽐내는 허례허식을 좋아하고, 통 큰 사업을 선호한다.

돈의 노예가 아니라 주인으로, 비록 낭비는 하지만 어디든지 투자하여 큰돈을 버는 재주꾼이다.

壬丙 편재 때, 丙이 오면 壬에겐 丙이 거듭되어 편재 기질이 두 배로 강해진다. 즉, 돈은 많은데 모두 남의 돈이라 흥청망청 낭비하거나, 아니면 도박이나 투기로 망한다. 또 丙에게 丙은 비견되어 壬은 丙 편재에 눌려서 꼼짝도 못한다. 따라서 丙이 오면 식구들에 대한 지출도 많아 늘 쪼들린다.

壬丙 편재 때, 丁이 오면 壬에겐 丁은 정재가 되어 丁壬合으로 壬의 재정 사정이 매우 좋아진다. 丙에게 丁은 겁재가 되어 반목하므로 서로 불편하다. 그러므로 壬은 丁 정재와 丙 편재를 함께 만나서 헷갈린다.

辛

壬丙 편재 때, 辛이 오면 壬에겐 辛은 정인이 되어 壬의 생기가 발랄해지고, 壬의 자질이 한층 더 향상된다. 丙에게 辛은 정재로 丙辛合되어 丙이 마음대로 쓸 수 있는 재물과 돈이 된다. 辛은 壬과 丙 모두에게 도움이 된다.

4. 壬丁 = 정재

壬에게 丁은 정재다. 정재는 알뜰하게 쓰고 아껴 써야 할 내 재산이다. 그러므로 반드시 소유하여 간직하고 싶어 한다.

丁 정재가 있는 壬은 생계자금이 준비돼 있어 돈 걱정 없이 편안하게 산다. 그러나 개인욕심 때문에 남한테 주기 싫어하므로, 인색해져서 구두쇠 짓도 한다.

壬丁 정재 때, 丙이 오면 壬에겐 丙이 편재로 丙壬沖되어 壬은 돈 복이 없는 빈털터리 신세다. 丁에게 丙은 겁재가 되어 서로 만나 다투게 되어 丁이 손해만 본다. 아무튼 丙은 모두에게 불리한 존재다.

壬丁 편재 때, 癸가 오면 壬에겐 癸가 겁재가 되어 서로 헐뜯고 싸워 壬이 불편하다. 丁에게 癸는 편관으로 丁癸沖되어 丁이 편관의 등쌀에 못 이겨 비실거린다. 모두에게 癸는 불편한 존재다.

5. 壬戊 = 편관

壬에게 戊는 편관이다. 편관은 강제로 통제하는 몹쓸 공권력이며, 한쪽으로 편중된 빗나간 횡포다.

편관에 잡힌 壬은 고난 속에서 힘들게 살아가는 불쌍한 신세다.

그러나 편관은 양날의 칼처럼, 잘 쓰면 나를 살리고, 잘못 쓰면 나를 죽이는 무서운 무기다.

壬戊 편관 때, 丙이 오면 壬에겐 丙은 편재가 되어 남의 돈만 만지고 사는 허풍쟁이 같다. 그래도 壬은 戊 편관을 丙 편재로 도와주면 편관이 정관처럼 바르게 산다. 戊에게 丙은 편인이 되어 몹쓸 짓으로 戊의 속을 썩인다. 丙은 戊에게도 해롭지만, 壬에게도 이롭지 않다.

壬戊 편관 때, 丁이 오면 壬에겐 丁은 정재로 丁壬合되어 壬에게 밑천이 생겨 壬의 생활이 넉넉해진다. 戊에게 丁은 정인이 되어 용기를 주고 戊의 자질을 향상시킨다. 丁은 모두에

게 도움을 준다.

 壬戊 편관 때, 癸가 오면 壬에겐 癸가 겁재가 되어 壬이 불편
하다. 戊에게 癸는 정재로 戊癸合되어 생활자금이 풍부해져
戊가 유복하게 산다. 戊 편관의 기질이 癸 정재의 충동질로,
더욱 난폭해져 壬이 더 괴롭다.

6.壬己 = 정관

壬에게 己는 정관이다. 정관은 올곧은 자세로, 똑바로 나아가는 규
범이요 권력이다. 어긋나거나 잘못된 것을 바로 잡는 권리를 부여하는
법이요 규범이다.

정관과 함께하는 壬은 앞에서 끌어주고, 뒤에서 밀어주는 후원자를
두고 있어 마음이 든든하다.

 壬己 정관 때, 丙이 오면 壬에겐 丙은 편재가 되어 壬은 실
속 없이 헛돈만 쓴다. 己에게 丙은 정인이 되어 사랑을 듬

뿍 받아 사람이 달라지게 성장한다. 비록 丙 편재가 실속은
없어도, 己 정관을 도와주면 壬은 己 정관의 혜택을 받을 수
있다.

壬己 정관 때, 丁이 오면 壬에겐 丁은 정재가 되어 丁壬合으
로 집안 살림이 풍족해지고, 己 정관이 丁 정재의 도움을 받
으면, 壬은 승진까지 한다. 己에게 丁은 편인이 되어 질투심
으로 己의 속을 후벼 파낸다. 그러나 丁 편인 때문에 己 정관
이 깨지면, 壬의 출세가 방해 받는다.

壬己 정관 때, 甲이 오면 壬에겐 甲은 식신이 되어 壬의 식생
활이 풍족해져 건강하고 장수한다. 己에게 甲은 정관으로 甲
己合되어 권력의 지원을 받아 己가 관료 쪽으로 진출한다.
아무튼 甲 때문에 壬도 좋고, 己도 좋아진다.

7. 壬庚 = 편인

壬에게 庚은 편인이다. 참사랑을 모르는 편인은 빗나간 허상에 빠져 현실을 무시하고 엉뚱한 짓만 한다.

또 편인은 썩은 이처럼 상대의 마음을 아프게 한다.

그러나 편인의 날카로운 간파력과 기발한 착상은 그 누구도 따라갈 수 없다.

편인에 붙잡힌 壬은 마음과 몸이 함께 아파 괴로워한다.

壬庚 편인 때, 丙이 오면 壬에겐 丙은 편재가 되어 지출만 많아져 壬이 쪼들린다. 그러나 丙 편재가 庚 편인을 잡아주면 壬이 수월해 진다. 庚에게 丙은 몹쓸 편관이 되어 庚이 고생만 한다. 모두에게 丙은 해롭다.

壬庚 편인 때, 丁이 오면 壬에겐 丁이 정재가 되어 돈이 풍족해져 壬의 생활이 안정된다. 庚에게 丁은 정관이 되어 官의 도움을 받아 庚은 직장생활을 잘 한다. 그러므로 丁은 壬과

庚에게 도움을 가져다 준다.

壬庚 편인 때, 甲이 오면 壬에겐 甲은 식신이 되어 식생활이 나아져 壬이 건강하고 장수해야 하는데, 庚 편인 때문에 甲 식신이 깨지면 壬은 해롭다. 庚에게 甲은 편재로 甲庚沖되어 쓸모없는 돈만 들어와 庚이 헛고생한다. 이때 甲이 편재로 庚 편인을 막아주면 壬이 편하다.

壬庚 편인 때, 乙이 오면 壬에겐 乙이 상관이 되어 말썽만 피워 壬은 시달린다. 그런데 庚 편인과 乙 상관 때문에 壬은 더 괴롭다. 庚에게 乙은 정재로 乙庚合되어 생활의 밑천이 넉넉해 庚이 편하게 산다. 庚은 乙 때문에 편해지지만, 壬은 乙 때문에 더 괴롭기만 하다.

8. 壬辛 = 정인

壬에게 辛은 정인이다. 辛 정인의 따뜻한 보호를 받고 있는 壬은 생기가 팔팔해 자신이 넘친다.

정인은 훈육과 양육을 함께 사용할 수 있다.

정인은 권한, 자격, 학식, 명예 등으로 큰소리칠 수 있는 명분이 있다. 그러므로 누구든지 옳은 길을 찾아 가도록 인도한다.

壬辛 정인 때, 丙이 오면 壬에겐 丙은 편재로 丙壬沖되어 壬이 허탕만 친다. 그러나 辛 정인이 丙 편재의 낭비를 막아주면, 壬이 덜 쪼들린다. 辛에게 丙은 정관으로 丙辛合되어 아버지를 만난 것처럼, 辛은 하는 일마다 잘 되고 승진까지 한다.

壬辛 정인 때, 丁이 오면 壬에겐 丁은 정재로 丁壬合되어 살림의 밑천이 되고 壬의 생활이 부유해진다. 그러나 丁 정재 때문에 辛 정인의 혜택이 사라진다. 辛에게 丁은 편관이 되어 고약한 시어머니처럼 辛을 못 살게 군다.

壬辛 정인 때, 乙이 오면 壬에겐 乙은 상관이 되어 壬의 말을 잘 듣지 않는다. 이때 辛 정인이 乙 상관의 못된 성질을 고쳐 주고 막아준다. 乙 상관이 辛 정인한테 깨지면, 壬이 乙 상관 한테 시달리지 않는다. 辛에게 乙은 편재로 乙辛沖되어 지출만 많아져 辛이 쪼들린다.

9. 壬壬 = 비견

壬에게 壬은 비견이다. 비견은 형제·자매로 사이가 좋아야 하는데, 때론 나쁘기도 하다.

또 建祿이라 하여 특출한 능력의 소유자가 되기도 한다.

비견을 만난 壬은 서로 도울 땐 좋으나, 서로 다툴 땐 나쁘다.

아무튼 비견을 만나면, 지출이 많아져 돈이 모이지 않는다.

壬壬 비견 때, 丙이 오면 壬에겐 丙은 편재가 되어 돈 쓸 일만 생겨 오히려 壬에게 손해만 준다. 그러나 壬이 둘이기 때문에 경비의 지출도 많다. 그러므로 경비를 나누어 분담해야

서로 손해가 적어진다. 원래 丙 편재는 주인 없는 돈이므로 비견 때문에 낭비해도 탓할 사람이 없다.

壬壬 비견 때, 丁이 오면 壬에겐 丁은 정재가 되어 壬은 한밑천이 생겨 좋다. 그러나 壬이 둘이라서 혼자서 정재를 모두 가질 수 없다. 들어온 돈을 나눠 가져야 하므로, 몫이 작아져 다투게 되어 도움이 안 된다.

10. 壬癸 = 겁재

壬에게 癸는 겁재다. 겁재는 상대방의 것을 빼앗고 위협하기도 하지만, 때론 도와주는 의협심도 있다.

특히 겁재는 정재를 보면, 탈취하기 때문에 모두가 두렵게 생각한다.

겁재는 겁탈도 하지만, 불쌍한 사람을 보면 입은 옷도 벗어 줄 정도로 인정도 많다.

癸 겁재를 만난 壬은 형제·자매 사이지만, 서로 이해가 달라서 불안하다.

壬癸 겁재 때, 丙이 오면 壬에겐 丙은 편재가 되어 丙壬沖으로 壬이 헛수고만 한다. 癸에게 丙은 정재가 되어 생활자금이 풍부해져 癸의 살림살이가 좋아진다. 丙이 오면 癸에게 정재란 약도 주고, 壬한테는 편재란 병도 준다.

 壬癸 겁재 때, 丁이 오면 壬에겐 丁은 정재가 되어 丁壬合으로 壬의 가정생활에 큰 보탬이 된다. 癸에게 丁은 편재로 丁癸沖되어 쓸데 없는 돈 욕심만 키워 놓고, 癸에게 손해만 입힌다. 이때도 丁은 약 주고 병 준다.

 壬癸 겁재 때, 戊가 오면 壬에겐 戊는 몹쓸 편관이 되어 壬을 못살게 고생만 시킨다. 癸에게 戊는 정관으로 戊癸合되어 官殺의 후원을 받아 癸가 官界로 진출한다. 壬은 겁재 癸를 만나 불편한데, 또 편관까지 겹쳐 죽을 맛이다.

제10장

癸와 육신

癸는 물인 水가 되며, 陰의 水다.

癸라는 물은 壬水와는 다르다. 癸는 흩어져서 공중으로 날아가는 수 증기나 안개처럼 사라지는 습기나 수분이다. 그러므로 癸는 공중으로 증발하여 사라지기 때문에, 신기루처럼 변화무쌍하고 다재다능한 재 주꾼이다.

또 癸는 분산되어 퍼져나가는 휘발 성질 때문에 흡수력이나 침투력 이 강하다.

차가운 것은 굳어져 뭉쳐지지만, 따뜻한 것은 녹아서 허물어지므로, 癸는 따뜻한 온기가 있다.

1. 癸甲 = 상관

癸에게 甲은 상관이다. 상관은 남의 자식처럼 구박 받으며, 서럽게 자랐으므로, 사랑에 굶주려 피해의식이 강하다. 그래서 불평불만이 많아, 누구든지 가리지 않고 비판하고 욕하며 마구 공격한다.

또 상관은 주위의 여건이 늘 불리하고 어렵기 때문에 생존에 불안을 느낀다. 그래서 스스로 살아남으려면 먼저 공격도 하고, 위장으로 꾸미고, 또 남을 속여야 한다.

甲 상관에 몰린 癸는 상관의 못된 기질 때문에 핍박을 받아 피해만 본다.

癸甲 상관 때, 丁이 오면 癸에겐 丁이 편재로 丁癸沖되어 癸는 소득 없는 투자로 빈털터리가 된다. 더욱이나 甲에게 丁은 상관이 되어 두 상관이 겹쳐 癸에게 더 많이 해코지한다. 그러나 상관의 심술로 돈벌이도 잘 한다. 그러므로 모두에게 丁은 보탬이 안 된다.

戊

癸甲 상관 때, 戊가 오면 癸에겐 戊가 정관으로 戊癸合되어 비록 癸를 도와주지만, 甲 상관의 방해를 받아 戊 정관이 깨지면, 癸가 官의 지원을 활용하지 못해서 官쪽의 일이 꼬인다. 또 甲에게 戊가 편재가 되고, 돈만 쓰게 하여 甲이 쪽박을 차게 한다. 戊 때문에 甲은 편재로 쪼들리지만, 癸에겐 戊가 정관이 되어 보살펴 준다.

己

癸甲 상관 때, 己가 오면 癸에겐 己가 편관이 되어 癸는 일마다 방해를 받아 깨진다. 甲에게 己는 정재로 甲己合되어 甲이 한밑천 잡아 형편이 풀린다. 己 때문에 癸는 甲 상관의 말썽에 己 편관의 강요까지 겹쳐서 죽을 맛이고, 반대로 甲은 己 정재 때문에 살맛 난다.

庚

癸甲 상관 때, 庚이 오면 癸에겐 庚은 정인이 되어 사랑의 힘으로 상관 甲의 횡포를 막아, 癸의 인품이 향상되고, 일이 잘 풀린다. 甲에게 庚은 편관으로 甲庚沖되어 옴싹달싹 못하고 甲이 짜부라진다. 이때 甲 상관이 庚 정인에 깨져서 癸가 훨씬 더 편해진다.

2. 癸乙 = 식신

癸에게 乙은 식신이다. 식신은 일간이 자기 몸의 일부를 떼내어 조건 없이 낳아준 자식이다. 그러므로 천혜의 은덕을 받은 식신은 조건 없이 양육하고 기르는 일을 베푼다.

이처럼 식신은 낳은 생명을 생육하고, 또 세대와 세대를 이어가게 하는 고리역할을 한다.

식신과 함께 하는 癸는 생기를 받아서 정력이 넘치고, 활달하며 부지런하고 건강하다.

 癸乙 식신 때, 丁이 오면 癸에겐 丁은 편재로 丁癸沖되어 癸가 쓸모없는 남의 돈만 끌어와서 섭섭하다. 그러나 乙에게도 丁은 식신이 되어 식신이 겹쳐서 乙은 식록이 더 많아 건강하다. 물론 乙 식신과 丁 식신은 협조도 하고 경쟁도 한다.

 癸乙 식신 때, 戊가 오면 癸에겐 戊는 정관으로 戊癸合되어 관살의 도움을 받아 癸는 관직이 높아진다. 乙에게 戊는 정

재가 되어 생계자금으로 乙의 생활을 윤택하게 한다. 아무
튼 戊 때문에 癸나 戊나 모두 좋아진다.

癸乙 식신 때, 辛이 오면 癸에겐 辛은 편인이 되어 몹쓸 짓으
로 癸를 해코지 하고, 또 乙 식신마저 뒤엎어 버린다. 乙에게
辛은 편관으로 乙辛沖 되어 몹쓸 구박을 받아 乙이 고생한
다. 癸는 辛 편인으로 속앓이 하고, 乙은 辛 편관으로 고생한
다. 모두에게 辛은 해롭다.

癸乙 식신 때, 庚이 오면 癸에겐 庚은 정인이 되어 힘과 용기
를 주어 癸의 인격을 한층 더 높여준다. 乙에게 庚은 정관으
로 乙庚合되어 권력의 후광을 입어서 乙이 관료 쪽으로 진
출한다.

3. 癸丙 = 정재

癸에게 丙은 정재다. 정재는 내 소유물로 애지중지 아끼고 절약하여, 오래토록 간직하려 한다.

그러므로 정재는 오직 내 재물만 귀중한 줄 알지, 남의 것에 대해서는 관심이 없다. 그래서 내 것만 챙기고, 남의 것을 배격하기 때문에, 인색하다는 비판도 받는다.

정재의 혜택을 받고 있는 癸는 자기 자본이 충분하기 때문에, 자신감을 가지고 일을 한다.

 癸丙 정재 때, 丁이 오면 癸에겐 丁은 편재가 되어 癸가 헛돈만 쓴다. 또 癸가 丙과 丁을 함께 만나 내 돈 네 돈 마구 섞여 癸는 혼란에 빠진다. 돈은 많은데 관리를 못해서 돈만 날려 癸는 손해를 본다. 그러나 丙에게도 丁은 겁재가 되어 불편하고, 또 서로 다투다 둘 다 깨진다. 아무튼 丁은 모두에게 반갑지 않다.

癸丙 정재 때, 戊가 오면 癸에겐 戊는 정관으로 戊癸合되어 공공기관 쪽의 일로 癸는 번창한다. 이때 丙 정재가 戊 정관을 財生官하면 癸가 승진 출세한다. 丙에게 戊는 식신이 되어 식생활이 풍족하여 丙은 건강하고 장수한다. 좌우지간 戊는 모두에게 좋다.

癸丙 정재 때, 辛이 오면 癸에겐 辛은 편인이 되어 못된 짓으로 癸가 애를 먹는다. 丙에게 辛은 정재로 丙辛合되어 한밑천 잡아 丙의 생활 형편이 윤택해진다. 비록 辛은 癸에게 편인으로 불편하나, 丙에게는 정재로 재물을 형성하는 데는 문제없다.

癸丙 정재 때, 壬이 오면 癸에겐 壬은 겁재가 되어 癸와 壬은 서로 반목한다. 또 겹친 데 엎친 격으로 겁재 壬이 정재 丙을 丙壬沖으로 깨트려, 癸는 닭 쫓던 개의 신세가 된다. 丙에게 壬은 편관으로 丙壬沖되어 억센 편관의 횡포에 丙이 쓰러진다.

4. 癸丁 = 편재

癸에게 丁은 편재다. 편재는 주인 없는 남의 재물로, 아끼지 않고 낭비해도 괜찮다. 남에게 공짜로 줘도 탓할 사람 없다.

그러나 편재는 일의 경중이나 완급을 분간해 내는 혜안을 가지고 있다.

편재는 통이 커서 작은 일에는 관심이 없고, 큰일에만 매달린다.

癸가 편재의 유혹에 잘못 빠지면, 투기나 도박에 재물을 탕진하기 쉽다.

 癸丁 편재 때, 丁이 오면 癸에겐 丁은 편재로 丁癸沖되어 소용없는 재물로 癸는 헛물만 켠다. 더욱이나 癸에겐 丁 편재가 둘로 겹쳐서 낭비가 심해 癸가 헛고생한다. 丁에게 丁은 비견으로, 만약 둘이 손잡으면 힘이 두 배로 커져 좋으나, 등지면 서로 다투어 힘만 빠진다.

 癸丁 편재 때, 戊가 오면 癸에겐 戊가 정관으로 戊癸合되어

癸가 권한을 행사하는 官 쪽으로 발전한다. 丁에게 戊는 상
관이 되어 말썽만 피워 丁을 괴롭힌다. 그러나 戊 상관은 丁
편재를 만나 상관이 힘써 재물을 벌어 癸를 이롭게 한다.

 癸丁 편재 때, 壬이 오면 癸에겐 壬은 겁재가 되어 서로 헐뜯
어 좋지 않다. 壬 겁재의 강탈 기질이 편재 丁의 낭비벽을 충
동질하여 癸가 곤경에 빠진다. 丁에게는 壬이 정관이 되어
丁壬合으로 壬이 丁을 지도·감독하여 좋고, 또 丁이 관청에
협조하는 일을 하여 좋다.

5. 癸戊 = 정관

癸에게 戊는 정관이다. 남을 지배하는 권력은 법에서 나오고, 정관은
그 권력을 집행한다.

정관은 합리적이고 보편타당한 규범으로 누구든지 따르고 지켜야
한다.

또 정관은 누구든지 보살펴 주고 보호해 주는 권한도 가지고 있다.

정관의 지원을 받고 있는 癸는 관리하고 감독하는 일에 관여한다.

癸戊 정관 때, 丁이 오면 癸에겐 丁은 편재가 되어 癸는 실속 없이 헛돈만 쓴다. 비록 丁 편재가 癸한테는 실속 없어도, 戊 정관한테는 세력을 키워주는 정재로 이롭다. 戊에게 丁은 정인이 되어 戊의 기개가 높아져 戊의 인품이 향상된다.

癸戊 정관 때, 戊가 오면 癸에겐 戊가 정관으로 戊癸合되어 癸가 관청과 협력하는 일을 한다. 이때 癸에게 戊 정관이 둘이나 생겨서, 관운이 좋아져 관직이 높아지고 출세한다. 한편 戊에게 戊는 비견이 되어 도울 때도 있고 싸울 때도 있어, 무해 무덕이다.

6. 癸己 = 편관

癸에게 己는 편관이다. 편관은 삐뚤어진 권력으로 한쪽으로 너무 치우쳐, 강제로 협박하는 몹쓸 공권력이다.

편관은 생사여탈(生殺與奪)의 권력을 쥐고 있어서 무서운 존재다. 그러므로 편관을 운명처럼 받아들이고 순응하면서 이겨내야지, 만약 거스르면 횡사한다.

己 편관에 발목 잡힌 癸는 고통 속에서 신음하고 있다.

丁　癸己 편관 때, 丁이 오면 癸에겐 丁은 편재가 되어 癸는 소득 없이 돈만 쓴다. 이때 편관(己)이 丁 편재의 도움을 받아 기세가 강력해지면, 癸가 편관에 짓눌려서 죽을 맛이다. 己에게 丁은 편인이 되어 己의 속을 상하게 한다.

戊　癸己 편관 때, 戊가 오면 癸에겐 戊가 정관이 되어 癸가 관청 쪽에 관여한다. 癸한테 戊 정관이 와서 좋으나, 이미 편관(己)이 도사리고 있어 문제다. 왜냐하면 癸가 관살혼잡으로 헷갈려 난처해 한다. 己에게 戊는 겁재가 되어 반목하며 다툰다.

甲　癸己 편관 때, 甲이 오면 癸에겐 甲은 상관이 되어 말썽만 피워, 癸를 괴롭게 한다. 己에게 甲은 상관이 아니라 정관이 되어 甲己合으로 己가 후원을 받아, 己가 관청 쪽 일을 하려고 한다. 똑같은 甲이라도 癸에겐 상관이 되어 괴롭히고, 己에겐 정관이 되어 후원을 한다.

7. 癸庚 = 정인

癸에게 庚은 정인이다. 정인은 따뜻하고 포근한 엄마의 사랑으로 보듬어주고 가르쳐준다.

정인의 보살핌을 받아 힘이 생겨난 癸는 능력과 성품이 날로 성장한다.

정인은 끊임없이 살아남으려는 생존의 욕구를 추구한다.

또 정인은 성장에 필요한 지식이 되고, 학습 욕구가 된다. 그리고 남에게 가르쳐 주려는 양육 욕구도 가지고 있다.

癸庚 정인 때, 丁이 오면 癸에겐 丁은 편재가 되어 丁癸冲으로 쪼들려서 남의 돈을 빌려야 하고, 또 癸는 금융을 이용하려 한다. 한편 庚에게 丁은 정관이 되어 庚은 공공기관 쪽 일을 한다. 특히 庚 정인은 丁 정관을 만나면 관인상생(官印相生)으로 승진한다.

癸庚 정인 때, 戊가 오면 癸에겐 戊가 정관이 되어 戊癸合으

로 癸가 공공기관 쪽으로 진출한다. 庚에게 戊는 편인이 되어 왜곡된 성질로 庚의 마음을 아프게 한다. 결국 戊 편인 때문에 庚 정인이 방해를 받아 일간이 혼란에 빠져 머뭇거린다.

癸庚 정인 때, 乙이 오면 癸에겐 乙은 식신이 되어 식생활이 풍족해져 활력이 넘치고 癸의 기술이 발전한다. 庚에게 乙은 정재가 되어 乙庚合으로 庚의 밑천이 두둑하여 일이 잘 돌아간다.

癸庚 정인 때, 甲이 오면 癸에겐 甲은 상관이 되어 말썽을 일으켜 癸를 괴롭힌다. 그러나 이 상관[甲]이 정인[庚]한테 깨져 걱정할 필요가 없어진다. 한편 庚에게 甲은 편재로 甲庚 沖되어 실속 없는 투자로 庚은 손해만 본다.

8. 癸辛 = 편인

癸에게 辛은 편인이다. 편인은 삐뚤어진 질투심으로 몸과 마음을 아
프게 하는 질병처럼 흉신이다.

편인은 공상에 빠져 현실을 무시하므로 나쁘다.

그러나 편인은 선견지명이나 혜안이 있어서, 좋은 일도 많이 한다.

남의 약점을 잡아 괴롭히는 편인한테 시달리고 있는 癸는 아무 일도
못하고 자포자기하기 쉽다.

 癸辛 편인 때, 丁이 오면 癸에겐 丁은 편재가 되어 아무런 쓸
모가 없는 그림의 떡이 된다. 이때 쓸모없는 편재라도 辛 편
인의 속앓이를 고쳐주면, 癸가 살맛 난다. 辛에게 丁은 편관
이 되어 辛을 괴롭힌다. 그러나 丁 편관이 辛 편인의 세력을
키워서 辛 편인의 횡포가 더 한층 심해진다.

 癸辛 편인 때, 戊가 오면 癸에겐 戊가 정관이 되어 癸가 공공
기관의 일을 하게 된다. 그러나 辛 편인이 戊 정관을 해코지

하여 손상을 입힌다. 辛에게 戊는 정인이 되어 인격수양으로 辛은 훌륭한 사람이 된다. 아무튼 戊 때문에 癸는 불편하고, 辛은 괜찮다.

癸辛 편인 때, 丙이 오면 癸에겐 丙은 정재가 되어 癸의 살림살이에 큰 보탬이 된다. 辛에게 丙은 정관으로 丙辛合되어 辛이 맡은 일을 공명정대하게 처리한다. 이러나저러나 丙은 모두에게 유익한다.

癸辛 편인 때, 乙이 오면 癸에겐 乙은 식신으로 癸는 먹을 복을 타고나서 좋다. 한편 辛에게도 乙은 편재가 되어 乙辛沖으로 辛이 돈만 날리고 헛수고 한다.

9. 癸壬 = 겁재

癸에게 壬은 겁재다. 비견이나 겁재나 모두 일간의 형제·자매다. 그러나 오직 겁재만 음양이 달라서, 배다른 이복형제다. 아무래도 남의 자식처럼 구박받고 자란 겁재는 부모 사랑에 굶주려 있다.

겁재는 잘 다투고, 남의 것도 빼앗는 겁탈 기질을 타고 났다.

그러나 서러움을 겪어본 겁재는 자기보다 약한 불쌍한 사람을 보면 아낌없이 도와준다.

 癸壬 겁재 때, 丁이 오면 癸에겐 丁은 편재가 되어 빛 좋은 개살구처럼 오히려 癸에게 손실만 남긴다. 이래저래 癸는 壬 겁재에 丁 편재까지 겹쳐서 더욱 쪼들린다. 그러나 壬에게 丁은 정재가 되어 丁壬合으로 壬은 재물의 덕을 톡톡히 본다.

 癸壬 겁재 때, 戊가 오면 癸에겐 戊는 정관으로 戊癸合되어 癸는 공공기관 쪽으로 발전한다. 壬에게 戊는 편관이 되어 압

박하기 때문에, 壬은 힘들어도 참고 살아야 한다. 만약 戊가 와서 壬 겁재와 戊 편관이 合殺하면 충격이 커져 일간은 더욱 괴롭다.

丙

癸壬 겁재 때, 丙이 오면 癸에겐 丙은 정재가 되어 癸의 생계자금으로 활용된다. 그러나 丙 정재가 壬 겁재한테 丙壬沖당하면 모처럼 얻은 정재도 깨진다. 壬에게 丙은 편재로 丙壬沖되어 돈은 분명 돈인데 쓸모없는 남의 돈으로, 壬한테는 아무 소용없다. 壬 겁재의 행패가 丙 정재 때문에 누그러지고 약해져 일간이 편해진다.

10. 癸癸 = 비견

癸에게 癸는 비견이다. 비견은 형제·자매로 좋은 사이다. 그러나 때론 다투기도 한다.

아무튼 비견은 식구가 여럿이라 돈 쓸 일이 많아져, 늘 돈 때문에 쪼들린다.

비견은 겉으로는 조직의 단결을 내세우지만, 속으로는 개인의 자존심을 꽁하니 숨기고 산다. 그래서 성격이 이중적이다.

 癸癸 비견 때, 丁이 오면 癸에겐 丁은 편재로 丁癸沖되어 癸는 헛돈만 쓴다. 그러나 이때 癸가 둘이라서, 헛돈도 둘로 나눠 져 흩어진다. 그러므로 둘이 입는 손실도 분산되므로, 부담 이 훨씬 줄어든다.

 癸癸 비견 때, 戊가 오면 癸에겐 戊가 정관으로 戊癸合되어 癸도 관살의 지원을 받아, 공공기관 쪽으로 진출한다. 그러 나 癸가 둘이라, 관살의 지원을 놓고 서로 먼저 차지하려고 경쟁한다. 결국은 둘 다 실패하기 쉽다.

■ 참고문헌

 1. 周易傳義大全譯解(상,하), 김석진

 2. 窮通寶鑑, 余春台

 3. 子平眞詮, 沈孝瞻

 4. 滴天髓闡微(상,하), 임철조·원수산

 5. 命理約言, 우천리

 6. 도통하는 天符經, 최의목

 7. 우주변화의 원리, 한동석

 8. 時의 철학, 홍비모·강옥진

 9. 四柱捷徑, 이석영

10. 實證哲學, 이병렬

11. 四柱鑑定法祕訣集, 申六泉

12. 십성의 기질과 사회성, 김기승·함혜수

13. 역학의 脈, 김상연

14. 正統四柱新解, 不二龍彦

15. 三命通會摘要, 萬民英

16. 춘화추동신사주학, 박정하

17. 육신(세상은 누구의 것인가), 김성태

18. 萬里天命, 변만리

19. 六神活用大典, 변만리

20. 命理開闢, 김명진

21. 地藏干이야기, 김석택

22. 五行大義, 김수진·윤상철

23. 음양오행의 원리와 이해, 소재학

24. 生命科學, 宋邦鎬

육신(六神), 통변의 꽃

초판 발행 2024년 6월 14일

지은이 萬草 양만식
펴낸이 방성열
펴낸곳 다산글방

출판등록 제313-2003-00328호
주소 서울특별시 마포구 동교로 36
전화 02-338-3630
팩스 02-338-3690
이메일 dasanpublish@daum.net
　　　　 iebookblog@naver.com
홈페이지 www.iebook.co.kr

ⓒ 양만식, 2024, Printed in Korea

ISBN 979-11-6078-310-0 03150